Werner Loh
Erwägungsorientierung in Philosophie
und Sozialwissenschaft

Erwägungskultur in Forschung,
Lehre und Praxis

herausgegeben von Werner Loh

Band 1

Menschheitsgeschichtlich bedacht sind in den letzten Jahrhunderten – vom Mikrobereich der Atome bis zum Makrobereich des Weltraums, von der Gentechnik bis zur Robotertechnik – reproduzierbare und radikal neue Ergebnisse gewonnen worden. Trotzdem bestehen in den Wissenschaften nicht nur hinsichtlich ihrer Grundlagen einander widersprechende Auffassungen – von der Mathematik über Physik und Biologie bis hin zu den Kulturwissenschaften –, sondern auch darüber, wie mit diesen Ergebnissen praktisch umgegangen werden sollte. Viele dieser Differenzen sind in Weltbildern verankert, die zuweilen über mehrere tausend Jahre zurück verfolgbar sind. Es gibt bisher keine Tradition, die derartige Differenzen erforschend in *Erwägungen* einzubringen trachtet. Erwägen ist ein konstitutiver Bestandteil menschlicher Problembewältigung als Entscheidungsprozess. Erwägungen können erinnert und damit auch als Geltungsbedingungen von Lösungen bewahrt und verbessert werden, insbesondere für Erwägungen, wie zu erwägen sei; hierdurch werden Erwägungsforschungsstände möglich. In der Reihe *Erwägungskultur in Forschung, Lehre und Praxis* werden Arbeiten veröffentlicht, die sich am Konzept des Erwägens orientieren. Es werden sowohl Grundlagen als auch spezifische Anwendungsfragen behandelt. Methodisch reicht das Spektrum von der Zusammenführung unterschiedlicher Auffassungen, die zu Erwägungen herausfordern, bis hin zu kombinatorischen Vorgehensweisen. Die Reihe soll Tradierungen ermöglichen, die der Relevanz entsprechend sich in Forschung, Lehre und Praxis methodisch um Verbesserungen von Erwägungen umfassend kümmern.

Erwägungsorientierung in Philosophie und Sozialwissenschaften

Herausgegeben von
Werner Loh

mit Beiträgen von:
Bettina Blanck, Rainer Greshoff, Bardo Herzig, Ulrich Kazmierski, Werner Loh, Klaus Schafmeister

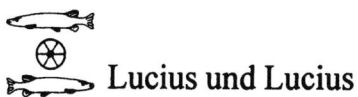 Lucius und Lucius

Anschrift des Herausgebers:
Dr. Werner Loh
Universität / FB 1
Warburger Str. 100

33098 Paderborn

Die Deutsche Bibliothek – CIP-Einheitsaufnahme

Erwägungsorientierung in Philosophie und Sozialwissenschaft / hrsg. von
Werner Loh. – Stuttgart : Lucius und Lucius, 2001

   (Erwägungskultur in Forschung, Lehre und Praxis ; Bd. 1)
   ISBN 3-8282-0151-2

© Lucius & Lucius Verlagsgesellschaft mbH, Stuttgart 2001
   Gerokstr. 51, D-70184 Stuttgart

Das Werk einschließlich aller seiner Teile ist urheberrechtlich geschützt.
Jede Verwertung außerhalb der engen Grenzen des Urheberrechtsgesetzes ist ohne Zustimmung des Verlages unzulässig und strafbar. Das gilt insbesondere für Vervielfältigung, Übersetzungen, Mikroverfilmungen und die Einspeicherung, Verarbeitung und Übermittlung in elektronischen Systemen.

Druck und Einband: Rosch-Buch, Scheßlitz

Printed in Germany

Inhalt

Einleitung 1
Werner Loh

Zur Bestimmung von Entscheidungsmentalitäten und Förderung biographischer Kompetenz in Erwägungssemimaren 5
Bettina Blanck

Kampf- oder erwägungsorientierte Wissenschaft? 39
Rainer Greshoff

Werterziehung in der Schule 7
Bardo Herzig

Kooperative Umweltpolitik 109
Ulrich Kazmierski und Klaus Schafmeister

Multilateraler Realismus 133
Werner Loh

Erwägungsdisjunktion und klassische Aussagenlogik 169
Werner Loh

Einleitung

Werner Loh

Kulturen prägende Orientierungen für Handeln und Wissen mit ihren zahlreichen Varianten sind in Weltbildern verankert, die zuweilen über mehrere tausend Jahre zurück verfolgbar sind, wie z. B. Buddhismus, Judentum oder Konfuzianismus. Grundlegende Orientierungen stehen im Widerspruch zueinander.

In den letzten Jahrhunderten haben sich neue Orientierungen für Handeln und Wissen in Institutionen herausgebildet, die "wissenschaftlich" genannt werden. Vom Mikrobereich der Atome bis zum Makrobereich des Weltraums, von der Gentechnik bis zur Robotertechnik sind reproduzierbare Ergebnisse gewonnen worden. Es bestehen im Bereich der Wissenschaften ebenfalls nicht nur grundlegende, einander widersprechende Auffassungen, sondern auch hinsichtlich der Fragen, wie mit diesen neuen Möglichkeiten umgegangen werden sollte.

Fragt man angesichts jahrtausendalter Traditionen und der neuen Möglichkeiten nach Orientierungen, mag man resignieren, diese Vielfalt an widersprechenden Orientierungen für eigene Orientierungen zu bewältigen. Jedoch wäre vor solchen Versuchen oder der Resignation zu fragen, welche Arten des Entscheidens zu differenzieren sind, um solche Problemlagen bewältigbarer zu machen.

Vielfalt ist in Erwägungen als Bestandteil von Entscheidungen berücksichtigbar. Würde man Arten des Erwägens unterscheiden, würde man sich befähigen, Entscheidungen (auch) nach den Arten des Erwägens differenzieren zu können. Je nach Problemlage ließe sich dann reflexiv(-iterativ) erwägen, welche Erwägungsart für jeweilige Problembewältigungen geeignet sein mag.

Eine Vielfalt des Erwägens wäre zu erforschen, von den intuitiven Einfällen über die verschiedenen Weisen zu klassifizieren bis hin zu kombinatorischen

Vorgehensweisen. Entscheiden mit seinem Erwägen ist nicht aufbewahrbar, wie etwa Steine, sondern als Ereignis nur erinnerbar. Erwägungen können vergessen, aber auch als Geltungsbedingungen, insbesondere als Erwägungsforschungsstände, für Lösungen im Gedächtnis bewahrt werden. Hierdurch ist Entscheiden verbesserbar. Zur erforschenden Vielfalt des Erwägens gehören auch reflexive Erwägungen n-ter Stufen, insbesondere Erwägungen, nicht zu erwägen, um z. B. Vorgaben wie etwa Gewohnheiten zu folgen, die selbst einstmals aus Entscheidungen hervorgegangen sein mögen. Weiterhin können die Gründe für die Bewertung von Erwogenem aus reflexiven Entscheidungen mit ihren Erwägungen herrühren. Eine Forschungstradition, die vom Erwägen her Entscheidungen mit ihren Konsequenzen erforschte, gibt es bisher nicht, obgleich für jedes Entscheiden Erwägen konstitutiv ist und Forschung selbst von Erwägungen lebt.

Es ist eine immer wiederkehrende Erfahrung von Menschen, dass sie eine Lösung gesetzt haben und im Nachhinein bewusst wird, eine andere Möglichkeit hätte zu einer besseren Lösung führen können. Nun hat man oft nicht hinreichend Zeit und Mittel, weitere Möglichkeiten zu erwägen. Insofern können dann solche Entscheidungen dennoch sinnvoll gewesen sein. Derartige Erfahrungen mögen Ausgang für die Frage sein, ob sich Erwägungen danach unterscheiden lassen, inwiefern man alle zu erwägenden Möglichkeiten bestimmt hat oder nicht.

Will man wissen, ob etwas zu einer Erwägung noch dazugehört oder nicht, braucht man Merkmale, die den verschiedenen zu erwägenden Möglichkeiten gemeinsam sind, und solche, die sie ungleich machen. Will man Gemüsegerichte erwägen, dann mögen verschiedene Gemüsesorten verschiedene Gerichte bestimmen lassen, aber es wäre z. B. falsch, wenn man hierbei an Gesteinsarten denken würde. Eine Klassifikation aller bisher bekannten Gemüsegerichte ist mir nicht bekannt, vielleicht auch unnötig und nicht machbar. Biologische Taxonomie versucht dagegen, z. B. alle bekannt gewordenen Tiere zu klassifizieren; sie ist auf Vollständigkeit aus. Dies ist aber eine Vollständigkeit, die an das je Vorhandene gebunden ist. Entdeckt man neue Tierarten, muss die Klassifikation erweitert oder umgebaut werden. Gentechnik könnte hier gänzlich neue Problemlagen eröffnen. Erst wenn man das zu Denkende nach Regeln vollständig erschließt (Kombinatorik), wird man unabhängig vom Vorhandenen und kann anhand des Regelgebrauchs Vollständigkeit überprüfen. Aus solchen Kombinatoriken können dann je nach Problemlage Klassifikationen mit ihren – etwa gegenstandsbezogenen – Einschränkungen gewonnen werden.

Es ist vergleichsweise leicht, bei quantitativen Erwägungen, wie sie z. B. physikalische Dimensionen ermöglichen, anzugeben, was dazu gehört oder nicht. Das macht es verständlich, warum vom Quantifizieren eine Faszination ausgehen kann. Dagegen ist es schwierig – und viele halten es auch nicht für möglich –, für geschichtlich-kulturelle Bereiche Klassifikationen zu bilden, die nicht von den Spezifika der jeweiligen (Sub-)Kulturen geprägt sind. Ihre Bereiche sind nicht in dem Maße wahrnehmbar wie physikalische Meßgeräte oder Tiere, man sieht weder eine Psyche noch gar Institutionen wie Organisationen oder Staaten. Für die jeweiligen Klassifikationen gibt es keine Regeln, nach denen man bestimmen könnte, was noch fehlen mag.

Wenn aber Erwägungs- und damit Entscheidungsfähigkeit von der Fähigkeit zu klassifizieren abhängt, dann können sich vermutlich (sub-)kulturelle Traditionen nur dann ausbilden, wenn überhaupt Klassifikationen bestehen. Je weniger aber Regeln Klassifikationen begründen lassen, um so mehr müssen dann vermutlich klassifikationsfremde Stabilisierungen bestehen, etwa mit Hilfe von sozialen Ausgrenzungen (z. B. Schulenbildung im Wissenschaftsbereich), die sich für die Ausgrenzung angepaßter Klassifikationen bedienen mögen, aber sich nicht dem Klassifizieren selbst verdanken. In grundlegenden Bereichen sind kaum hinreichend differenzierte Klassifikationen vorhanden (z. B. hinsichtlich 'Erwägung'). Man versuche einmal herauszufinden, wie weit man kommt, folgende Ausdrücke für soziale Verhältnisse in einen Klassifikationszusammenhang zu bringen: "Anweisung", "Auftrag", "Aristokratie", "Autorität", "Befehl", "Demokratie", "Diktatur", "Führung", "Gehorsam", "Gewalt", "Herrschaft", "Heteronomie", "Konformität", "Lehnswesen", "Lohnarbeit", "Hörigkeit", "Norm", "Propaganda", "Sklaverei", "Weisung" usw. usf. Man versuche weiterhin zu begründen, warum man diese und nicht jene Klassifikation verfolgt. Die Problemlage wird verwickelter, wenn man nicht nur Subkulturen innerhalb einer kulturellen Einheit berücksichtigt.

Wenn die jeweils sprachlich tradierten Begriffsverhältnisse mit ihren Klassifikationen Stadien in geschichtlich-kulturellen Prozessen sind und auch die Orientierungen daran, wie diese Begriffsverhältnisse zu reproduzieren sind, dann sind sie nicht einfach hinzunehmen, sofern man menschliche Entscheidungsfähigkeiten verbessern will. Schon für Versuche, Begriffsverhältnisse jeweils anderer (Sub-)Kulturen zu verstehen, ist kaum zu überprüfen, ob man mißversteht oder auch projiziert, wenn man nicht diese Versuche in Alternativenkonstruktionen für Verstehenserwägungen einzubetten vermag, um so wenigstens approximationsfähig zu werden. Es genügt daher nicht, von den eigenen Begriffswelten aus sich andere aneignen zu wollen, ohne diese Aneignungen selbst als hermeneutische Entscheidungsprozesse zu gestalten, für die zu erwägende Alternativen zu konstruieren sind. Macht man sich aber auf diesen Weg, dann ist eine reflexive Einstellung zu entwickeln und lebendig zu machen, für die die Suche nach geeigneten Orientierungen, wie Begriffsverhältnisse für möglichst gutes Erwägen zu entwickeln sind, wobei dies in einer iterierten Reflexion für derartige Orientierungen selbst gelten müsste. Die Institutionalisierung einer solchen Einstellung würde Erwägungskulturen hervorbringen, für die geschichtlich-kulturelle Prozesse sich aus dem Erwägen von Möglichkeiten her konstituieren. Ohne diese Einstellung bleibt die Suche nach Orientierungen in den jeweiligen durch Lösungen getragenen Stadien stecken und bindet sich nicht an die Prozesse kultureller Geschichten selbst.

Die in diesem Bande versammelten Aufsätze machen deutlich, wie grundlegend förderlich es sein könnte, wenn man den Erwägungsgedanken für Forschung, Lehre und Praxis kritisch und erwägend weiterentwickelte.

Bettina Blanck führt perspektivenreich in die Welt des Erwägens ein, indem sie diese am Beispiel von Lebenslauf und Lehr-Lern-Verhältnissen veranschaulicht. Rainer Greshoff legt am Beispiel der Auffassungen von Max Weber dar, wie die Orientierung an Kampf Wissenschaft und Erwägen behindern kann. Bardo Herzig beleuchtet den entwicklungspsychologischen Ansatz zur Erfassung von Moralentwicklung von Lawrence Kohlberg kritisch vom Erwägungskonzept her und erweitert diesen um den Erwägungshorizont. Ulrich Kazmierski und Klaus Schafmeister konkretisieren ihre These, dass das Problemlösungspotential der Umweltpolitik durch das Ausmaß an Kooperation bestimmt werde, indem sie zunächst vorhandene Orientierungen für die Umweltpolitik kritisieren, um sodann darzulegen, inwiefern Alternativen erwägendes Problemlösen für eine konsensuelle Kooperation konstitutiv sein kann. Im vorletzten Aufsatz wird das Idealismus-Realismus-Problem in Auseinandersetzung mit vorhandenen Positionen so weit zubereitet, dass sich systematisch Alternativen erwägen lassen; hierdurch ist die bisher nicht aufgelöste Widersprüchlichkeit des realistischen Standpunktes aufhebbar. In der letzten Arbeit werden Erwägungen als Disjunktionen behandelt und es wird nachgewiesen, dass die klassische Aussagenlogik entgegen weit verbreiteter Meinung Erwägungsdisjunktionen nicht formalisiert erfassen lässt; würde die klassische Aussagenlogik Erwägungsdisjunktionen formalisiert erfassen, wäre sie widersprüchlich.

Zur Bestimmung von Entscheidungsmentalitäten und Förderung biographischer Kompetenz in Erwägungsseminaren*

Bettina Blanck

1. Individuelle und soziale Relevanz von Entscheidungen

Versteht man - in einem ersten Schritt - unter "Entscheidung" einen Umgang mit verschiedenen einander ausschließenden Möglichkeiten (Alternativen), dann sind überall dort, wo man bei jeweiligen Auswahlüberlegungen, (Fragen oder Problemen) nicht auf Gewohnheiten oder tradierte Antworten als Vorgaben zurückgreifen kann, Entscheidungen zu treffen. Lösungsfindungen lassen sich insofern danach unterscheiden, ob sie das Ergebnis von Entscheidungen sind oder sich Vorgaben verdanken. Vorgaben mögen selbst auch aus ehemaligen Entscheidungen hervorgegangen sein, aus denen man sich, etwa zur Entlastung, bestimmte Gewohnheiten aufgebaut hat. Vorgaben und Entscheidungen können in verschiedenen Weisen reflexiv aufeinander bezogen sein. Man kann z. B. reflexiv entscheiden, einer selbst- oder fremdgesetzten Vorgabe zu folgen oder lieber neu und selbst zu entscheiden. Auch umgekehrt kann sich ein Entscheiden einer Vorgabe verdanken, wenn man einer selbst- oder fremdgesetzten reflexiven Vorgabe, in einem spezifischen Fall, zu entscheiden, folgt.[1]

Wie traditionsorientiert jeweilige Individuen oder auch Kulturen immer sein mögen, so ist doch mit Edward Shils davon auszugehen, dass in "no society could life be lived entirely under the domination of tradition" (1981, 27). "Even in the most »traditional societies,« the traditional pattern could not have been the sole constituent of the actions taking place at any time" (1981, 30). Denn

Traditionen können etwa viel zu komplex sein und deshalb nur selektiv von den einzelnen aufgenommen sowie auf verschiedene Weise interpretiert werden. Auch mögen sie als Ausgangspunkt für Neues genutzt oder an neue Verhältnisse und Bedingungen angepasst werden (s. Shils 1981, 25ff., 46). Auch Martin Kohli fasst in diesem Sinne zusammen: "Kulturelle Codes geben keine vollständige und widerspruchsfreie Orientierung in der Welt, sie sind immer auslegungsbedürftig. Die Subjekte können ihnen folgen oder sich ihnen widersetzen; die Codes können ihnen unproblematisch zugänglich sein oder müssen von ihnen als legitime Ansprüche erst eingeklagt werden" (1988, 42).[2]

Umgekehrt lässt sich auch festhalten: Wie groß auch immer die Offenheit einer Kultur für die Entscheidungen der einzelnen sein mag, so ist kein individuelles Leben oder soziales Zusammenleben vorstellbar, dass ausschließlich durch Entscheidungen bestimmt sein könnte. Individuelle und kulturelle Entwicklungen sowie Aufbauprozesse wären wohl nur in sehr begrenztem Ausmaß möglich, wenn immer wieder alles neu entschieden werden müsste und es keine selbst- oder fremdgesetzten Vorgaben, wie Gewohnheiten oder Traditionen gäbe, die für neue kreative Entscheidungen entlasten würden. Peter Alheit macht dieses Aufeinanderverwiesensein von Entscheidung und Tradition in jeweiligen Biographien deutlich: "Der Rahmen, in dem sich unsere je individuelle Biographie entfalten kann, ist also durchaus nicht beliebig weit. Seine »generativen Strukturen« bleiben jederzeit spürbar. Daß wir normalerweise trotz solcher Einschränkungen das dominante Gefühl eigener Planungsautonomie nicht verlieren, liegt an der Eigenart, wie wir das Wissen biographisch verarbeiten. Einmal mag es uns grundsätzlich entlasten, daß wir nicht für jeden Schritt unserer Biographie Eigenverantwortung tragen müssen, sondern daß uns bestimmte Entscheidungen über Handlungs- und Planungsalternativen von externen Prozessoren, von Gewohnheiten oder eingespielten Traditionen schlicht abgenommen werden. Gerade das setzt uns ja in den Stand, in persönlich als besonders relevant empfundenen Situationen bewußte und autonome Entscheidungen zu treffen" (1996, 296; s. hierzu auch das Zitat von Hans-Joachim Giegel in Anmerkung 1).

Für viele ist ein Entscheidungszuwachs - etwa über Ausbildung, Beruf, Arbeitsplatz, Partnerwahl, aber auch der alltägliche Umgang mit Konsumgütern wie Kleidung und Lebensmitteln - ein charakteristisches Merkmal für Lebensläufe in pluralistischen, demokratischen Gesellschaften. Einerseits mag dies als Entscheidungsfreiheit, Autonomiegewinn und Individualisierungsmöglichkeit gedeutet werden. Andererseits können Entscheidungsmöglichkeiten als Belastung empfunden werden, entscheiden zu müssen. Ulrich Beck beschreibt diese beiden Seiten des Entscheidungszuwachses für die einzelnen folgendermaßen: "Individualisierung bedeutet in diesem Sinne, daß die Biographie der Menschen aus vorgegebenen Fixierungen herausgelöst, offen, entscheidungsabhängig und als Aufgabe in das Handeln jedes einzelnen gelegt wird. Die Anteile der prinzipiellen entscheidungsverschlossenen Lebensmöglichkeiten nehmen ab, und die Anteile der entscheidungsoffenen, selbst herzustellenden Biographie nehmen zu. Individualisierung von Lebenslagen und -verläufen heißt also: Biographien werden »*selbstreflexiv*«; sozial vorgegebene wird in selbst hergestellte und herzustellende Biographie transformiert. Die Entscheidungen über Ausbildung, Beruf, Arbeitsplatz, Wohnort, Ehepartner, Kinderzahl usw. mit all ihren Unterunterentscheidungen können nicht nur, sondern müssen getroffen werden. Selbst dort, wo die Rede von »Entscheidungen« ein zu hochtrabendes Wort ist, weil weder Bewußtsein noch Alternativen vorhanden sind, wird der einzelne die Konsequenzen aus seinen nicht getroffenen Entscheidungen »ausbaden« müssen" (1986, 216f.). Um mit dem Zuwachs an Entscheidungsmöglichkeiten umgehen zu können, gehört also zunächst einmal eine Aufmerksamkeit und Sensibilität dafür, was alles entschieden werden kann. Je mehr Entscheidungsmöglichkeiten gesehen werden, desto größer wird dann auch der Druck, um überhaupt noch etwas entscheiden zu können, reflexiv zu entscheiden, was man überhaupt selbst entscheiden will und was nicht und wo man sich durch eigene Gewohnheiten entlasten oder auf Vorgaben anderer (z. B. auch Traditionen) verlassen will.

In welchem Ausmaß die einzelnen Individuen einer Kultur diesen Entscheidungsmöglichkeiten und -nöten ausgesetzt sind und wie sie damit umgehen können, wird je nach historischem, sozialem und individuellem Lebenszusammenhang sehr verschieden ausfallen und unter jeweils ganz spezifischen Begrenzungen und Einschränkungen stattfinden (statt anderer s. o. das Zitat von Peter Alheit 1996, 296; s. auch Günter Burkart 1995, z. B. 59f., Anm. 2, oder 81). Wie stark dabei aber auch das Ausmaß der Entscheidungsmöglichkeiten für die einzelnen durch biographische "Zwangsläufigkeiten und strukturelle Angebote" (Günter Burkart 1995, 64) eingeschränkt sein mag, solange man in bezug auf einen Auswahlgedanken irgendwie mit Alternativen umgehen kann oder muss, sind Entscheidungen zu treffen.[3] Meinem Verständnis nach liegt schon bei *einer* zu erwägenden Möglichkeit eine Entscheidungssituation vor, wenn diese unterschiedlich bewertet werden kann. Man hat es dann mit "Bewertungsalternativen" zu tun.[4]

Dass sich heute viele in dem Dilemma befinden, "wählen zu müssen, (...) doch *nicht zu können*"[5], hat für Wilhelm Schmid verschiedene Gründe: "Zum einen, weil nicht recht klar ist, was das eigentlich ist, eine »Wahl«; zum anderen, weil die moderne Kultur sich zwar um Möglichkeiten, nicht aber um ein Können bemüht hat, wie eine Wahl vorzubereiten und zu treffen sei" (1998, 189). Auf die möglichen individuellen und sozialen Folgen solchen Unvermögens weisen Leopold Rosenmayr und Franz Kolland hin: "Der ständige Zwang zur Wahl (von Musik, Kleidung, Waschmitteln) löst Unsicherheiten aus und führt, wenn das Selbst nicht über eine entwickelte Ich-Identität verfügt, zu Gegenreaktionen. Politischer Neo-Konservatismus, religiöser Fundamentalismus, aggressiver kultureller und ethnischer Partikularismus sind die Folgen" (1998, 256). So gesehen lässt sich die Zunahme von Entscheidungsmöglichkeiten meines Erachtens als zweifache biographische Herausforderung kennzeichnen: Gefordert sind die Entwicklung einer Vielfaltskompetenz und der Aufbau eines Entscheidungswissen, die zu Entscheidungen im Sinne der Auswahl aus Möglichkeiten befähigen, wozu auch reflexive Entscheidungen gehören, zu entscheiden, wo man nicht entscheiden will. Gefordert sind aber auch Kompetenzen im Umgang mit sozial verteilter Vielfalt. Denn wenn in pluralistischen, demokratischen Gesellschaften alle mehr oder weniger ihre Entscheidungschancen nutzen können wollen, ist davon auszugehen, dass nicht allen die jeweils anderen Lösungssetzungen gleichermaßen zusagen und es wird zu Konkurrenzen und Streiten kommen. Auch wenn jeweilige Verfassungen hierfür Rahmensetzungen geschaffen haben mögen, bleibt immer wieder neu zu klären, welche Positionen als Bereicherung gesellschaftlicher Vielfalt willkommen sind und welche womöglich unzumutbare - was immer dies dann auch genauer heißen mag - Gefährdungen der Entscheidungsmöglichkeiten der anderen darstellen.

Im folgenden möchte ich zunächst mit der Unterscheidung in Erwägungs- und Lösungsmentalitäten einen Vorschlag zur Einschätzung biographischer Kompetenzen im Umgang mit Vielfalt darlegen (Punkt 2). Unter "biographischen Kompetenzen" verstehe ich dabei die reflexiven Fähigkeiten im Umgang mit der eigenen Lebensgeschichte, das heißt ihr Verstehen, Deuten, Einordnen in soziale Zusammenhänge und Kontexte sowie auch ihr Gestalten und Entwerfen für die Zukunft. Ich knüpfe mit diesem Verständnis an die verschiedenen Bezeichnungen für eine selbstbestimmte Lebensgestaltung in der Biographieforschung an.

So spricht etwa Peter Alheit von der "Schlüsselqualifikation *Biographizität*" als der "Fähigkeit biographisch verfügbare Lösungsressourcen für neue Lebenssituationen zu finden" (1992, 32): "Biographizität bedeutet, daß wir unser Leben in den Kontexten, in denen wir es verbringen (müssen), immer wieder neu auslegen können, und daß wir diese Kontexte ihrerseits als »bildbar« und gestaltbar erfahren. Wir haben in unserer Biographie nicht alle denkbaren Chancen, aber im Rahmen der uns strukturell gesetzten Grenzen stehen uns beträchtliche Möglichkeitsräume offen. Es kommt darauf an, die »Sinnüberschüsse« unseres biographischen Wissens zu entziffern und das heißt: die Potentialität unseres *ungelebten Lebens* wahrzunehmen" (1996, 300, s. auch 1992, 32). Alheit verwendet außerdem die Ausdrücke "biographisches Lernen" und "biographische Kompetenzen" (s. z. B. 1992, 32f.). Auch Rolf Arnold hält "biographische Kompetenz" für eine wichtige reflexive Schlüsselqualifikation (s. z. B. Rolf Arnold 1998, 219, 221). Winfried Marotzki wählt den Terminus "Biographisierung", mit dem er "jene Form der bedeutungszuordnenden, sinnherstellenden Leistung des Subjektes in der Besinnung auf das eigene gelebte Leben bezeichnet" (1991, 192). Theodor Schulze verwendet den Ausdruck "autobiographische Reflexion", um die Fähigkeit jedes Menschen zu benennen, eine Autobiographie zwar nicht unbedingt schreiben, aber erzählen zu können (s. 1991, 149). Zu den wichtigsten Momenten, die er mit den Begriffen "Autobiographie" und "autobiographische Reflexion" verbindet, gehören "eine zusammenhängende Gestaltung und eine sich entwickelnde Einheit, die Verbindung von Vergangenheit und Gegenwart, Selbstbeobachtung und Rückerinnerung, Wissen vom Selbst und Wissen um die Außenwelt" (1991, 150).[6]

Ein Anliegen des nächsten Abschnittes ist es, Indikatoren dafür anzugeben, dass einiges, was in der Biographieforschung als Merkmale für eine selbstbestimmte Lebensgestaltung angesehen wird, auch zu den Merkmalen von Erwägungsmentalitäten gehört. Leitende Forschungsfragen sind: Inwiefern ist eine Förderung von Erwägungskompetenz zugleich eine Förderung von biographischer Kompetenz? Ließe sich mit Hilfe von Biographieforschung der Aufbau eines Wissens über Entscheidungsmentalitäten, Vielfalts- und Entscheidungskompetenzen unterstützen? Ausgehend von der These, dass es bisher keine Forschungs- und Lehrtraditionen eines erwägungsorientierten Umgangs mit Vielfalt gibt, soll schließlich exemplarisch dargelegt werden, wie Lehr-/Lernprozesse gestaltet sein könnten, wenn in ihnen Erwägungskompetenz und damit biographische Kompetenz gefördert werden sollte (Punkt 3).

2. Erwägungs- und Lösungsmentalitäten

2.1 Alternativen als eine Geltungsbedingung in der Genese von Lösungen und als eine zu bewahrende Geltungsbedingung auch nach einer Lösungssetzung

Der Unterschied zwischen Lösungen, die durch Entscheidungen gefunden wurden, gegenüber Lösungen, die als Vorgaben übernommen werden, besteht darin, dass nur im Falle von Entscheidungen Alternativen in Erwägung gezogen und unterschiedlich bewertet werden können bzw. wenn es nur eine Möglichkeit zu erwägen gibt, diese zumindest alternativ, nämlich zustimmend oder ablehnend bewertet werden kann. Erwägungs- und Bewertungsalternativen sind also konstitutiv für die Genese von Lösungen, die durch Entscheidungen gefunden werden. Insbesondere in den Wissenschaften werden Alternativen in der Genese und für die kontinuierlichen Verbesserung von jeweiligen Lösungen als relevant erachtet. Das individuelle Erwägen von Alternativen (Erwägungsalternativen) gilt als Merkmal kritischen Denkens.

So beschreibt etwa John Dewey die Rolle des Erwägens von Alternativen für kritisches Denken folgendermaßen: "The essence of critical thinking is suspended judgement; and the essence of this suspence is inquiry to determine the nature of the problem before proceeding to attempts at its solution. (...) Since suspended belief, or the postponement of a final conclusion pending further evidence, depends partly upon the presence of rival conjectures as to the best course to pursue or the probable explanation to favor, *cultivation of a variety of alternative suggestions* is an important factor in good thinking" (1978, 238f.).

Darüber hinaus gilt die soziale Konkurrenz von Alternativen als Merkmal einer rationalen und fortschrittsorientierten Praxis und als Gegenmittel gegenüber Kritikimmunisierung und Dogmatismus. Solche sozial verteilt vorliegenden Alternativen kann man im Unterschied zu den individuell erwogenen Alternativen, den "Erwägungsalternativen", als "Lösungsalternativen" bezeichnen. "Lösungsalternativen" sind die unterschiedlichen Lösungen bei gleichen Problemen, zu denen verschiedene Personen aufgrund gleicher oder verschiedener Erwägungen und Bewertungen gekommen sind.[7] Auch einzelne Personen mögen insofern zu verschiedenen Lösungsalternativen gelangen, als sie gleiche Entscheidungsfragen zu verschiedenen Zeiten unterschiedlich beantworten können, weil sie etwa aus neuen Erfahrungen heraus die Erwägungsalternativen nun anders bewerten.

Nach Karl R. Popper ist die "Wissenschaft, und insbesondere der wissenschaftliche Fortschritt, (...) nicht das Ergebnis isolierter Leistungen, sondern der *freien Konkurrenz der Gedanken*. Denn die Wissenschaft braucht immer mehr Konkurrenz zwischen Hypothesen und immer rigorosere Prüfungen. Und die konkurrierenden Hypothesen müssen durch Personen vertreten werden: sie brauchen Anwälte, Geschworene und sogar ein Publikum. Diese persönliche Vertretung muß institutionell organisiert werden, wenn sie verläßlich funktionieren soll. Und diese Institutionen müssen unterhalten und gesetzlich geschützt werden. Letztlich hängt der Fortschritt in sehr hohem Maße von politischen Faktoren ab, von politischen Institutionen, welche die Gedankenfreiheit garantieren: von der Demokratie" (1979, 121. Auch für Paul K. Feyerabend "ist der Wettstreit der Theorien - oder, weniger platonisch gesprochen, die Diskussion von Alternativen durch individuelle Wissenschaftler, Philosophen, Politiker usw. - die Ursache, die allmähliche Verbesserung aller Theorien wie auch des Bewußtseins der Mitwirkenden die Wirkung" (1981, 131). Einen Grund dafür, warum den Einzelerwägungen nicht so recht zu trauen sein kann und die Qualität wissenschaftlicher Lösungen vom Prozess der Auseinandersetzung abhängig gesehen wird, mag man mit Thomas S. Kuhn in der Identifikation der Wissenschaftlerinnen und Wissenschaftler mit ihren jeweiligen Positionen sehen. Mit zunehmender Identifikation, so scheint es, besteht die Gefahr, sich nicht mehr auf Alternativen einzulassen: "Gefahr für die Theorie ist daher Gefahr für das wissenschaftliche Leben, und obwohl die Wissenschaft durch solche Gefährdungen Fortschritte macht, übersieht sie der einzelne Wissenschaftler, solange er nur kann. Das tut er besonders dann, wenn ihn seine eigene bisherige Tätigkeit bereits auf die Verwendung der bedrohten Theorie festgelegt hat" (1978, 283).[8]

In der Genese von Lösungen kommt den jeweils erwogenen Alternativen eine Geltungsfunktion zu. Die Konkurrenz von Alternativen soll mit zu möglichst adäquaten Problemlösungen beitragen. Doch was geschieht mit den jeweils erwogenen Alternativen, die nach einer Lösungssetzung als "widerlegt", "unsinnig", "weniger geeignet", "unterlegen", "besiegt" usw. bezeichnet werden? Sieht man einmal von historischen Darstellungen ab, so scheinen sie mehr oder weniger in Vergessenheit zu geraten und funktionslos zu sein. Meines Wissens gibt es keine Forschungstraditionen in qualitativen Problemlagen, die die jeweils erwogenen Alternativen zu jeweiligen Problemen als Erwägungsforschungsstände haben bewahren lassen. Dabei gäbe es gute Gründe, die jeweils erwogenen Alternativen auch nach einer Lösungssetzung als eine Geltungsbedingung zu nutzen und deshalb zu bewahren, jedenfalls dann, wenn man den Anspruch vertreten möchte, eine "gute" Lösung gefunden zu haben. Denn kann man die

Bevorzugung einer Lösung als die vorerst "beste" oder "geeignetste" nicht nur dann begründet vertreten, wenn man um die jeweils erwogenen Alternativen weiß und diese auch anzugeben vermag? Gehört nicht der vergleichende Verweis auf die erwogenen Alternativen mit zu einer belegbaren Begründung?

Paul K. Feyerabend scheint in diese Richtung gedacht zu haben, wenn er betont, dass widerlegte Theorien "zum Gehalt ihrer siegreichen Konkurrenten" beitragen (1981, 130), und für eine Bewahrung auch der "unterlegenen" Alternativen plädiert: "Sobald man aber erkennt, daß die Widerlegung (und damit auch die Bestätigung) einer Theorie ihre Einbeziehung in eine Familie miteinander unverträglicher Alternativen verlangt, in diesem Augenblick gewinnt die Diskussion dieser Alternativen größte methodologische Bedeutung und sollte auch in die Darstellung der schließlich anerkannten Theorie eingehen" (1981, 103, Anm. 72). Für ein Bewahren von erwogenen Alternativen auch nach einer Lösungssetzung sprechen auch noch andere Gründe. Einer dieser Gründe kann in der Annahme bestehen, dass es kein zweifelsfreies Wissen gibt und "daß auch ein weit zurückgebliebener Gegner noch immer ein Comeback erleben kann" (Imre Lakatos 1974, 283), weshalb es sich lohnen mag, erwogene unterlegene Alternativen zu bewahren. Aber auch wenn man vermutet, es könne irgendwann einmal zweifelsfreies Wissen geben, kann das Bewahren von erwogenen Alternativen als hilfreich erachtet werden. Bei John Stuart Mill findet man die Überlegung, dass die Auseinandersetzung mit Alternativen (etwa von Gegenparteien) selbst in diesem Fall eine wichtige didaktische Hilfe bei der Vermittlung von Konzepten bliebe, weil erst durch die Auseinandersetzung mit den jeweiligen Alternativen die ausgezeichnete Lösung adäquat geschätzt werden kann (s. 1991, 61).

Es wäre ein eigenes Forschungsprojekt zu untersuchen, wieso sich trotz guter Gründe für ein Bewahren von erwogenen qualitativen Alternativen als eine Geltungsbedingung keine dementsprechenden Forschungstraditionen entwickelt haben.[9]

Im folgenden soll die Unterscheidung von erwogenen Alternativen als eine Geltungsbedingung in der Genese von jeweiligen Lösungen und als eine zu bewahrende Geltungsbedingung auch nach einer Lösungssetzung genutzt werden, verschiedene Mentalitäten im Umgang mit Vielfalt und Entscheidungen zu differenzieren. Entscheidungsmentalitäten verstehe ich dabei dann als "*Lösungsmentalitäten*", wenn Alternativen vor allem in der Genese von Lösungen als relevant erachten werden. "*Erwägungsmentalitäten*" sollen diejenigen Entscheidungsmentalitäten genannt werden, die die erwogenen Alternativen auch nach einer Lösungssetzung als eine zu bewahrende Geltungsbedingung für relevant halten. Die jeweils erwogenen Alternativen als eine zu bewahrende Geltungsbedingung als relevant zu erachten, soll dabei nicht heißen, dass dies immer angestrebt und für sinnvoll gehalten wird. Die Frage, in welchen Entscheidungskonstellationen welcher Umgang mit jeweils erwogenen Alternativen adäquat ist und ob es überhaupt sinnvoll ist, erwägend bei der Suche nach einer Lösung vorzugehen, ist vielmehr für eine Erwägungsmentalität selbst eine zu erwägende Frage. Zu einer Erwägungsmentalität gehört eine Selbstreferentialität hinsichtlich des Erwägens. Wäre es nicht möglich, dass Erwägen selbst zu erwägen und in Frage zu stellen, dann würde sich die Erwägungsorientierung reflexiv aufheben und in einen Erwägungsdogmatismus übergehen. Worauf es mir mit der Unterscheidung in Erwägungs- und Lösungsmentalitäten ankommt, ist, dass aus der Perspektive einer Erwägungsmentalität ein spezifisches kritisches Bewusstsein in bezug auf jeweilige Begründungsansprüche von Lösungen besteht, nämlich dass diese nur so gut begründet sein können, wie sich die jeweiligen problemadäquaten Alternativen angeben lassen. Die Konsequenzen, die aus diesem Geltungsanspruch an gut begründete Lösungen resultieren und an denen der Unterschied zwischen Erwägungs- und Lösungsmentalitäten festgemacht wird, sollen nun näher beschrieben werden. Dabei möchte ich zugleich exemplarisch auf Facetten von Erwägungsmentalitäten aufmerksam machen, die meines Erachtens eine große Nähe zu Überlegungen aus der Biographieforschung über biographische Kompetenzen für ein selbstbestimmtes Leben aufweisen und Perspektiven möglicher Forschungsprojekte andeuten.

2.2 Bewahrender Umgang mit erwogenen Alternativen

Eine Erwägungsmentalität bzw. eine Erwägungsorientierung hat Konsequenzen sowohl für den eigenen Umgang mit Vielfalt und Entscheidungen als auch für den Umgang mit Vorgaben oder Entscheidungen anderer. Ich möchte hier drei Aspekte hervorheben, die mir mit Blick auf biographische Kompetenzen besonders wichtig zu sein scheinen.

2.2.1 Entfaltung von Subjektivität und Geschichtsfähigkeit

Entscheidungen, seien diese nun lösungs- oder erwägungsorientiert, sind immer eine individuelle Leistung, die Leistung einer einzelnen Person. Auch sogenannte "kollektive Entscheidungen" sind Abstimmungen, die sich aus einer Vielzahl von einzelnen Entscheidungen zusammensetzen. Was und wie Personen entscheiden können, wollen oder müssen, wird von ihren bisherigen Lebensgeschichten in jeweiligen kulturellen Konstellationen abhängen, die ihrerseits wiederum von Entscheidungen beeinflusst sein mögen.[10] Man mag einerseits zu der These gelangen, dass jedwedes Entscheiden eine höchst subjektive Angelegenheit sei, weil sich jedes Individuum aufgrund der eigenen Geschichte in einer ganz besonderen Entscheidungslage befindet. Andererseits mag man die Befürchtung haben, dass jeweilige Entscheidungskonstellationen im wesentlichen den einzelnen gleichsam vorgeben, was wie zu entscheiden ist, und dass insofern wenig Spielraum für selbstbestimmte (autonome) Entscheidungen bleibt (s. o. die in Punkt 1 von Günter Burkart genannten "biographischen Zwangsläufigkeiten").[11] Die folgenden Überlegungen gehen davon aus, dass Biographie sowohl etwas ist, "was uns auferlegt ist und dem wir nur begrenzt »entkommen« können, doch zugleich etwas [ist, B. B.], was wir selber gestalten, verändern, »machen«. Biographie ist ganz konkret Gesellschaftlichkeit und Subjektivität in einem" (Alheit 1996, 294).

Meine These ist, dass es von der Art der Entscheidung, des Erwägens und Bewertens von Erwogenem, abhängt, inwiefern jeweilige Einschränkungen und Rahmenbedingungen mitreflektiert und dadurch Entscheidungsspielräume für subjektive Entfaltungen und Autonomie eröffnet werden. Wer beispielsweise fragt, inwiefern es außer den bisher bekannten (vielleicht sogar vorgegebenen) weitere Alternativen gibt, oder darüber nachdenkt, ob es sich bei den verschiedenen Möglichkeiten eigentlich um Alternativen handelt, klärt den jeweiligen Horizont an Gestaltungsmöglichkeiten. Ich verwende hier absichtlich den Terminus "Klärung" und spreche nicht von einer "Erweiterung des Alternativenspektrums", auch wenn eine Klärung dies beinhalten kann. Aber es geht nicht darum, Autonomie dadurch zu gewinnen, indem man zu jeweiligen Fragen möglichst viele Alternativen erwägt, sondern meines Erachtens hängen die Möglichkeiten subjektiver Entfaltung viel mehr davon ab, ob *problemadäquat* Alternativen erwogen und bewertet werden. Dass eine Gleichsetzung des Zuwaches an zu erwägenden Alternativen mit einem Autonomiegewinn illusionär wäre, wird deutlich, wenn man sich den Fall einer raffinierten Fremdbestimmung vorstellt: Eine Person wird bezüglich einer Problemlage mit Vielfalt so von anderen "zugeschüttet", dass sie auf diese Weise von einer Entscheidungsbeteiligung bei anderen Problemen abgelenkt oder daran gehindert wird, überhaupt eine eigene Lösung zu setzen und sich deshalb schließlich vielleicht sogar eine fremde Vorgabe als Entlastung wünscht. So gesehen sind für eine selbstbestimmungsorientierte Lebensgestaltung Fragen hilfreich, zu welchen Problemen in welchem Ausmaß man Erwägungen und Bewertungen investieren will. Solche Entscheidungskompetenz entwickelt sich nicht im kultur- bzw. lebengeschichtlich leeren Raum und es lässt sich immer fragen, wer wohl davon profitieren könnte, dass so oder so mit Vielfalt umgegangen und Entscheidungen getroffen werden. In dem Maße aber, wie solche Fragen mit einbezogen werden in jeweilige Entscheidungskonstellationen, besteht zumindest die Chance der Aufklärung und Aufdeckung von jeweiligen Abhängigkeiten und damit die Möglichkeit, sich von ihnen zu distanzieren, wenn man will.

Was hat nun das Bedenken der skizzierten Fragestellungen mit einer Erwägungsmentalität zu tun? Die genannten Fragen zielen noch nicht auf eine Bewahrung der erwogenen Alternativen als einer Geltungsbedingung für bereits gesetzte Lösungen. Insofern die angedeutete kritische-reflexive Entscheidungsorientierung auch von Lösungsmentalitäten in der Genese von Lösungen leitend ist, können sie auf diese Weise gleichermaßen eigene Subjektivität entfalten und Autonomie gewinnen. Der Unterschied zwischen Erwägungs- und Lösungsmentalitäten scheint mir aber darin zu bestehen, dass man mit einer Erwägungsmentalität grundlegender motiviert und sensibilisiert ist, jedenfalls in all den Fällen, wo möglichst "gut" begründete Lösungssetzungen angestrebt werden und dafür die Bewahrung der erwogenen Alternativen als eine Geltungsbedingung angesehen wird. Weiterhin könnte längerperspektivisch gesehen ein bewahrender Umgang mit Alternativen geschichtsfähiger in dem Sinne machen, als man mit den bewahrten Alternativen die Gewordenheit jeweiliger Lösungen für sich und andere transparenter hält und damit auch eine Voraussetzung für ein Lernen aus Fehlern und Erfolgen schafft. Würde die Bewahrung von Erwägungen mit zur jeweiligen kulturellen Geschichte gehören und Geltungsbedingung für die jeweils bevorzugten Lösungen sein, wäre die Vermittlung von deskriptiven und präskriptiven Konzepten von einer Generation zur nächsten weniger vorgabeorientiert. Denn selbst wenn die jeweils bevorzugten Lösungen im Mittelpunkt der Vermittlung stehen würden, ermöglichte die Offenlegung der erwogenen Alternativen zugleich einen distanzierten Blick auf die jeweiligen Vorgaben und eröffnete damit Horizonte für reflexive Entscheidungen, wie man mit den Vorgaben umgehen will.

Teilt man die Annahme über Zusammenhänge zwischen Entscheidungsmentalitäten, -kompetenzen und Wissen über alternative Umgangsweisen mit Vielfalt einerseits und subjektiven Entfaltungs- bzw. autonomen Entwicklungsmöglichkeiten andererseits, und fühlt sich zudem pädagogischen Zielsetzungen wie "Autonomie" oder "Lernen des Lernens" verbunden, dann scheint es naheliegend zu sein, genauer zu untersuchen, ob die vermuteten Zusammenhänge zutreffen. Es wäre etwa herauszufinden, über welche Entscheidungsmentalitäten und -kompetenzen die einzelnen in unterschiedlichen Lehr-/Lernkonstellationen verfügen, welche Entscheidungsmentalität und -kompetenz mit welcher Art von Autonomiegewinn einhergeht oder welche Bedingungen die Entwicklung welcher Entscheidungsorientierung eher fördern oder eher behindern. An dieser Stelle sehe ich zwei zentrale Verknüpfungsmöglichkeiten zwischen der Erforschung von Entscheidungsmentalitäten und denjenigen Interessen der Biographieforschung, die - wie Erich Weber - meinen, dass Ziele wie Mündigkeit, Lernen des Lernens und Fähigkeiten zu "lebenslange[n] Entwicklungs-, Lern- und Bildungsprozesse[n]" (1996, 395) eine biographische Orientierung der Pädagogik nahelegen, die "Biographizität" im Sinne von Peter Alheit als eine reflexive Schlüsselqualifikation betrachten, die wie Gisela Jakob "Erziehung" als "eine Form biographischer Begleitung" verstehen, die "die Biographien der Individuen" strukturiert (1997, 445, s. auch Heinz-Hermann Krüger/Winfried Marotzki 1996, 7) oder die wie Susanne Braun "*kritische Selbstaufklärung, Selbstentfaltung und das Gewinnen von Handlungsmotivation*" als Merkmale "der biographischen Methode" auffassen (1996, 112). Zum einen wäre herauszufinden, inwiefern sich das Konzept der Erwägungsmentalität nutzen ließe, um die Entfaltung von biographischen Kompetenzen für ein selbstbestimmtes Leben zu unterstützen. In Abschnitt 3 werde ich noch exemplarisch auf diesbezügliche Möglichkeiten erwägungsorientierten Lehrens und Lernen eingehen. Zum anderen wäre zu klären, ob die Erforschung der Geschichten von Entscheidungsmentalitäten in unterschiedlichen Lehr-/Lernkontexten eine Möglichkeit sein könnte, die vertretenen Ansprüche der Pädagogik zu überprüfen, indem man jeweilige Entscheidungsmentalitäten als Indikatoren für Stadien der Autonomieentwicklung nehmen würde. Auch wenn die von Theodor Schulze 1991 festgestellte "merkwürdige Zurückhaltung" in der Pädagogik, den "Anspruch der Erziehung zur Mündigkeit und zur Selbstbestimmung" mit Hilfe der Erforschung der (Auto)Biographien von Lernenden zu überprüfen (s. 1991, 157), inzwischen vielleicht nicht mehr so ausgeprägt sein mag, könnte ein Blick auf die Entscheidungsmentalitäten zumindest eine ergänzende Perspektive sein, die vertretenen Ansprüche zu prüfen.[12] Umgekehrt könnte die Entwicklung eines adäquaten Konzeptes über Entscheidungsmentalitäten, Vielfalts- und Entscheidungskompetenzen wesentliche Impulse durch entsprechende Biographieforschungen erhalten und könnte auch ein empirisch-kritisches Regulativ sein.

Natürlich wäre es hilfreich vor aller Erforschung von Entscheidungsmentalitäten von Lernenden und auch den Lehrenden[13] bereits über entfaltetere Annahmen über Erwägungs- und Lösungsmentalitäten sowie ein umfassenderes Wissen (und sei es ein Wissen um die Ausmaße bisherigen Nicht-Wissens) über Vielfalts- und Entscheidungskompetenzen zu verfügen. Je erwägungsorientierter dabei diese Überlegungen aufgebaut sein werden, desto größer wird dabei die Chance sein, weniger projizierend zu deuten und das erfasste Entscheidungsverhalten zur Verbesserung eines Wissens um Entscheidungsmentalitäten und -kompetenzen zu nutzen. Dass dies mehr als nur eine Hoffnung ist, kann vielleicht durch den folgenden Aspekt der Sensibilisierung für Nicht-Wissen ahnbar werden.

Zuvor jedoch noch eine Anmerkung zu einer möglichen Verknüpfung des Aspektes der Geschichtsfähigkeit von Erwägungsmentalitäten und Biographieforschung. Fritz Schütze unterscheidet zwischen "negativen" und "positiven" Verlaufskurven, die "für das Prinzip des Getriebenwerdens durch sozialstrukturelle und äußerlich-schicksalhafte Bedingungen der Existenz" stehen: "Negative Verlaufskurven - Fallkurven - schränken den Möglichkeitsspielraum für Handlungsaktivitäten und Entwicklungen des Biographieträgers progressiv im Zuge besonderer Verlaufsformen der Aufschichtung »heteronomer« Aktivitätsbedingungen ein, die vom Betroffenen nicht kontrolliert werden können. Positive Verlaufskurven - Steigkurven - eröffnen demgegenüber durch die Setzung neuer sozialer Positionierungen neue Möglichkeitsräume für Handlungsaktivitäten und Identitätsentfaltungen des Biographieträgers" (1983, 288). Wenn ich Schütze richtig verstanden habe, gibt es verschiedene Möglichkeiten, wie eine Person im Falle einer negativen Verlaufskurve versuchen kann, diese theoretisch und praktisch zu ver- und bearbeiten (s. z. B. 1996, 130f.). Für den Aufbau eines Wissens über Entscheidungsmentalitäten wäre hier insofern ein Anknüpfungspunkt, als der Frage nachzugehen wäre, inwiefern in jeweiligen kulturellen Kontexten unterschiedliche Entscheidungsmentalitäten jeweilige Verlaufskurven mitbestimmen. Fällt beispielsweise die theoretische und praktische Verarbeitung einer negativen Verlaufskurve anders aus, wenn die betroffenen Personen eher erwägungs- als lösungsorientiert sind? Systematisch und abstrakt wären vier Konstellationen zu bedenken, wie negative und positive Verlaufskurven mit Erwägungs- und Lösungsmentalität verknüpft sein könnten.

2.2.2 Sensibilität für Wissen um Nicht-Wissen und Befähigung zu distanzfähigem Engagement

Erwogene Alternativen als eine zu bewahrende Geltungsbedingung für Lösungen auch nach ihrer Setzung zu schätzen, kann in besonderer Weise dazu führen, den Blick für die Vorläufigkeit von jeweiligen Lösungen zu schärfen. Denn eine Aufmerksamkeit dafür zu haben, was jeweils erwogen wurde, ist reflexiv zugleich auch eine Aufmerksamkeit dafür, was nicht erwogen wurde. Die Wahrnehmung derartiger Vorläufigkeiten und Grenzen jeweiligen Wissens wird umso besser gelingen, je mehr man über Arten des Entscheidens, Möglichkeiten des Erwägens und Bewertens, Bestimmens, Zusammenstellens sowie Bewahrens von Alternativen weiß. Da es bisher meines Wissens kein umfassendes erwägungsorientiertes systematisches Wissen über den alternativen Umgang mit Alternativen in Entscheidungskonstellationen gibt, wäre hier insbesondere für den Umgang mit qualitativen Alternativen, um die es im Kontext dieser Arbeit vor allem geht, viel zu klären.[14]

Zu einem Wissen um Nicht-Wissen gehört auch ein Wissen um den dezisionären Charakter jeweiliger Lösungsauszeichnungen als einem Wissen, das die bevorzugte Lösung sich nicht mit hinreichenden Gründen anderen Lösungsmöglichkeiten hat vorziehen lassen. Zu vorerst gut begründeten Lösungen gehört mit umgekehrten Vorzeichen das Wissen, dass sich dies etwa durch neue Kenntnisse wandeln kann. Was heute gut begründet ist, kann morgen mit guten Gründen nicht mehr hinreichend gut gegenüber anderen Lösungsmöglichkeiten begründet sein. Derartiges Wissen mag beispielsweise zu höherer Gelassenheit im Umgang mit anderen Positionen führen, eine größere Vorsicht im Umgang mit konsequenzenreichen Lösungen zur Folge haben oder eine Begründung für einen gesellschaftlichen Pluralismus sein. Ein Wissen um Nicht-Wissen bzw. Grenzen des Wissens lässt die jeweiligen eigenen oder auch fremden Lösungen nicht nur in ihrer Begründungsqualität adäquater einschätzen, es erhält - so meine Vermutung - auch die Offenheit für neue Erwägungen und die Bereitschaft zur Korrektur bisheriger Positionen. Die Bewahrung des jeweiligen Erwägungshorizontes verändert meines Erachtens damit auch das Ausmaß und die Art der Identifikation mit jeweils bevorzugten Lösungen. Wer jeweilige Lösungsvorlieben erwägungsorientiert relativiert, wird sicherer im Umgang mit Unsicherheiten und bei veränderten Ewägungskonstellationen wohl weniger Mühen haben, sich zu orientieren und ggf. zu korrigieren, als eine Person, die sich ohne solche Erwägungsorientierung mit der wie auch immer erlangten Bestimmtheit der eigenen Position identifiziert hat.[15] Die Bereitschaft zur Korrektur bisheriger Positionen darf dabei nicht verwechselt werden mit einer relativistischen Haltung, für die alles gleich gültig ist. Eine Erwägungsorientierung ist keine Beliebigkeitsorientierung. Man könnte sie vielleicht als eine Identität des "distanzfähigen Engagements" bezeichnen (vgl. Blanck 1988). Der Bezug auf jeweils erwogene Alternativen als eine Geltungsbedingung hat zwei Seiten. Er macht sowohl vorsichtiger hinsichtlich des Anspruchs, den man mit jeweiligen Lösungen vertritt, kann aber auch die Basis für ein Engagement für eine bestimmte Position sein, wenn etwa durch das Alternativenwissen leichter angebbar ist, warum die bevorzugte Position den anderen vorzuziehen ist (jedenfalls vorerst, bis sich der Erwägungshorizont vielleicht weiter verbessern lässt).

Hinsichtlich des Aspektes einer Sensibilisierung für ein Wissen um Nicht-Wissen und Befähigung zu distanzfähigem Engagement sehe ich eine besondere Nähe zu Biographieforschungen, deren Anliegen einer biographischen Orientierung in der Pädagogik mit einem spezifischen Bildungsbegriff einhergeht, so wie ihn Winfried Marotzki formuliert hat. Marotzki plädiert für ein Bildungsverständnis, das in konstitutiver Weise Unbestimmtheiten und ein "Umgehen mit Differenzerfahrungen" miteinbezieht (s. 1988, 329). Seine These ist, dass ein "Verständnis von Bildung, das den ausschließlichen Schwerpunkt auf die Herstellung von Bestimmtheit so legt, daß keine Unbestimmtheit ermöglicht wird, (...) den Auftrag" verfehlt, "die Heranwachsenden in die Lage zu versetzen, neue gesellschaftliche Komplexitätsniveaus auf innovative Weise zu verarbeiten" (1988, 326). In dem Maße wie Bildungsprozesse bestimmtheitsorientiert angelegt sind, werden Eindeutigkeiten suggeriert, die es den einzelnen erschweren, offen für "innovatives Lernen" zu sein, obgleich es eigentlich sinnvoll wäre, "eingefahrene Routinen aufzugeben" (1988, 330). Marotzkis Beschreibung, wie die Favorisierung von Bestimmtheit in Lernprozessen Unbestimmtheiten abdrängt und "rigide Strukturen des status quo und damit Angstpotentiale" aufbaut (1988, 329), wohingegen eine Bildung, in deren "Zentrum das Umgehen mit Differenzerfahrungen steht (...) es den einzelnen leichter" macht, "gewohnte Routinen aufzugeben und andere zu etablieren" (1988, 329f.), erinnert an meine Vermutung, inwiefern Lösungsmentalitäten stärker mit jeweiligen Positionen identifiziert und weniger offen für Korrekturen als Erwägungsmentalitäten sind. Und wenn Marotzki sein Bildungsverständnis dadurch charakterisiert, dass es, "orientiert am Reflexionsparadigma, das, was die Reflexion im Prozeß der Herstellung von Bestimmtheit ausscheidet, als Möglichkeit systematisch miteinbezieht", sowie betont, dass "die Möglichkeit genauso wichtig zu nehmen wie die Faktizität" ist (1988, 329), dann scheint mir hier ein Anknüpfungspunkt für einen bewahrenden Umgang mit erwogenen Alternativen zu sein. Eine

Differenz sehe ich in der unterschiedlichen Auffassung über den Beitrag der Unbestimmtheiten zur Begründungsqualität von jeweiligen Positionen. Wenn ich Marotzkis Verweis auf Rainer Kokemohr folge, dann sind Bestimmtheiten als begründungsfähige und Unbestimmtheiten als begründungsentlastende Wirklichkeitsinterpretationen zu verstehen (s. Marotzki 1988, 326; s. Rainer Kokemohr 1985, 178). So gesehen lägen zwei entgegengesetzte Einschätzungen vor. Denn aus der Perspektive einer Erwägungsorientierung verhält es sich umgekehrt. Durch Entfaltung von Subjektivität werden Erwägungshorizonte mit jeweiligen alternativen Lösungsmöglichkeiten und einem Wissen um Nicht-Wissen erschlossen, die die jeweils bevorzugten Lösungen weitaus begründungsfähiger werden lassen, weil sie sich hinsichtlich erwogener Alternativen einschätzen lassen. "Objektivität" wird in diesem Sinne durch die Entfaltung von erwägungsorientierter Subjektivität ermöglicht. Es wäre herauszufinden, ob sich diese zwei gegensätzlichen Einschätzungen über die Relevanz von Alternativenwissen als Wissen über Unbestimmtheiten auflösen ließen, wenn man die jeweils zugrunde liegenden Verständnisse von "Rationalität" und "Objektivität" genauer analysierte.

2.2.3 Verstehen durch Verorten in alternativen Deutungen und erwägungsorientierter Umgang mit Konflikten

So wie sich durch einen erwägenden Umgang mit Alternativität Subjektivität entfalten lässt und der erwägende und bewahrende Umgang mit Alternativen Selbstaufklärung im Sinne eines Verstehens des eigenen Gewordenseins bedeuten und geschichtsfähig für das Einschlagen neuer Wege machen kann, so lässt sich eine Erwägungsorientierung auch für das Verstehen anderer nutzen. Wer die eigene Lebensgeschichte in Auseinandersetzung und bewahrendem Bewusstsein mit jeweiligen Alternativen gestalten will, wird fähiger und auch interessierter im adäquaten Verstehen anderer sein und sei es, dass die Grenzen jeweiligen Verstehens erkennbar werden. Ein Versuch des erwägungsorientierten Verstehens anderer bedeutet zugleich auch immer die Chance mit dem Selbst-Verstehen weiter zu kommen. Wesentlich für ein erwägungsorientiertes Verstehen anderer ist aus meiner Sicht, dass jeweilige Deutungsüberlegungen in ein Spektrum alternativer Deutungen eingebettet werden, so dass zu der jeweils bevorzugten Deutung ihre Nähen oder Distanzen zu anderen Deutungsmöglichkeiten angebbar sind. In Diskussionen mit anderen lässt sich auf diese Weise herausfinden, ob man sich z. B. überhaupt in einem gemeinsamen Deutungsrahmen bewegt oder ganz verschiedenen Interpretationsmöglichkeiten folgt.

Wenn sich feststellen lässt, dass kontroverse Positionen aus ganz verschiedenen Alternativenspektren hervorgegangen sind, dann kann diese Erkenntnis eine Herausforderung sein, einzeln und/oder zusammen eine Integration der Alternativen auf gemeinsamen Erwägungsebenen zu versuchen, um so die jeweils andere Position adäquater zu verstehen und gegenüber der eigenen Lösungsvorliebe verorten zu können. Versuchen dies alle (oder mehrere) am Diskussions- und Verstehensprozess Beteiligte(n), so mag es zu unterschiedlichen Vorstellungen über adäquate Erwägungshorizonte kommen. Diese unterschiedlichen Vorstellungen mag man ihrerseits versuchen als zu erwägende Alternativen zu integrieren. Im Falle des Misslingens gelangt man dann zu der Einsicht, dass man vorerst eine Grenze gegenseitigen Verstehens erreicht hat, die aber immerhin angebbar ist, wenn die jeweiligen Erwägungshorizonte bewahrt werden.

Für den Umgang mit Konflikten hat eine Erwägungsorientierung den Vorzug, dass durch die Unterscheidung in eine Lösungs- und Realisierungsebene, auf der die jeweiligen Positionen miteinander konkurrieren, und einer Erwägungsebene, auf der Alternativen integriert und als eine Geltungsbedingung bewahrt werden, man zunächst einmal eine bestehende Konkurrenz auf der Lösungsebene einstellen kann, wenn man sich darauf verständigt, eine Integration der Alternativen auf einer Erwägungsebene zu versuchen. Vom Ideal einer Erwägungsorientierung her gedacht, müsste dies, wenn alle Beteiligten erwägungsorientiert sind, entweder zu einem gemeinsamen Erwägungsspektrum mit einer gemeinsamen Position führen oder zu der Erkenntnis, dass beide Positionen ihre Berechtigung haben, weil man nicht mit hinreichenden Gründen eine der anderen vorziehen kann. Eine solche dezisionäre Konstellation mag dabei entweder in einem gemeinsamen Erwägungsspektrum zu verorten sein oder aber damit zusammenhängen, dass es nicht gelungen ist, verschiedene Spektren zu integrieren und man aber auch nicht angeben kann, warum das eine dem anderen vorzuziehen ist. Ein derartiges Ergebnis könnte dann Grundlage für sich gegenseitiges Tolerieren und ein Wertschätzen von Vielfalt sein.

Der Aspekt der Möglichkeit adäquateren Verstehens durch eine erwägungsorientierte Entscheidungsmentalität und das mit ihr verbundene Interesse an anderen Positionen scheint mir für eine biographieorientierte Pädagogik insofern relevant zu sein, weil diese meinem Verständnis nach nicht nur die einzelnen Individuen in ihren biographischen Kompetenzen fördern kann, sondern auch Wege finden muss, wie sozial mit den Differenzerfahrungen umgegangen werden kann. In dem Konzept einer "Pädagogik der Vielfalt" von Annedore Prengel (1995) findet man eine Vielzahl von Überlegungen und konkreten Vorschlägen, wie dies geschehen könnte. Welchen Beitrag ein erwägungsorientiertes Lehren und Lernen hier vielleicht leisten könnte, soll in Abschnitt 3 noch exemplarisch angedeutet werden.

2.3 Konsequenzen für einen Wandel von Lösungskulturen hin zu Erwägungskulturen

Würde man die skizzierte Unterscheidung in Erwägungs- und Lösungsmentalitäten mit zur Basis für Unterscheidungen zwischen Erwägungs- und Lösungskulturen machen, dann wären die Konsequenzen einer Verbreitung von Erwägungsmentalitäten in verschiedenen Lebensbereichen zu bedenken.[16] Zunächst wäre über die oben angegebenen Angaben hinaus genauer zu bestimmen, was man unter "Entscheidung" verstehen und wie man sie von anderen Formen der Lösungsfindung abgrenzen will, welche Arten zu entscheiden man unterscheiden und von welchen Entscheidungsmentalitäten man ausgehen will. Aus der Perspektive einer Erwägungsorientierung wäre die Verständigung über Entscheidung selbst erwägend anzulegen. Es wäre weiterhin zu klären, welche kulturellen Bedingungen der Entwicklung von Lösungs- und welche von Erwägungsmentalitäten förderlich sind, und umgekehrt zu fragen, wie Lösungs- und Erwägungsmentalitäten kulturelle Entwicklungen beeinflussen. Insbesondere aber wären Methoden und Regeln für den Umgang mit qualitativer Vielfalt und qualitativen Alternativen zu entwickeln (s. Anmerkung 14). Wie lassen sich Alternativen finden, bestimmen, vergleichen, zusammenstellen und was ist eigentlich "Alternative" zu nennen? Für das Bewahren erwogener Alternativen etwa in Form von "Erwägungsforschungsständen" wären allererst Formen und Möglichkeiten zu finden. Mir ist bisher hierzu nur ein Vorschlag in der Literatur begegnet und zwar von Paul K. Feyerabend, nach dem das Bewahren von Alternativen konstitutiv für eine freie Gesellschaft ist und es deshalb eigener Institutionen bedarf, um die jeweils nicht bevorzugten Alternativen zu bewahren:

"*Eine freie Gesellschaft ist eine Gesellschaft, in der alle Traditionen gleiche Rechte und gleichen Zugang zu den Zentren der Erziehung und andren Machtzentren haben.* Wenn Traditionen Vorteile und Nachteile nur dann haben, wenn man sie vom Standpunkt anderer Traditionen aus betrachtet, dann ist die Wahl *einer* Tradition als Grundlage einer freien Gesellschaft ein Akt der Willkür, der entweder mit Gewalt durchgesetzt werden muß oder durch einen freien Austausch zwischen den die Gesellschaft bewohnenden Traditionen begründet werden kann. Im letzten Fall ist die Einschränkung vorübergehend und kann durch Fortsetzung des Austausches (der Diskussion) wieder aufgehoben werden. Man kann versuchen, diese Möglichkeit durch besondere Institutionen offen zu halten, zum Beispiel im Sinne der folgenden *Ergänzung*: die Traditionen, die durch einen freien Austausch vorübergehend von den Zentren der Erziehung und anderen Machtzentren entfernt wurden, sind in besonderen Institutionen aufzubewahren und es ist Sorge zu tragen, daß freie Diskussionen von ihnen immer Gebrauch machen. Eine freie Gesellschaft dieser Art hat also ein weitaus umfassenderes Gedächtnis, als moderne liberale Gesellschaften, und sie setzt dieses Gedächtnis auch entschiedener ein" (1980, 72f.).

Inwiefern sich die neuen Medien nutzen ließen, um ein derartiges "externes Gedächtnis" (Reinhard Keil-Slawik)[17] mit aufbauen zu helfen, wäre herauszufinden.

3. Förderung
von biographischer Kompetenz als Entscheidungskompetenz und sozialer Vielfaltskompetenz in Erwägungsseminaren

Welche Konsequenzen ein Wandel hin zu Erwägungskultur für die Gestaltung von Lehr-/Lernprozessen haben könnte, soll nun am Beispiel einiger bisheriger Erfahrungen mit »Erwägungsseminaren« veranschaulicht werden. Unter einem "Erwägungsseminar" verstehe ich ein Seminar, für dessen Gestaltung eine Orientierung am Erwägungskonzept grundlegend ist, also ein erwägender und bewahrender Umgang mit Alternativen als eine Geltungsbedingung auch nach einer Lösungssetzung leitende Idee des Lehrens und Lernens ist:

"In Erwägungsseminaren sollen Konzepte unter expliziter Berücksichtigung von jeweiligen Alternativen erarbeitet werden. Die Studierenden sollen lernen, alternative Lösungen als solche zu erkennen, zu bestimmen und vergleichend mit ihnen umzugehen. Sie sollen weiterhin befähigt werden, sich eigene Positionen im Wissen um jeweilige Alternativen zu erarbeiten und in Diskussionen erwägungsoffen und korrekturbereit zu argumentieren. Kernmerkmal von Erwägungsseminaren ist die Unterscheidung in Erwägungsalternativen (Erwägungsebene) und Lösungsalternativen (Lösungsebene). Den Teilnehmenden soll der Zusammenhang zwischen jeweils erwogenen Alternativen und der Begründungsqualität von Lösungen deutlich werden. Solche Zusammenhänge zwischen Erwägungs- und Lösungsebene einschätzen zu können, heißt auch erkennen lernen, wann gewählte Lösungen dezisionäre sind und wo derzeitige Grenzen des Wissens liegen. In Erwägungsseminaren soll nicht nur Wissen vermittelt werden, sondern auch reflexives Wissen darüber, wie ein verantwortbarer Umgang mit Konzepten möglich ist, um die Entscheidungsfähigkeit der einzelnen zu stärken" (Blanck 1998, 169).

Das Konzept für Erwägungsseminare wurde von der Autorin in Zusammenarbeit mit Werner Loh entwickelt, in seiner Erprobung durch das Anbieten von Erwägungsseminaren unterstützt von den weiteren damaligen drei Mitgliedern der Herausgebergruppe der Diskussionszeitschrift »ETHIK UND SOZIALWISSENSCHAFTEN« Frank Benseler, Rainer Greshoff und Reinhard Keil-Slawik sowie von Mitgliedern des »Erwägungskreises« Bardo Herzig und Ulrich Kazmierski. Durch die enge Zusammenarbeit mit Studierenden während eines Tutoriumsprojektes im

Rahmen der Verbesserung der Qualität der Lehre des Landes Nordrhein-Westfalen konnte das Konzept besonders intensiv erprobt und weiterenfaltet werden.[18]

Die folgenden Erfahrungen mit den bisherigen Erwägungsseminaren sind an den hier herausgestellten Merkmalen von Erwägungsmentalitäten, wie sie meiner Einschätzung nach auch für biographische Kompetenzen relevant sein müssten, orientiert. Die leitenden Fragen, unter denen ich über die Erfahrungen mit Erwägungsseminaren berichte, sind demnach also:
- Wie müssen Lehr-/Lernprozesse gestaltet sein, um die Entfaltung von Subjektivität und Geschichtsfähigkeit zu unterstützen?
- Wie lassen sich Sensibilität für Wissen um Nicht-Wissen und die Entwicklung eines distanzfähigen Engagements fördern?
- Wie kann man sich in einem Verstehen durch Verorten in alternativen Deutungen und einem erwägungsorientierten Umgang mit Konflikten üben?
So wie bereits in der Darstellung dieser Aspekte erkennbar wurde, dass diese untereinander zusammenhängen, etwa ein Verorten in alternativen Deutungen nicht nur Fremd-, sondern zugleich Selbstverstehen und jeweiliges Wissen um Nicht-Wissen unterstützen vermag, so sind auch die einzelnen Methoden und Gestaltungsüberlegungen für Erwägungsseminare meist für mehrere Erwägungskompetenzen förderlich.

3.1 Entfaltung von Subjektivität und Geschichtsfähigkeit
in Erwägungsseminaren

In den bisherigen Erwägungsseminaren wurde auf verschiedene Weisen versucht, es den Teilnehmenden zu ermöglichen, ihre Subjektivität ins Seminar einzubringen und im Seminarverlauf eine individuelle Lerngeschichte zu entfalten. Das beginnt zunächst einmal mit Namensschildern, so dass man sich in den Diskussionen persönlich anreden kann.

Als sehr hilfreich für Lehrende und Lernende haben sich Seminarnotizen zu den jeweiligen Sitzungen herausgestellt, in denen der Diskussionsverlauf in Form von Thesen, Fragen, Erwägungszusammenstellungen usw. festgehalten und jeweils, aber nur wenn die Studierenden einverstanden sind, in Klammern vermerkt ist, wer welchen Beitrag eingebracht und vertreten hat. Die Seminarnotizen werden während des Seminars an der Tafel festgehalten. Auch wenn es zeitlich zuweilen länger dauert, ist es wichtig, dass die Lehrenden nicht die Äußerungen der Teilnehmenden zusammenfassen und anschreiben, sondern dass die Studierenden selbst ihren Beitrag formulieren. Gerade beim Formulieren einer These oder Frage für die Notizen ergibt sich häufig noch ein weiterer Klärungsschritt und sei es, dass deutlicher wird, was noch alles unklar ist. Die Notizen sind als Basis für Anknüpfungen in den folgenden Sitzungen gedacht und sollen sowohl eine gemeinsame Seminargeschichte als auch durch die Angabe der Namen eine individuelle Seminargeschichte ermöglichen. Ein Geschichtsbewusstsein für das Seminar mag auch durch das Formulieren von Ausgangsfragen für die jeweils nächste Sitzung am Ende einer Sitzung gestärkt werden. Das durch die Notizen festgehaltene Seminargeschehen kann selbst Thema des Seminars sein, indem etwa in der Semestermitte eine Zwischenbilanz gezogen und überlegt wird, was man in der zweiten Hälfte methodisch anders machen und inhaltlich noch weiter zu klären versuchen möchte.

Ein zwar für die Studierenden und Lehrenden sehr aufwendiges Verfahren, eine eigene Seminargeschichte zu gestalten, ist das Führen eines seminarbegleitenden wissenschaftlichen Tagebuchs. Hierbei hat sich herausgestellt, dass es wichtig ist, die inhaltlichen oder auch didaktischen Tagebuchgedanken parallel zum Seminar zu diskutieren, um die Studierenden darin zu stärken, nicht etwa bloße Protokolle o. ä. zum Seminargeschehen zu verfassen, sondern das Tagebuch zu nutzen, um selbst weiter zu denken. Das Schreiben eines Tagebuchs kann für die Studierenden zur Frage führen, in welchem Verhältnis eigentlich Wissenschaft und Subjektivität zueinanderstehen und somit Anlass für wissenschaftstheoretische und methodische Diskussionen sein.

Eine diskursive Möglichkeit, erwägungsorientierte Subjektivität zu entfalten sowie die Subjektivität anderer zu erfahren, kann in einem Thesen-Kritik-Replik-Verfahren erfolgen. Die Studierenden verfassen von Sitzung zu Sitzung Thesenpapiere, die sie untereinander jeweils mit einem Kommilitonen bzw. einer Kommilitonin austauschen, um sich in einem zweiten Schritt gegenseitig zu kritisieren und schließlich in einem dritten Schritt eine Replik verfassen. Erfolgt dieses Verfahren über mehrere Sitzungen, so können die Studierenden es sich überlegen, ob sie lieber in einen längeren, aber dafür vielleicht intensiveren - eine Studentin nannte dies brieffreundschaftsähnlichen - Thesenaustausch oder mit wechselnden Diskussionspartnerinnen bzw. -partnern ihre Papiere erörtern wollen. Führt man dieses Verfahren über einen längeren Zeitraum durch, so gestaltet es sich ziemlich arbeitsintensiv, denn von allen Beteiligten sind ab der 3. Sitzung, zu der das Vorgehen praktiziert wird, jeweils drei Papiere pro Sitzung zu erstellen: ein neues Thesenpapier, eine Kritik zu einem anderen Papier sowie eine Replik auf eine erhaltene Kritik zu einem älteren Thesenpapier. Für eine Leitung, die die gesamte Prozedur begleiten will, kann es schnell unübersichtlich werden. Dies könnte weniger problematisch sein, wenn man die ganze Diskussion netzgestützt führen würde, womit aber noch keine Erfahrung gemacht werden konnten.

Andere Möglichkeiten im Seminar Subjektivität der einzelnen sichtbar zu machen und ein Vielfaltsbewusstsein zu schaffen und zu erhalten, welches als eine Motivationsbasis für Versuche der systematischeren vergleichenderen Erschließung der unterschiedlichen Positionen und damit der Entfaltung von Subjektivität genommen werden kann, sind z. B. die Methoden des Brainstormings oder Blitzlichts. In einem Brainstorming, etwa zu Beginn eines Themas, werden meist die ganz unterschiedlichen Vorkenntnisse, Assoziationen und Erwartungen der Teilnehmden erkennbar. Blitzlichter, etwa zur Einschätzung, wo man sich derzeit im Seminarverlauf befindet oder wie zufrieden man mit dem derzeitigen Vorgehen ist, bringen zuweilen sehr überraschend gegensätzliche Einschätzungen zum Ausdruck.

Im Umgang mit Literatur ist eine Grundlage für die Entfaltung von erwägungsorientierter Subjektivität die Berücksichtigung und Einbeziehung möglichst gegensätzlicher Positionen zu jeweiligen Themen. Die Erfahrung, wie umstritten selbst auf den ersten Blick für relativ unumstritten gehaltene Fragen sind, fordert die Teilnehmenden heraus, selbst Position zu beziehen, was in Erwägungsseminaren mit einer genaueren Analyse der Kontroverse einhergehen sollte, weil es darum geht, zu jeweiligen Positionen möglichst adäquat die Alternativen als eine Geltungsbedingung für die vorerst bevorzugte Lösung angeben zu können (s. Punkt 3.3).

Bis hierher habe ich Methoden und Verfahren genannt, die eine Entfaltung von Subjektiviät der Teilnehmenden vor allem in dem Sinne unterstützen mögen, als sie sich mit ihren Fragen und Positionen besser in das Seminar einbringen können. Eine mögliche Geschichtsfähigkeit zeigt sich diesbezüglich zunächst einmal vor allem in einem Bewusstsein für die erinnerbare Mitgestaltbarkeit des Seminars insgesamt und für sich selbst. Vielleicht könnte man von einer "Entfaltung von Subjektivität und Geschichtsfähigkeit in einem ersten Stadium" sprechen. Die Fragen, wie man nun methodisch ein Vielfaltsbewusstsein und Subjektivität so erschließen kann, dass "Objektivität" möglich wird, soll in den folgenden Punkten angesprochen werden. Insofern könnte man die folgenden Punkte auch als weitere Stadien der "Entfaltung von Subjektivität und Geschichtsfähigkeit" verstehen.

3.2 Sensibilität für Wissen um Nicht-Wissen und Befähigung zu distanzfähigem Engagement in Erwägungsseminaren

Unterscheidet man zwischen einem Wissen um Nicht-Wissen bei eigenen und anderen Positionen, so besteht nach den bisherigen Erfahrungen in Erwägungsseminaren die vermutlich für alle Lehr-/Lernkonstellation typische Ausgangslage, dass die meisten Studierenden mit einer Selbsteinschätzung des Wenig-/Nicht-Wissens in ein Seminar kommen und sich durch die Teilnahme am Seminar einen spezifischen Wissenszuwachs erhoffen, der ihnen vor allem Sicherheit durch sicheres Wissen für ihre Prüfungen und ihren zukünftigen Beruf geben soll. Das Vertrauen in wissenschaftlich gesichertes Wissen ist groß und zeigt sich etwa daran, wenn angesichts kontroverser Positionen und schon längere Zeit andauernder Diskussionen zunehmend Frustration aufkommt und von der Leitung gefordert wird, sie solle nun endlich sagen, was "richtig" ist. Der Verdacht der Studierenden ist, dass eine jeweilige Kontroverse gleichsam nur als didaktischer Kunstgriff - im Sinne von John Stuart Mill - von der Leitung angelegt worden ist. Studierende kennen von anderen Seminaren, dass es zu bestimmten Themen unterschiedliche Positionen und Sichtweisen gibt, aber dort handelt es sich um Lösungen, die weitgehend nebeneinander stehen. In Erwägungsseminaren wird gefragt, inwiefern jeweilige Positionenvielfalt eigentlich aus Alternativen besteht und wie man jeweilige Lösungsvorlieben gegenüber den anderen Möglichkeiten begründen kann. Das verunsichert. Eine grundlegende Frage von Erwägungsseminaren ist es nun, wie man angesichts solcher Verunsicherungen noch verantwortbar Position beziehen kann. Eine Zielsetzung von Erwägungsseminaren ist es, Wege zu suchen, wie man reflexiv sicherer im Umgang mit Unsicherheit werden kann, indem man sich die jeweiligen Positionenvielfalt, innerhalb derer man die eigene Position verortet, so problemadäquat wie möglich zu klären versucht.

Für solche Klärungsprozesse sind beispielsorientierte Aufklärungen über unterschiedliche Verwendungsweisen verschiedener Grundtermini sowie beispielsorientierte und Alternativen angebende Begriffsklärungen zentral. Indem verschiedene Verwendungsweisen etwa des Ausdrucks "Entscheidung" anhand von Beispielen (eigenen oder aus der Literatur) herausgearbeitet werden, wird zunächst einmal eine Basis dafür geschaffen, im weiteren Diskussionsverlauf nicht aneinander vorbeizureden und einen bloßen Streit um Worte zu führen. Für den weiteren Verlauf ist es dann relativ unbedeutend, ob man sich auf eine gemeinsame Bezeichnung für das, was man analysieren möchte, einigt oder ob bei sehr unterschiedlichen Verwendungsweisen verschiedene Bezeichnungen nebeneinander stehen bleiben. Die Beispiele sind jedenfalls ein wichtiger Bezugspunkt dafür herauszufinden, was den Kern des Begriffs 'Entscheidung' - wie immer ihn auch die einzelnen nennen wollen - ausmachen soll. Die Teilnehmenden in Erwägungsseminaren werden ermuntert, nicht nur in der Literatur nach verschiedenen Bestimmungen von "Entscheidung" zu suchen, sondern auch selbst eigene Definitionen zu versuchen. Definitionen werden in Erwägungsseminaren als eine wichtige Möglichkeit genutzt zu versuchen, jeweilige Verständnisse so prägnant wie möglich zusammenzufassen. Sie sind nicht als Audruck einer "herrische[n] Allüre" (Alexander Rüstow 1957, 25) missfzuverstehen, sondern werden als eine Möglichkeit genutzt, den eigenen Wissensstand möglichst offen zu legen und damit gut kritisierbar für weitere Verbesserungen zu machen. Wichtig ist, dass es nicht darauf ankommt, am Ende des Semesters eine gleichsam verbindliche Definition für alle erarbeitet zu haben, sondern dass eine Klärung von Merkmalen, Dimensionen und Abgrenzungen stattgefunden hat, die es ermöglicht, die eigene Position im Wissen um alternative Auffassungen zu beziehen.

Für die Erschließung unterschiedlicher Postionen lassen sich neben einer beispielsorientierten Diskussion verschiedener Auffassungen und Auseinandersetzung mit verschiedenen Bestimmungsvorschlägen (von den Teilnehmenden, aus der Literatur) weitere Methoden, wie z. B. Rollenspiele oder erwägungsorientierten Pyramidendiskussionen[19] einsetzen. Während man in einem Rollenspiel die Möglichkeit hat, einmal eine einem ganz fremde Perspektive zu einem Problem einzunehmen und durchzuspielen, findet in erwägungsorientierten Pyramidendiskussionen ein Wechsel zwischen Bestimmung einer jeweiligen Position und ihrer immer wieder erneuten Öffnung für alternative Erwägungen statt. In Pyramidendiskussionen kann der Wechsel zwischen dem Vertreten einer Position auf einer Lösungsebene und der Integration von Alternativen auf einer Erwägungsebene erprobt werden. Eine zunächst in Einzelarbeit gefundene Lösung wird in immer größer werdenen Gruppen immer wieder neu zur Erwägung gestellt. Versucht werden soll, die neu hinzukommenden Lösungsalternativen in einen gemeinsamen Erwägungshorizont zu integrieren. Ergebnis mag dabei auch sein, sich nicht auf einen gemeinsamen Erwägungshorizont einigen zu können, weil zwischen konkurrierenden Alternativenzusammenstellungen nicht mit Gründen eine der anderen vorgezogen werden kann. Wichtig bei einer erwägungsorientiert verlaufenden Pyramidendiskussion ist also nicht, dass die Teilnehmenden primär versuchen, sich auf eine Lösung zu einigen, was die ursprüngliche Zielsetzung einer Pyramidendiskussion ist, sondern vielmehr möglichst genau die Unterschiede und Gemeinsamkeiten der verschiedenen Lösungsvorschläge herausarbeiten. Indem das so gewonnene Alternativenwissen zum Geltungsbezug für die eigene Position wird, kann diese weitaus differenzierter, im Bewusstsein von Grenzen jeweiligen Wissens oder dem dezisionären Charakter vertreten werden. Hierdurch entsteht ein erwägungsbezogenes miniatur-biographisches Bewusstsein in sozialen Zusammenhängen.

Die Praxisrelevanz solchen Erwägungswissens und distanzfähigen Engagements etwa für Lehrerinnen und Lehrer in den Schulen oder auch andere Lehrende zeigt sich für mich u. a. darin, dass eine Erwägungsorientierung es ihnen ermöglicht, durchaus ihre Positionen und ihr Engagement einzubringen, ohne dass dies sogleich eine mehr oder weniger indoktrinierende Vorgabe bzw. so aufgenommen wird. Das Beziehen einer Position unter jeweiliger Angabe dessen, was erwogen wurde und was einem unklar ist, könnte beispielhaft im Umgang mit Entscheidungen sein und dazu auffordern, eine eigene Position zu finden.

3.3 Verstehen durch Verorten in alternativen Deutungen und erwägungsorientierter Umgang mit Konflikten in Erwägungsseminaren

Die bisher genannten Vorgehensweisen in Erwägungsseminaren tragen auch mit dazu bei, fähiger im Verstehen unterschiedlicher Positionen durch ein Verorten in Zusammenstellungen von alternativen Möglichkeiten zu werden. Und umgekehrt tragen die Fähigkeiten zu erwägungsorientierten Deutungen und im Umgang mit Konflikten ihrerseits zur Entfaltung von Subjektivität und Geschichtsfähigkeit, zu distanzfähigem Engagement und einer Sensibilisierung für Wissen um Nicht-Wissen bei. Vielleicht wäre es sinnvoll, bezüglich aller Merkmale einer Erwägungsorientierung verschiedene Stadien zu unterscheiden. Wenn ich ein Verstehen durch Verorten in alternativen Deutungen und einen erwägungsorientierten Umgang mit Konflikten in Erwägungsseminaren hier an letzter Stelle genannt habe, so hängt dies mit meiner Einschätzung zusammen, dass beides derzeit sehr schwer in Erwägungsseminaren zu realisieren ist.

Insofern es keine erwägungsorientierten Aufbereitungen jeweiliger Themen gibt, müssen in den Erwägungsseminaren selbst an Hand der Literatur die themenspezifischen Erwägungshorizonte erarbeitet werden, um die jeweiligen Positionen als Alternativen verstehen, verorten und bestimmen zu können. Erwägungsseminare sind so gesehen Forschungsseminare in metakritischer Absicht. Mit "metakritischer Absicht" meine ich die von der Instanz der Metakritik in der Diskussionszeitschrift »ETHIK UND SOZIALWISSENSCHAFTEN« verfolgte Zielsetzung, zu einer möglichst adäquaten Zusammenstellung jeweiliger Alternativen zu einem Problem zu gelangen (s. Anm. 16). Bedenkt man, wie schwierig sich diese Aufgabe bereits für die jeweiligen themenkundigen Wissenschaftlerinnen und Wissenschaftler gestaltet, dann sind die im Seminar auftauchenden Probleme, sich erwägungsorientiert etwa mit der in einer EuS-Diskussionseinheit repräsentierten Vielfalt an Positonen und Perspektiven auseinanderzusetzen, nicht weiter verwunderlich.[20] Möglichkeiten hiermit umzugehen, sehe ich in beispiels- und kontextbezogenen Begriffsklärungen, der Formulierung von Forschungsfragen als Festhalten von jeweiligem Nicht-Wissen sowie der Anwendung kombinatorischer Verfahren, um sich über am Material gefundene Merkmale und Dimensionen weitere denkbare Möglichkeiten zu erschließen bzw. um erste Intuitionen und Einfälle zu entfalten.

Das Vermögen, eigene und andere Positionen in einem jeweiligen Spektrum an Alternativen bestimmen zu können, kann Konfliktfähigkeit in dem in 2.2.3 skizzierten Sinne stärken, weil die Unterscheidung in eine Erwägungs- und eine Lösungsebene bedeutet, jeweilige Alternativen zunächst einmal als Erwägungen zu integrieren statt sie wie auf der konfligierenden Lösungsebene abzulehnen. Auch wenn in Erwägungsseminaren zunächst nur Ansätze für erwägungsorientiertes Wissen zu jeweiligen Themen erarbeitet werden können, lässt sich das Bewusstsein für die Unterscheidung dieser beiden Ebenen schon dadurch fördern, indem immer wieder nachgefragt wird, wie jeweilige Beiträge zu verstehen sind: Handelt es sich um eine Erwägung oder eine Lösung?

3.4 Selbstreferentielle »Schluss«-Erwägung

Eine Schlusserwägung im Sinne einer endgültigen Enderwägung wäre ein Widerspruch zu einer Erwägungsorientierung. Eine Verortungsbestimmung im Sinne eines distanzfähigen Engagements hingegen könnte als Ausgangspunkt für weitere Arbeiten genutzt werden. In diesem Sinne ist es mir wichtig festzuhalten, dass die skizzierten Erfahrungen mit verschiedenen Vorgehensweisen in Erwägungsseminaren hier noch in mehr oder weniger intuitiver Weise zusammengefasst und in der von mir derzeit bevorzugten Deutungsvariante dargestellt wurden. An ein entfalteteres erwägungsdidaktisches Konzept hätte ich den Anspruch, die verschiedenen Vorgehensweisen erwägungsorientiert-systematisch darzulegen und alternative Deutungen einzubeziehen. Außerdem wären Gemeinsamkeiten und Unterschiede zu anderen didaktischen Konzepten zu bestimmen.[21] Hierfür kompetent zu werden, bedarf es aber vermutlich noch umfassender

Forschungsanstrengungen, mehr über Entscheidungsmentalitäten, Vielfalts- und Entscheidungswissen und -kompetenzen zu erfahren.

Anmerkungen

* Der Artikel wurde unter dem Titel "Vorüberlegungen zur Erforschung von Entscheidungsmentalitäten als eine Grundlage entscheidungs- und vielfaltsorientierten Lehrens und Lernens" für die Tagung: "Die Bedeutung der Biographieforschung in erziehungswissenschaftlichen Teildisziplinen" vom 3.-5.6.1999 an der Universität Koblenz verfasst und seine Thesen dort zur Diskussion gestellt.

1 Als Beispiel für ein solches reflexives Aufeinanderbezogensein von Vorgabe und Entscheidung lassen sich die Überlegungen von Hans-Joachim Giegel zum reflexiven Umgang mit Bildungsprozessen lesen: "Gerade zur 'autonomen' Entscheidungsfreudigkeit, die in bestimmten biographischen Mustern anzutreffen ist, gehört als Kehrseite, daß sie sich durch Nicht-Entscheiden an anderer Stelle entlastet. Und die reflexive Identitätsbildung läßt eine solche einfache Dichotomisierung schon dadurch hinter sich, als sie erlaubt, daß man sich bewußt (autonom) dafür entscheiden kann, sich vorprogrammierten Bildungsprozessen anzuvertrauen, und die Übernahme solcher Vorgaben dazu führen kann, daß man autonomes Entscheiden lernt" (1988, 237).

2 An anderer Stelle hat Kohli explizit darauf hingewiesen, warum es selbst in "einfachen" Gesellschaften keine vollständige Vorgabebestimmtheit geben kann: "Auch wenn wir eine systeminterne Tendenz zur Beharrung ansetzen, sind wohl auch "einfache" Gesellschaften im Regelfall von der Notwendigkeit geprägt, ständig diskontinuierliche systemexterne Ereignisse bewältigen zu müssen (z. B. Kriege, Hungersnöte und Epidemien), was zu voneinander abgehobenen Kohortenschicksalen führt. Auch die individuelle Variation im Lebenslauf ist wohl größer als gewöhnlich angenommen wird und muß durch aktuell zu leistende biographische Deutungen bewältigt werden" (1978, 28).

3 In diesem Sinne sind Entscheidungsfreiheit und Determinismus für mich kein Gegensatz. Mit Dieter Birnbacher vertrete ich die Position: "Auch eine letztlich determinierte Entscheidung will getroffen werden" (in: Matthias Kaufmann u. a. 1992, 107, Nr. (7)). Dass eine Lösung durch eine Entscheidung gefunden und nicht als Vorgabe übernommen wurde, sagt zunächst noch nichts darüber aus, wie diese Entscheidung in ihrem jeweiligen Kontext einzuschätzen ist.

4 Vgl. hierzu etwa auch die Überlegungen von Wilhelm Keller, der zwischen einem erwählenden und auswählenden Umgang mit Alternativen unterscheidet: "Gemeinhin denkt man beim Begriff der Entscheidung an eine Wahl zwischen mehreren Möglichkeiten. Allein gerade dies macht nicht ihr eigentliches Wesen aus. Dieses liegt nicht in der Tatsache mehrerer Möglichkeiten, sondern darin, daß überhaupt eine Möglichkeit *ergriffen* wird. Auch das ist ein »Wählen«, aber nicht im Sinn eines »Wählens zwischen ..«, sondern im Sinn des »Erwählens von ..«. Darum kann durchaus auch da von Entscheidung die Rede sein, wo keine »Wahl« in jenem üblichen Sinn stattfindet und kein Schwanken zwischen verschiedenen Möglichkeiten vorausgeht; also auch da, wo z. B. nur eine einzige Abzielung überhaupt möglich ist oder eine bestimmte Möglichkeit sich so sehr von selbst aufdrängt, daß die Setzung sie sogleich und ohne Schwanken ergreift. Denn auch hier wird - wie wir sahen - der Gegenstand und das ihn motivierende Ziel doch erst durch die wirkliche Setzung tatsächlich zum Gegenstand und zum Ziel, und in eben diesem Sinn ist auch dieses »wahlfreie« Setzen ein Wählen, freilich eben nicht im Sinn des Aus-wählens, sondern des Er-wählens als Einsetzen, Ernennen, Zu-etwas-machen. Damit ist auch *diese* Wollenssetzung ein

Entscheid. Sie ist es, insofern in ihr für das Seinsollen dessen entschieden wird, was da gewollt wird" (1954, 103; vgl. auch 236f.).

5 Auch wenn Schmid die Verwendung des Terminus "Wahl" von "Entscheidung" unterscheiden will (s. z. B. 1998, 90f.), wird durch seine Beispiele, etwa Wahl der "Partnerschaft" oder "Wahl in planetaren Fragen der Ökologie" (1998, 190), deutlich, dass seine Verwendung des Wortes "Wahl" mit dem hier eingangs formulierten Verständnis von "Entscheidung" in Verbindung gebracht werden darf. Wenn Schmid im Zusammenhang mit der Feststellung, dass zu klären sei, in welcher Weise sich eine "Wahl" von einer "Entscheidung" unterscheide, davon spricht, dass die "wichtigste Voraussetzung für die Wahl" zu sein scheint, "ihrer Begrenztheit durch strukturelle Bedingungen Rechnung zu tragen und sie nicht im leeren Raum anzusiedeln" (1998, 91), dann könnte man vermuten, dass Schmid mit dem Terminus "Entscheidung" vor allem an kalkülistische, kontextlose Verwendungsweisen denkt (vgl. hierzu auch Schmids Abgrenzung einer "sensiblen Wahl" von einer "rational choice" (1998, 204f.)).

6 Schulze unterscheidet sehr genau zwischen autobiographischen und biographischen Texten und Mitteilungen, wobei eine "autobiographische Reflexion" seines Erachtens immer auch "eine Biographie-Theorie" enthält (1991, 152). In meiner Verwendung des Ausdrucks "biographische Kompetenzen" habe ich hier die Worte "Biographie" bzw. "biographisch" nicht abgegrenzt von "Autobiographie" bzw. "autobiographisch", sondern 'Biographie' bzw. 'biographisch' als Oberbegriff für lebensgeschichtliche Äußerungen insgesamt genommen, seien diese nun direkt oder vermittelt (durch jemanden, die oder der eine Biographie über eine andere Person schreibt) mitgeteilt.

7 Dezisionäre Konstellationen als Entscheidungskonstellationen, in denen es nicht möglich ist, mit hinreichenden Gründen eine Lösungsmöglichkeit anderen vorzuziehen, können etwa dazu führen, dass verschiedene Personen trotz gleicher Erwägungen und Bewertungen zu verschiedenen Lösungssetzungen gekommen sind.

8 Inwiefern das Ideal des individuellen kritischen Denkens vielleicht gerade aufgrund der sozialen Konkurrenzorientierung mit allen ihren Folgen gefährdet ist, wäre in diesem Zusammenhang einmal näher zu bedenken.

9 In diesem Zusammenhang müsste meines Erachtens unter anderem auch der Frage nachgegangen werden, inwiefern dies mit an der Verbreitung patriarchaler Strukturen in den Wissenschaften gelegen hat bzw. liegt. Vgl. hierzu Erwägungen der Autorin 1992.

10 Ein Beispiel wie jeweilige Biographien z. B. gesellschaftliche Einrichtungen wie Erwachsenenbildung beeinflussen können, entfalten Jochen Kade und Wolfgang Seitter mit ihrer These zur "Biographisierung der Erwachsenenbildung sowohl auf der institutionell-organisatorischen Ebene der Einrichtungen, ihrer Programme und ihrer didaktisch-methodischen Konzepte als auch im Verhältnis der Erwachsenenbildung zu ihren Adressaten, im Verhältnis von Vermittlung (-sangeboten) und Aneignung" (1998, 172).

11 Die beiden Einschätzungen sind nicht als einander ausschließend gedacht. Denn eine Entscheidungskonstellation kann sowohl sehr spezifisch (besonders) als auch determiniert sein. Determination kann sich auf Allgemeines und Besonderes beziehen. Zum Problem von Entscheidungsfreiheit und Determination vgl. Anmerkung 3.

12 Schulzes Überlegungen zu den Gründen, die eine Zurückhaltung der Pädagogik mit verursacht haben könnten, wären in einem Projekt zur Erforschung von Entscheidungsmentalitäten zu bedenken.

Insofern man davon ausgeht, dass die Notwendigkeit und die Möglichkeit, Entscheidungen zu treffen, menschliches Leben von Beginn an bestimmt, müsste die Schwierigkeit, autobiographische Äußerungen von Kindern und Jugendlichen zu diesem Thema zu erhalten, bewältigbar sein, weil es nur um einen themenspezifischen Aspekt ginge und nicht erforderlich wäre, dass die Kinder und Jugendlichen sich umfassend autobiographisch mitteilen. - Über den genauen Zeitpunkt, ab dem Menschen entscheiden, wird man sicherlich, je nachdem, etwa welchen Bewusstheitsgrad man bei "Entscheidungen" annimmt, streiten können. Trifft ein Baby, das in einem sogenannten Schnullerexperiment von zwei Möglichkeiten zu saugen diejenige vorzieht, bei der es die Stimme der Mutter und nicht die einer fremden Person hört, bereits eine Entscheidung? (zu den Schnullerversuchen s. z. B. Martin Dornes 1996, 41). - Bei der Erforschung der Entscheidungsmentalitäten und des Entscheidungswissens von Kindern und Jugendlichen käme es vermutlich insbesondere darauf an, zu entwickelnde Leitfragen nicht zu abstrakt und mehr beispielsorientiert zu formulieren. Das Problem, dass Zielsetzungen wie "Mündigkeit" und "Selbstbestimmung" "zu komplex (...) sind, als daß man sie einer Erfolgskontrolle unterwerfen könnte" (Schulze 1991, 158), lässt sich bei einem vergleichbar grundlegenden Aspekt wie "Entscheidungsmentalität" vermutlich nicht beheben. Das Problem derartiger Wirkungsforschungen betrifft aber viele sozialwissenschaftliche Fragen und ist kein spezifisch pädagogisches. Meines Erachtens wäre herauszufinden, ob man nicht zumindest Indikatoren für den einen oder anderen vermuteten Zusammenhang nachweisen vermag. Gegen Widerstände der Erforschung von Lernbiographien aus Angst davor, eine "Art Anti-Pädagogik zu begegnen" (Schulze 1991, 158), wird man vermutlich nur die eigenen Ansprüche an Selbstaufklärung und Interessen daran, "falsche Wege" ggf. zu korrigieren, entgegen halten können.

13 Ich hielte es für wichtig, die Erforschung der Entscheidungsmentalitäten der Lehrenden mit in die biographischen Untersuchungen einzubeziehen. Denn die Mentalität der Lehrenden wird vermutlich eine wesentliche Komponente der Bedingungen sein, die die Ausbildung der jeweiligen Mentalitäten bei den Lernenden mitbestimmt. Und so wie ein geheimer Lehrplan bewirken kann, dass Lehrende z. B. explizit nicht-sexistisch unterrichten wollen, dennoch aber aufgrund eigener Sozialisationserfahrungen und -prägungen sexistische Stereotypen nicht-bewusst einbringen, so könnten Lehrende, die Entscheidungsfähigkeiten ihrer Schülerinnen und Schüler eigentlich bewusst fördern wollen, faktisch aber selbst so in einer Vorgabeorientierung verankert sein, dass diese unbewusst die Lehr-/Lernprozesse bestimmt.

14 Es ist wichtig zwischen "qualitativen" und "quantitativen" Alternativen zu unterscheiden. Denn für quantitative Alternativen gibt es im Gegensatz zu qualitativen Alternativen durch die Zuordnung von Zahlen zu jeweiligen Maßeinheiten Methoden eines systematischen Zusammenstellens jeweils aller denkbaren Alternativen, was es leicht macht, jeweilige Erwägungsalternativen zu bewahren und zu rekonstruieren. - Zu einem Vorschlag zur Unterscheidung alternativer Entscheidungskonstellationen s. Frank Benseler u. a. 1994.

15 Es wäre zu erforschen, ob sogenannte Mechanismen der kognitiven Dissonanzreduktion, die etwa dazu führen, dass erwogene, aber negativ bewertete Alternativen, die nach einer Lösungssetzung in ihrer schlechten Bewertung durch neue Kenntnisse eigentlich besser bewertet werden müssten, nicht entsprechend korrigiert werden, um die gesetzte Lösung nicht unattraktiv werden zu lassen, bei einer Erwägungsmentalität weniger ausgeprägt sind als bei einer Lösungsmentalität. Zur Theorie der kognitiven Dissonanz s. Leon Festinger 1978.

16 Das Zeitschriftenprojekt »ETHIK UND SOZIALWISSENSCHAFTEN Streitforum für Erwägungskultur« (EuS) ist insbesondere mit dem Konzept der »Metakritik« ein Versuch herauszufinden, wie sich ein erwägender und bewahrender Umgang mit Alternativen in den wissenschaftlichen Diskussionen und Kontroversen umsetzen ließe (vgl. das EuS-Programm, das zuweilen im Anhang der EuS abgedruckt

wird, etwa in EuS 10(1999)1, wo auch eine Metakritik aus erwägungsorientierter Sicht von Bardo Herzig, Werner Loh und der Autorin veröffentlicht ist). Zur Frage von "Erwägungsforschung und Erwägungskultur" vgl. insbesondere auch Werner Loh 1995.

17 In seinem Aufsatz "Das Gedächtnis lernt laufen - Vom Kerbholz zur virtuellen Realität" (1994) hat Reinhard Keil-Slawik Möglichkeiten und Grenzen verschiedener "Gedächtnistechnologien" für den Aufbau eines "kollektiven externen Gedächtnisses" erörtert (s. 1994, insb. 215ff.).

18 Die als Tutorin bzw. Tutoren sowie als wissenschaftliche Hilfskraft beschäftigten Studierenden Thorsten Bührmann, Elmar Eberhardt, Sabine Eggers (WHK), Johannes Golombek, Andreas Gronski, Arndt Küsgen, Birgit Noll und Werner Roth verfassten eigene Papiere, die z. T. als Tutoriumsprojekt-Papiere zusammengestellt wurden und in der Arbeitspapier-Reihe der Forschungsgruppe Erwägungskultur erschienen sind.

19 Auf die Methode der Pyramidendiskussion bin ich durch Volker Frederking (1996, 48f.) aufmerksam geworden.

20 Um mit der Entfaltung des Konzeptes der »Metakritik« weiter zu kommen, soll es zukünftig in EuS die Möglichkeit geben, über Seminare mit EuS-Diskussionen, die in metakritischer Absicht geführt wurden, Berichte zur Diskussion zu stellen. Hintergrundüberlegung ist die Vermutung, dass sich die Teilnehmenden eines Seminar, in dem eine EuS-Diskussion behandelt wird, den gleichen Fragestellungen gegenübersehen wie eine Metakritikerin oder ein Metakritiker. Von daher könnte die Entfaltung des Konzeptes der Metakritik wichtige Impulse von Berichten über den Umgang mit diesen Fragen in jeweiligen Seminaren erhalten.

21 Welche Schwierigkeiten hier zu erwägen sind, macht die EuS-Diskussionseinheit und Metakritik zu dem Hauptartikel von Harm Paschen: "Zur Systematik pädagogischer Differenzen - ein Forschungsprogramm zur pädagogischen Kompetenz" (1999) deutlich.

Literatur

Alheit, Peter: Biographieorientierung und Bildungstheorie. Müssen wir "Leben" lernen? In: Jahrbuch Arbeit, Bildung, Kultur Bd. 10 1992 (hg. vom Forschungsinstitut für Arbeiterbildung).

Alheit, Peter: »Biographizität« als Lernpotential: Konzeptionelle Überlegungen zum biographischen Ansatz in der Erwachsenenbildung. In: Heinz-Hermann Krüger/Winfried Marotzki (Hg.): Erziehungswissenschaftliche Biographieforschung. Opladen 1996.

Arnold, Rolf: Weiterbildung - notwendige Utopie oder Stiefkind der Gesellschaft? In: Heinrich Dieckmann/Bernd Schachtsiek (Hg.): Lernkonzepte im Wandel. Stuttgart 1998.

Beck, Ulrich: Risikogesellschaft. Auf dem Weg in eine andere Moderne. Frankfurt am Main 1986.

Benseler, Frank/Blanck, Bettina/Greshoff, Rainer/Loh, Werner: Grundlagenprobleme wissenschaftlicher Kommunikation als Entscheidungsverfahren. In: dies.: Alternativer Umgang mit Alternativen. Opladen 1994.

Blanck, Bettina: Programmatisches Nachwort zur 2. Auflage: Therapeutische Möglichkeiten einer

Philosophie des distanzfähigen Engagements. In: dies.: Magersucht in der Literatur. Frankfurt am Main 1988.

Blanck, Bettina: Zum Konzept von Erwägungsforschungen für »nicht-patriarchale« Wissenschaften. In: Maja Pellikaan-Engel (Ed.): Against Patriarchal Thinking. Amsterdam 1992. Geringfügig geändert wieder abgedruckt in: Frank Benseler u. a.: Alternativer Umgang mit Alternativen. Opladen 1994.

Blanck, Bettina: Erwägen als philosophische Orientierung und Didaktik. In: Karl Reinhard Lohmann/ Thomas Schmidt (Hg.): Akademische Philosophie zwischen Anspruch und Erwartungen. Frankfurt am Main 1998.

Blanck, Bettina/Herzig, Bardo/Loh, Werner: Metakritik als Erforschung des vielfältigen Umgangs mit Vielfalt. In: Ethik und Sozialwissenschaften 10(1999)1.

Braun, Susanne: Biographisches Lernen als Methode in der Erwachsenenbildung. In: Hannelore Faulstich-Wieland u. a. (Hg.): Literatur- und Forschungsreport Weiterbildung 37 (1996).

Burkart, Günter: Biographische Übergänge und rationale Entscheidungen. In: Zeitschrift für Biographieforschung und Oral History (BIOS) 8(1995)1

Dewey, John: How We Think. In: ders.: The Middle Works, 1899-1924, Vol. 6: 1910-1911. Carbondale u. a. 1978 (hg. von Jo Ann Boydston).

Dornes, Martin: Der kompetente Säugling. Frankfurt am Main 1996.

Festinger, Leon: Theorie der kognitiven Dissonanz. Bern u. a. 1978 (hg. von Martin Irle und Volker Möntmann).

Frederking, Volker: Wer bin ich? Was soll ich tun? Philosophische Selbstbestimmung zwischen fundamentalistischer Herausforderung und Neuer Unübersichtlichkeit. In: Zeitschrift für Didaktik der Philosophie und Ethik 18 (1996) 1.

Feyerabend, Paul K.: Erkenntnis für freie Menschen. Frankfurt am Main 1980.

Feyerabend, Paul K.: Probleme des Empirismus. Braunschweig/Wiesbaden 1981.

Giegel, Hans-Joachim: Konventionelle und reflexive Steuerung der eigenen Lebensgeschichte. In: Hanns-Georg Brose/Bruno Hildenbrand (Hg.): Vom Ende des Individuums zur Individualität ohne Ende. Opladen 1988.

Jakob, Gisela: Das narrative Interview in der Biographieforschung. In: Barbara Friebertshäuser/ Annedore Prengel (Hg.): Handbuch Qualitative Forschungsmethoden in der Erziehungswissenschaft. Weinheim/München 1997.

Kade, Jochen/Seitter, Wolfgang: Erwachsenenbildung und Biographieforschung. Metamorphosen einer Beziehung. In: Ralf Bohnsack/Winfried Marotzki (Hg.): Biographieforschung und Kulturanalyse. Opladen 1998.

Kaufmann, Matthias - Birnbacher, Dieter/Bittner, Rüdiger/Kersting, Wolfgang: Nochmals nachgefragt und nochmals geantwortet. In: Ethik und Sozialwissenschaften 3(1992)1.

Keil-Slawik, Reinhard: Das Gedächtnis lernt laufen - Vom Kerbholz zur virtuellen Realität. In: Manfred Faßler/Wulf R. Halbach (Hg.): Cyberspace. München 1994.

Keller, Wilhelm: Psychologie und Philosophie des Wollens. München/Basel 1954.

Kohli, Martin (Hg.): Soziologie des Lebenslaufs. Darmstadt/Neuwied 1978.

Kohli, Martin: Normalbiographie und Individualität: Zur institutionellen Dynamik des gegenwärtigen Lebenslaufregimes. In: Hanns-Georg Brose/Bruno Hildenbrand (Hg.): Vom Ende des Individuums zur Individualität ohne Ende. Opladen 1988.

Kokemohr, Rainer: Modalisierung und Validierung in schulischen Lehr-Lern-Prozessen. In: ders./ Winfried Marotzki (Hg.): Interaktionsanalysen in pädagogischer Absicht. Frankfurt am Main u. a. 1985.

Krüger, Heinz-Hermann/Winfried Marotzki: Einführung. In: dies. (Hg.): Erziehungswissenschaftliche Biographieforschung. Opladen 1996.

Kuhn, Thomas S.: Die Entstehung des Neuen. Frankfurt am Main 1978.

Lakatos, Imre: Die Geschichte der Wissenschaft und ihre rationalen Rekonstruktionen. In: ders/ Musgrave, Alan (Hg.): Kritik und Erkenntnisfortschritt. Braunschweig 1974.

Loh, Werner: Erwägungsforschung und Erwägungskultur. Arbeitspapier 1995-2 der Forschungsgruppe Erwägungskultur. Paderborn 1995.

Marotzki, Winfried: Bildung als Herstellung von Bestimmtheit und Ermöglichung von Unbestimmtheit. In: Otto Hansmann/Winfried Marotzki (Hg.): Diskurs Bildungstheorie I: Systematische Markierungen. Weinheim 1988.

Marotzki, Winfried: Bildungsprozesse in lebensgeschichtlichen Horizonten. In: Erika M. Hoerning u. a.: Biographieforschung und Erwachsenenbildung. Bad Heilbrunn/Obb. 1991.

Mill, John Stuart: Über die Freiheit. Leipzig/Weimar 1991.

Paschen, Harm: Zur Systematik pädagogischer Differenzen - ein Forschungsprogramm zur pädagogischen Kompetenz. In: Ethik und Sozialwissenschaften 10(1999)1.

Popper, Karl R.: Das Elend des Historizismus. Tübingen 1979.

Prengel, Annedore: Pädagogik der Vielfalt. Opladen 1995.

Rosenmayr, Leopold/Kolland, Franz: Mein »Sinn« ist nicht dein »Sinn«. Unverbindlichkeit oder Vielfalt - Mehrere Wege im Singletum. In: Ulrich Beck (Hg.): Kinder der Freiheit. Frankfurt am Main 1998.

Rüstow, Alexander: Ortsbestimmung der Gegenwart. Band 3: Herrschaft oder Freiheit? Erlenbach-Zürich/Stuttgart 1957.

Schmid, Wilhelm: Philosophie der Lebenskunst. Frankfurt am Main 1998.

Schütze, Fritz: Biographieforschung und narratives Interview. In: Neue Praxis 13 (1983)

Schütze, Fritz: Verlaufskurven des Erleidens als Forschungsgegenstand der interpretativen Soziologie. In: Heinz-Hermann Krüger/Winfried Marotzki (Hg.): Erziehungswissenschaftliche Biographieforschung. Opladen 1996.

Schulze, Theodor: Pädagogische Dimensionen der Biographieforschung. In: Erika M. Hoerning u. a.: Biographieforschung und Erwachsenenbildung. Bad Heilbrunn/Obb. 1991.

Shils, Edward: Tradition. London/Boston 1981.

Weber, Erich: Biographische Orientierung der Pädagogik: Erziehung und Bildung im Lebenslauf. In: Norbert Seibert/Helmut J. Serve (Hg.): Bildung und Erziehung an der Schwelle zum dritten Jahrtausend. Marquartstein 1996.

Kampf- oder erwägungsorientierte Wissenschaft?

Max Webers Umgang mit ›deskriptiver‹ und ›präskriptiver‹ Vielfalt

Rainer Greshoff

Umgang mit Vielfalt als ungelöstes Problem und Herausforderung in den Sozialwissenschaften

(1) Die Sozialwissenschaften haben besondere Schwierigkeiten im Umgang mit ihren vielfältigen Positionen. Streite und Positionenvielfalt zu den verschiedensten Problemgebieten sind hier ausgeprägt und es stellt nach wie vor eine Herausforderung dar, zwischen jeweiligen Positionen adäquat entscheiden zu können. Diese Herausforderung ist Ausdruck des Mangels an Fertigkeiten, mit Vielfalt angemessen umgehen zu können. Folge dieses Mangels ist, dass man z.B. in der Soziologie jeweilige Theorien - um eine Wissensart zu thematisieren, die in vielfacher Weise forschungsleitend ist - in ihren Verhältnissen kaum einschätzen kann. In immer wiederkehrenden Äußerungen wird dies deutlich formuliert. So wird schon seit einiger Zeit über den verbreiteten "Schein- oder Pseudopluralismus" (Klima 1971: 201) der Theorien sowie darüber, dass es "ein vielfaches Durcheinander von mehr oder weniger miteinander konkurrierenden Theorieansätzen gibt" (Stehr 1986: 134), geklagt. In eine ähnliche Richtung gehen Äußerungen, die die "im engeren Sinne Theoriediskussion zu nennende Szene" sich als "im Zustand der heillosen Zersplitterung" (Wehrspaun 1985: 11) befindend beschreiben. Auch in jüngster Zeit kann man von "einem unabgeklärten Nebeneinander verschiedener Theorien" (Klages 1993: 9) bzw. "dem zerfaserten und zersplitterten Zustand der ... Theoriebildung" (Schmid 1993: 161) lesen. Ähnlich wie Luhmann, der - mit umfassenderem Bezug - von "der konfusen Diskussionslage in der heutigen Soziologie" (Luhmann 1995: 11) schreibt, meint Coleman,

daß momentan "there is anarchy in the discipline of sociology" (Coleman 1992: 277), weiter, dass es keinen "consensus on the definition of the discipline, the character of the problems that give it its coherence" sowie kein "criterion for judging what is ›right‹" (Coleman 1992: 263f.) gibt. Vergleichende Qualitätseinschätzungen, Feststellungen darüber, ob eine Position gegenüber einer anderen etwa fortgeschrittener ist, sind in Wissenschaft angemessener Weise demnach schwerlich möglich.[1]

(2) Zu fragen ist, wieso dieser Mangel bis heute nicht beseitigt werden konnte und wieso kaum erkennbar ist, daß die ihm korrespondierende Herausforderung bewältigbarer wird. Dafür gibt es verschiedene Gründe. Ein wichtiger Grund ist, so meine These, daß die Sozialwissenschaften von ihrer Geschichte her immer noch an wissenschaftlichen Einstellungen orientiert sind, die eine Bewältigung verhindern oder zumindest erschweren. Diese These soll im folgenden exemplarisch hinsichtlich Max Weber geprüft werden. Gehört die wissenschaftliche Orientierung, die ihn leitete, zu derartigen Einstellungen? Dafür, dass Webers wissenschaftliche Position heute noch als maßgeblich begriffen wird, lassen sich nicht nur Indikatoren - Stichwort "Weber-Renaissance" (vgl. Glassman 1983: 239; Weiß 1989b: 11; Schluchter 1995a: 200); Webers Status als akzeptierter Klassiker der Kultur- bzw. Sozialwissenschaften[2] -, sondern deutliche Aussagen finden. Folgt man Guy Oakes, dann bestimmen die "von Weber entwickelten wissenschaftstheoretischen Positionen ... knapp drei Generationen nach Erscheinen seiner ersten methodologischen Schriften ... immer noch die Diskussion über Ziele und Methoden der Sozialwissenschaften" (Oakes 1990: 10). Exemplarischer Beleg ist die wissenschaftliche Position Wolfgang Schluchters, die ganz explizit an der Programmatik Webers orientiert ist (vgl. Schluchter 1988, Bd. 1, Teil I). Webers entwickeltes Forschungsprogramm beruht nach Schluchter "auf einem dreigliedrigen Ansatz: auf einer Methodologie der Kulturwissenschaften ... auf einer Kulturtheorie ... sowie auf einer Kulturgeschichte" (Schluchter 1988, Bd. 1: 107f.). An der Grundorientierung dieses Forschungsprogramms hält Schluchter fest. Er hat sich "vor langer Zeit für das Webersche Forschungsprogramm, für seine Perspektive, entschieden" (Schluchter 1988, Bd. 1: 110). In Anknüpfung an Weber nimmt er damit hinsichtlich anderer Forschungsprogramme - etwa von Marx, Parsons, Luhmann oder Habermas - bewußt eine Konfliktperspektive ein und hält "es auch hier mit Weber. Der Konflikt zwischen soziologischen Forschungsprogrammen ... ist endemisch" (Schluchter 1988, Bd. 1: 110), repräsentieren doch diese verschiedenen Programme, um "in Webers Metaphorik zu sprechen", "›Götter‹, die untereinander im Kampf liegen" (Schluchter 1988, Bd. 1: 110).

Umgang mit Vielfalt bei Max Weber

(3) Überlegt man, welche Relevanz für Weber *als Wissenschaftler* das Thema Vielfalt hatte bzw. ob es diesbezüglich überhaupt für ihn von Bedeutung war, dann mag man zunächst an seine vergleichende historische Soziologie denken, die kulturelle Entwicklungen in verschiedenen Sozialitäten komparativ untersuchte[3].

Auch seine Beschäftigung mit der Vielfalt an - wie ich es nennen möchte - Orientierungen (als Komponente von Einstellungen), wird man einbeziehen. Ich denke hierbei an Werte (synonym: Wertideen) - und dabei etwa an Webers Thema des "*Polytheismus* der Werte" (Tyrell 1993: 129) -, aber auch an Ideale, Normen, Zwecke usw. Eine diesbezügliche Vielfalt nenne ich "›präskriptive‹ Vielfalt".

Aber auch sein Wissenschaftsverständnis - die Betonung des Momentes des Fortschritts, des Überholtwerdens jeweiliger Positionen - läßt annehmen, dass Weber das Thema Vielfalt - von historischen Darstellungen, Theoretisierungen[4] usw. - reflektiert hat. Diese Vielfalt nenne ich "›deskriptive‹ Vielfalt".

(4) Die in Nr. (3) genannten Punkte beziehen sich auf unterschiedliche Vielfältigkeiten. Welcher Umgang mit ihnen ist bei Weber zu erkennen?

In historischen Untersuchungen z.B. hat Weber soziale/kulturelle Entwicklungen in China, Indien, Westeuropa usw. auf Unterschiede und Gemeinsamkeiten hin miteinander verglichen, um Besonderheiten herausarbeiten zu können. Vergleichen stellt hier eine Form des Umgangs mit Vielfalt dar. Dafür musste Weber Konzepte entwickeln, die geeignet schienen, soziale/kulturelle Abläufe zu erfassen und zu vergleichen.[5]

(5) Auf ähnliche Untersuchungen Webers hinsichtlich der beiden anderen Arten von Vielfalt kann man nicht so leicht verweisen. Nun sind vergleichende Forschungen hinsichtlich ›präskriptiver‹ bzw. ›deskriptiver‹ Vielfalt nicht nur auch möglich, sondern Voraussetzung, um Unterschiede usw. erkennen zu können, etwa ob Fortschritt vorliegt oder nicht. Für einen überprüfbaren Umgang mit diesen beiden Arten von Vielfalt wären Begriffe und Methoden zu entwickeln, die die jeweiligen (z.B.) theoretischen Entwicklungen bzw. Orientierungen erfassen und vergleichen lassen.

(6) Der angedeutete Mangelzustand in den Sozialwissenschaften und die mit ihm verknüpfte Herausforderung hat auf den ersten Blick vor allem mit der vergleichenden Erforschung von ›deskriptiver‹ Vielfalt zu tun. Hinsichtlich Max Weber sind auf jeden Fall auch Werte einzubeziehen. Bezüglich Wissenschaft meinte die Beziehung auf Werte ("Wertbeziehung") für ihn "die philosophische Deutung desjenigen spezifisch wissenschaftlichen ›*Interesses*‹ ..., welches die Auslese und Formung des Objektes einer empirischen Untersuchung beherrscht" (Weber 1973: 511). Es sind Wertinteressen, "welche auch der rein empirisch-wissenschaftlichen Arbeit die *Richtung* weisen" (Weber 1973: 512). Dies wird z.B. deutlich, wenn er betonte, dass die "Auswahl des für die (wissenschaftliche, R.G.) Begriffsbildung *Wesentlichen* durch Beziehung auf Werte" erfolgt (Weber 1973: 86) bzw., dass "die Bildung der Begriffe von der Stellung der Probleme abhängt" (Weber 1973: 207). Probleme (Gesichtspunkte) ihrerseits sind an Werten orientiert (vgl. Weber 1973: 213 sowie Weber 1924: 420; s.a. Henrich 1952: 27).[6]

Beides, Webers Umgang mit ›präskriptiver‹ sowie mit ›deskriptiver‹ Vielfalt, soll im folgenden erörtert werden.

›Präskriptive‹ Vielfalt bei Max Weber (I)

(7) Weber ging von einem "Kampf zwischen einer Mehrheit von Wertreihen, von denen eine jede, für sich betrachtet, verpflichtend erscheint" (Weber 1988: 41), aus; man hat "zu wählen, welchem dieser Götter ... oder wann ... dem einen und wann dem anderen (man, R.G.) dienen will und soll" (Weber 1988: 41). "Es handelt sich nämlich zwischen den Werten letztlich überall und immer wieder nicht nur um Alternativen, sondern um unüberbrückbar tödlichen Kampf, so wie zwischen ›Gott‹ und ›Teufel‹. Zwischen diesen gibt es keine Relativierungen und Kompromisse. Wohlgemerkt: dem *Sinn* nach nicht" (Weber 1973: 507). An anderer Stelle schrieb Weber von den "verschiedenen Wertordnungen der Welt", die "in unlöslichem Kampf untereinander stehen" (Weber 1994: 16), von der "Unvereinbarkeit und also ... Unaustragbarkeit des Kampfes der letzten überhaupt *möglichen* Standpunkte zum Leben" und ging von der "Notwendigkeit also: zwischen ihnen sich zu *entscheiden*" (Weber 1994: 20), aus.

(8) Webers Position war also, dass es nicht nur einen letzten Wert gibt, sondern für ihn existierten "die letzten und höchsten Werte ... nur noch *im Plural*" (Ty-

rell 1993: 122; vgl. auch Oakes 1990: 41ff. sowie Schluchter 1996: 223ff.), zwischen denen man zu wählen bzw. zu entscheiden hatte.

(9) Wie konnte Weber als Wissenschaftler sich in dieser Werte-Vielfalt zurechtfinden bzw. welchen Anspruch verfolgte er diesbezüglich? Wollte er etwa so mit Vielfalt umgehen können, daß er sich möglichst gut begründet für einen Wert entscheiden oder die Unentscheidbarkeit von Werten belegen konnte? Was aber meinte Weber überhaupt mit "Wählen" bzw. "Entscheiden"? Wie stellte er sich die Gestaltung einer Wahl/Entscheidung vor? Wie(weit) konnte ihm Wissenschaft hierbei helfen?

(10) Klar ist zunächst, dass Wissenschaft in seinem Sinne nicht aufzuzeigen vermag, welcher Wert - für eine einzelne Person oder in einer sozialen Beziehung - gelten *soll*. Die Geltung von Werten "zu *beurteilen*, ist Sache des *Glaubens*, daneben *vielleicht* eine Aufgabe spekulativer Betrachtung und Deutung des Lebens und der Welt auf ihren Sinn hin, sicherlich aber nicht Gegenstand einer Erfahrungswissenschaft" (Weber 1973: 152; vgl. auch 151 sowie Weber 1924: 417).

(11) Weber ging von weiteren Grenzen aus. "Wie man es machen will, ›wissenschaftlich‹ zu entscheiden zwischen dem *Wert* der französischen und deutschen Kultur, weiß ich nicht. Hier streiten eben auch verschiedene Götter miteinander, und zwar für alle Zeit. ... Und über diesen Göttern und in ihrem Kampf waltet das Schicksal, aber ganz gewiß keine ›Wissenschaft‹. Es läßt sich nur verstehen, *was* das Göttliche für die eine und für die andere oder: in der einen und der anderen Ordnung ist. Damit ist aber die Sache für jede Erörterung in einem Hörsaal und durch einen Professor schlechterdings zu Ende ... andere Mächte als die Katheder der Universitäten haben da das Wort ... man hat zu wählen ... Je nach der letzten Stellungnahme ist für den einzelnen das eine der Teufel und das andere der Gott, und der einzelne hat sich zu entscheiden, welches *für ihn* der Gott und welches der Teufel ist. Und so geht es durch alle Ordnungen des Lebens hindurch" (Weber 1994: 17). Auch an anderer Stelle formulierte Weber deutlich, was "*nicht* mehr eine mögliche Aufgabe der Wissenschaft, sondern des wollenden Menschen" ist: "er wägt und wählt nach seinem eigenen Gewissen und seiner persönlichen Weltanschauung zwischen den Werten" (Weber 1973: 150).

Was heißt das nun hinsichtlich der obigen Frage? Heißt das, dass Wissenschaft bei einer Wahl/Entscheidung überhaupt nicht helfen kann? Das war wohl nicht Webers Position:

(12) Grundsätzlich wichtig und von Wissenschaft zu leisten war Weber offenbar "die Heranziehung verschiedener, möglichst entgegengesetzter Standpunkte", um "die entscheidenden, nicht weiter reduzierbaren (Wert-, R.G.) Axiome, auf welchen die entgegengesetzten Standpunkte ruhen, bloßzulegen, - so daß man *wählen* könne" (Weber 1964: 103; vgl. auch Weber 1973: 495). Philosophischen Disziplinen traute er zu, ein "wohlgeordnetes Begriffsschema der ›Werte‹" (Weber 1973: 507) bzw. die "Gesamtheit der überhaupt möglichen ›letzten‹ Werte" (Weber 1973: 508) zu erstellen. Dadurch sollte, so deute ich Weber, die Wahl- bzw. Entscheidungssituation, die er in diesem Kontext immer wieder betont, verbessert werden können.

(13) Wissenschaft kann zur weiteren "Klarheit" verhelfen, indem die Werte "wissenschaftlich analysiert" (Weber 1973: 157) werden, etwa um die in ihnen enthaltenen Ideen deutlich zu machen bzw. letztere einer formal-logischen Betrachtung (z.B. auf Widersprüche hin) zu unterziehen (vgl. Weber 1973: 149ff.). Geklärt werden kann auch, welche Mittel zur Umsetzung jeweiliger Werte anzuwenden sind. "*Wenn* man die und die Stellung einnimmt, so muß man nach den Erfahrungen der Wissenschaft die und die *Mittel* anwenden" (Weber 1994: 19).

(14) Werte-Auswahlen können von Wissenschaft in ihren Folgen eingeschätzt werden. Welchen "Gott" (Wert) man "kränkt", wenn man einem anderen "dient", kann Wissenschaft etwa ermitteln (vgl. Weber 1994: 19f.). Zudem erwähnte Weber den Fall, in dem ein letztes Wertaxiom "in seinen Beziehungen zu *anderen* Wertaxiomen veranschaulicht werden (soll, R.G.)"; dann "ist eben ›positive‹ Kritik durch zusammenhängende Darlegung der letzteren unvermeidlich" (Weber 1973: 157). Es ist aber nicht deutlich, ob Weber diese Kritik als *wissenschaftliche* Kritik, von der er ein paar Zeilen vorher im gleichen Kontext schrieb, verstand. In der "wissenschaftlichen Kritik" (Weber 1973: 156) war die Aufklärung der Motive von Werturteilen für Weber "sehr oft gar nicht anders in anschaulich-verständliche Form zu bringen, als durch *Konfrontierung* der von ihnen zugrunde gelegten Wertmaßstäbe mit *anderen*, und dann natürlich am besten: mit den eigenen. Jede sinnvolle *Wertung* fremden *Wollens* kann nur Kritik aus einer eigenen ›Weltanschauung‹ heraus, Bekämpfung des *fremden* Ideals vom Boden eines *eigenen* Ideals aus sein" (Weber 1973: 156f.). Meinte Weber, dass diese Kritik bzw. Wertung dem Bereich der Wissenschaft zuzurechnen war, wären demnach "positive Kritik" und "wissenschaftliche Kritik" synonym[7], dann ist die zitierte Stelle und was dort zum Ausdruck kommt, nämlich die Art der Beziehung, die zwischen Wertaxiomen hergestellt werden sollte, von besonderem Interesse. Ich komme darauf zurück.

(15) Für Weber sind die Möglichkeiten von Wissenschaft hinsichtlich der oben formulierten Probleme (s. Nr. (9)) damit skizziert. Bedenkt man nun die Aussagen zu Werten in Nr. (7), dann fällt auf, dass wesentliche Inhalte dieser das Ergebnis eines Vergleichs sind. Von diesem her, so kann man zunächst annehmen, hat Weber sich erschlossen, zum einen, daß die Werte Alternativen sind, zum anderen, daß sie unvereinbar sind. Wie ist Weber zu diesem Vergleichsergebnis gekommen? Was heißt "Alternativität", was "Unvereinbarkeit" bei ihm?[8] Wie wird beides belegt und bewiesen? Denkbar ist folgendes: Weber hielt es für möglich, ein "wohlgeordnetes Begriffsschema der ›Werte‹" (Weber 1973: 507) bzw. die "Gesamtheit der überhaupt möglichen ›letzten‹ Werte" (Weber 1973: 508) zu erstellen. Mittels der Entwicklung einer solchen Gesamtheit bzw. eines solchen Schemas und eines (vor allem: methodisch) durchgeführten Vergleiches der darin aufgehobenen Werte hätte Weber die Rationalität seiner Aussagen demonstrieren können. Aber ist davon etwas bemerkbar? Vorgeführt wird eine solche Entwicklung und ein Vergleich nicht. Es ist auch nicht erkennbar, dass Weber über Verfahren, Methoden, Kriterien usw. verfügt hat, um Wertideen systematisch zusammenstellen sowie distanziert und methodisch geleitet vergleichen und bewerten zu können. Es ist zudem nicht ersichtlich, daß er überhaupt *gewollt* hat, dergleichen zu versuchen. Woher *wußte* Weber also das, was er behauptet bzw. wie *konnte* er seine Annahmen beweisen?

(16) Und weiter: wie kam Weber dazu, davon auszugehen, daß die letzten Werte in einem unüberbrückbaren Kampf zueinander stehen? War Kampf für ihn gleichsam die logische Konsequenz aus der Unvereinbarkeit? Aber, aus welchen Gründen auch immer Weber auf Kampf abhob, waren nicht Alternativen dazu denkbar? Warum hat Weber solche nicht erwogen und diese Erwägungen vorgestellt?

(17) Insgesamt ist somit zu fragen: welche Rationalität haben seine Aussagen zu "letzten Werten"? Grundsätzlicher, von den Möglichkeiten her bedacht, die für Weber Wissenschaft in diesem Zusammenhang hatte, welche Rationalität konnte sein Umgang mit Wertideen - etwa das Entscheiden/Wählen zwischen diesen - haben?

(18) Zur Beantwortung der Fragen ist zu untersuchen, was Weber mit 'Entscheiden/Wählen' meinte. 'Entscheiden' ist bei Weber kein nachlesbar definierter Grundbegriff. Zu 'Wahl' findet man bei ihm Umschreibungen im Kontext seiner politischen Soziologie, etwa: "Ueberhaupt keine ›Wahl‹ liegt ... vor, ... wo ... nicht ein Wählen zwischen Kandidaten, sondern die Anerkennung der

Machtansprüche eines Prätendenten vorliegt. ... jede normale ›Wahl‹ ... kann der Regel nach lediglich eine Entscheidung zwischen mehreren ... Prätendenten sein" (Weber 1976: 667). "Wahl-Wählen", "Wahl-Entscheidung" scheint bei Weber Gleiches zu meinen. Worum ging es ihm bei diesem Akt des Wählens oder des Entscheidens? Ich deute ihn so: mehrere - sehr abstrakt formuliert - sinnfähige Etwasse stehen zur Disposition, die zu wählenden Etwasse (bzw. Etwasse, über die entschieden wird), und Etwasse, die wählen/entscheiden. Ein Etwas (z.B.) bekommt durch Wählen/Entscheiden von anderen Etwassen Möglichkeiten und Aufgaben, die es sonst nicht hätte. Im obigen Beispiel: mehrere Kandidat/innen (= Etwasse) bewerben sich um ein politisches Amt; einer/m der Kandidat/innen wird durch Wählen/Entscheiden das Amt zugeteilt (= es wird bestimmt, wer das Amt ausüben darf). Anders formuliert: es wird durch Wählen/Entscheiden festgesetzt, welches der Etwasse für ein vorausgesetztes Problem (= wer darf das Amt XY ausüben?) Problemlösung ist. (Den Fall der Unentscheidbarkeit lasse ich im Beispiel der Einfachheit halber beiseite.) Wählen/Entscheiden war bei Weber offenbar allein auf das Moment der Festsetzung bezogen gedacht und diese kann, so deute ich ihn, nicht Produkt von Wissenschaft sein.[9]

(19) Die gegen Ende des letzten Abschnittes von mir angeführten Momente (Problem, Problemlösung) deuten einen umfassenderen Kontext an als den, der bei Weber im Zusammenhang mit Entscheiden/Wählen in den Blick kommt. Bei ihm scheint dieser umfassendere Kontext zunächst ausgeblendet zu sein. Ich denke dabei an folgendes: zu Entscheiden/Wählen (im Weberschen Sinn) hat man nicht so ohne weiteres zwischen Etwassen, sondern das Entscheiden/Wählen wird reguliert von einem Problem her (z.B.: welchem Wert will ich folgen?), zu dem es eine Pluralität von möglichen Problemlösungen geben mag. Nimmt man den angedeuteten umfassenderen Kontext mit in den Blick, dann ergeben sich für Wissenschaft bzw. für die Rationalisierung des Umgangs mit Wertevielfalt (bzw. Vielfalt überhaupt) andere Möglichkeiten als bei Weber.

Verschiedene Möglichkeiten des Umgangs mit Vielfalt

(20) Will man zwischen einer Vielfalt an Positionen, also z.B. an Werten, entscheiden - und mit 'Entscheiden/Entscheidung' meine ich nun im folgenden, wie zu erläutern sein wird, nicht mehr ganz das, was Weber wohl im Sinn hatte -, dann bedeutet dies, daß man mit einer Vielfalt in bestimmter Weise

umgehen will. Wie ist diese beschaffen und welche Alternative(n) zu ihr gibt es? Was spricht für die eine oder andere Alternative?

(21) Zunächst, Voraussetzung ist, daß Vielfalt vorhanden ist. Diese kann man dann zur Kenntnis nehmen oder nicht; im ersteren Fall kann man mit ihr umgehen wollen oder nicht. Man kann Vielfalt zur Kenntnis nehmen und sie dahingehend zum Problem machen, daß man irgendwie mit ihr umgehen will. Dies mag in unterschiedlicher Weise - z.B. mittels Entscheidung - geschehen. Man kann aber auch Vielfalt zur Kenntnis nehmen, ohne dass man mit ihr umgehen will bzw. ohne dass sie einem zum Problem wird. Letzteres mag dann etwa der Fall sein, wenn man von vornherein - gleichsam durch Vorgabe - zu wissen meint, welche Position aus der Vielfalt für jeweilige Probleme die adäquate Problemlösung ist. Man folgt dann einer *Vorgabeorientierung*. Problemlösungen müssen einem aber nicht derart von vornherein vorgegeben sein. Vielfalt kann statt dessen insofern vor Schwierigkeiten stellen, als man nicht von vornherein weiß, welche Position zum jeweiligen Problem die adäquate Problemlösung bzw. ob überhaupt eine die adäquate ist. In einem solchen Fall mag man durch *Entscheidung* eine Lösung herauszufinden versuchen. Unter einer Vielfalt entscheiden zu wollen setzt voraus, dass zunächst *offen* ist, welche - und ob überhaupt eine - der Positionen aus der Vielfalt als adäquate Problemlösung zu begreifen ist. Erst durch eine Entscheidung wird diesbezüglich eine Klärung *geschaffen*. Entscheidungen können unterschiedlich gestaltet werden. Dies ist (exemplarisch) zu erläutern.

(22) Eine Vielfalt an Werten (mindestens zwei) soll unter einer *Problemstellung* bedacht werden. Daraufhin wird *mindestens eine mögliche Problemlösung erwogen*. Diese kann positiv oder negativ *bewertet* werden. Im letzteren Fall kommt sie als zu setzende Problemlösung, die im Anschluß an die Setzung realisiert (etwa: angewandt) werden soll, nicht in Betracht. Im positiven Fall wird sie als Problemlösung *ausgewählt und gesetzt*. *Problemstellung, Erwägen, Bewerten, Auswahl* und *Setzung* sind Momente eines Entscheidungszusammenhanges.

(23) Nun kann man unterschiedlich vorgehen, um zu einer positiven oder negativen Bewertung verschiedener möglicher Problemlösungen bzw. (über Auswahl) zur Setzung einer Problemlösung zu gelangen. Man kann dies dem Zufall überlassen, also Würfeln oder eine Münze werfen und je nach Ergebnis, mit dem vorab jeweilige Konsequenzen verbunden werden müssen, die Bewertung bzw. Setzung vornehmen. Es wird dann nach einem - wie ich es nenne -

Beliebigkeitsmodus vorgegangen. Man kann aber auch mittels Kriterien die möglichen Problemlösungen auf z.b. "besser/schlechter" hin vergleichend untersuchen und diese je nach resultierendem Ergebnis bewerten bzw. setzen. Es wird dann nach einem *Begründungsmodus* vorgegangen. Beim Begründungsmodus ist - im Unterschied zur *Vorgabeorientierung* - zunächst offen, welche mögliche Problemlösung ausgewählt bzw. gesetzt wird. Zwischen Vorgabeorientierung und Beliebigkeitsmodus gibt es Gemeinsamkeiten, die sie vom Begründungsmodus unterscheiden. Beim Begründungsmodus werden die möglichen Problemlösungen anhand von Kriterien, die am gestellten Problem orientiert sind, zunächst auf ihre Beschaffenheit hin untersucht und miteinander verglichen. Die potentielle Problemlösung, die sich dabei gemäß den zugrunde gelegten Kriterien als die beste erweist, wird als Problemlösung ausgewählt und gesetzt. (Der Fall, dass sich keine der potentiellen Problemlösungen als solche erweist, ist immer möglich, wird hier aber zunächst nicht thematisiert.) Die jeweiligen möglichen Problemlösungen werden also nicht nur für sich, sondern in ihrem Verhältnis zueinander geprüft. Durch derartige kriteriengeleitete Untersuchungen lassen sich anhand der erzielten Ergebnisse Gründe angeben, warum welche mögliche Problemlösung vorzuziehen ist. Im Unterschied zum Beliebigkeitsmodus und auch zur Vorgabeorientierung ermöglicht dieses Vorgehen einen begründeten Umgang mit Vielfalt. Es ist nachprüfbar und also verbesserbar. Geht man davon aus, dass hinsichtlich des Problems des Umgangs mit Vielfalt das vom Beliebigkeitsmodus bzw. Begründungsmodus geprägte Entscheiden zwei grundverschiedene Entscheidungstypen darstellen, dann ist zu fragen: welche Möglichkeiten, Chancen oder Perspektiven sind mit den beiden Typen verbunden? Was vergibt man z.B., wenn man den einen Modus dem anderen vorzieht?

(24) Soll es - je problemrelativ - an (was immer das dann jeweils genauer bedeuten mag) guten Gründen und nicht am Zufall oder irgendwelchen Beliebigkeitseinschätzungen liegen, welche(n) Wert(e) von einer Vielzahl möglicher man als verbindlich akzeptieren will, wird es wichtig, die Werte kriterienorientiert, methodisch geleitet usw. zu prüfen. Die Realisierung eines solchen Anspruchs macht es notwendig, Entscheidungen begründungsorientiert anzulegen und schließt eine Beliebigkeitsorientierung aus. Dies lässt zu, daß es Fälle geben mag, in denen nicht begründungsorientiert entschieden werden *kann*, sondern sich Unentscheidbarkeit ergibt.

(25) Nun können begründungsorientierte Entscheidungen in verschiedener Weise ausgeführt werden. Welcher Entscheidungsaufbau wäre für die Realisierung des

oben angedeuteten Anspruchs günstig? Wenn es Aufgabe von Wissenschaft ist, auf der Basis von möglichst guten Klärungsniveaus Problemlösungen anzubieten (vgl. dazu auch Weingart 1998), dann lassen sich zunächst zwei Strukturen für den gesuchten Entscheidungsaufbau angeben:

- Von einer Problemlösung kann man erst dann wissen, dass sie vergleichsweise gut ist, wenn zuvor die - eingegrenzt durch die jeweilige Problemstellung - alternativen Problemlösungen möglichst vollständig[10] zusammengestellt wurden und daraus mit Gründen (gegebenenfalls) eine Problemlösung ausgewählt und gesetzt wurde. Soll diese gerade skizzierte Konstellation Geltungsbedingung für die Setzung von Problemlösungen sein, dann besteht *eine* wesentliche Aufgabe für derartige Entscheidungsaufbauten darin, hinsichtlich der Alternativen Vollständigkeit zu erreichen.

- Weiter: soll unter den Alternativen auf der Basis eines möglichst optimalen Klärungsniveaus begründet ausgewählt werden können, dann ist es erforderlich, diese kriteriengeleitet zunächst auf ihre jeweilige Beschaffenheit und daran anknüpfend vergleichend zu untersuchen.[11]

(26) Ein derart strukturierter Entscheidungsaufbau beinhaltet wesentliche Komponenten eines solchen Aufbaus, den ich *erwägungsorientiert* nenne. Ein erwägungsorientierter Aufbau ist zu unterscheiden von einem bloß erwägenden Vorgehen. Versteht man unter Erwägungen Gedanken, die problemrelativ mögliche Lösungen repräsentieren, spielen solche bei *allen* Entscheidungen eine Rolle und ist ein erwägendes Vorgehen entsprechend bei Menschen und anderen sinnfähigen Etwassen als verbreitet anzunehmen. Ein erwägungsorientiertes Vorgehen ist demgegenüber nicht mit jedem Entscheiden gegeben, sondern mit spezifischen *Bedingungen* verknüpft. Kennzeichnend für die Erwägungsorientierung ist, daß diese Geltungsbedingungen für Lösungen sind: vor der Auszeichnung einer Lösung als der vorläufig am besten begründeten, sind auf einer Erwägungsebene die alternativen potentiellen Lösungen (problemrelativ) möglichst vollständig aufzustellen und vergleichend zu untersuchen. Das Aufstellen ist ebenso methodisch auszuweisen wie das distanzierte Vergleichen[12] hinsichtlich der Grund-Verhältnisse sowie der Bewertung der potentiellen Lösungen.
Jeweilige Entscheidungen sind kontinuierlich daraufhin zu prüfen, ob bzw. inwiefern sie zu verbessern sind. Zur Förderung der Verbesserung von Entscheidungen sind die Entscheidungen mit ihren verschiedenen Gliedern zu bewahren und zu tradieren.

(27) Eine erwägungsorientierte Wissenschaft kann helfen, Entscheidungen zwischen verschiedenen Positionen rational zu gestalten. Das heißt nicht, dass wissenschaftlich festgestellt werden kann, welchen z.B. Wert man auswählen bzw. setzen *soll*, aber alle Momente einer Entscheidung sind in Alternativenspektren einbettbar und werden von daher umfassender beurteilbar. Auswahl- und damit Setzungsmöglichkeiten - um hier allein diese zwei Momente hervorzuheben - werden dadurch in einem hohen Maße hinsichtlich möglicher Begründungen insbesondere dann einschätzbarer und somit verbesserbarer, wenn man eine reflexive Perspektive miteinbezieht (vgl. dazu auch Anmerkung 36).

›Präskriptive‹ Vielfalt bei Max Weber (II)

(28) Die skizzierte Erwägungsorientierung erinnert ein wenig an das, was Weber mit Freiheit verband. "Je ›freier‹, d.h. je mehr auf Grund ›eigener‹, durch ›äußeren‹ Zwang oder unwiderstehliche ›Affekte‹ nicht getrübter ›*Erwägungen*‹, der ›Entschluß‹ des Handelnden einsetzt, desto restloser ordnet sich die Motivation ceteris paribus den Kategorien ›Zweck‹ und ›Mittel‹ ein" (Weber 1973: 132).

(29) In diesem Horizont bzw. erwägungsorientiert mit Werte-Vielfalt umzugehen, hielt Weber offenbar nicht für möglich. Werte waren für ihn als Orientierungen einer distanzierten und vergleichenden Erörterung entzogen. Im Unterschied etwa zur Zweckrationalität, innerhalb derer auch "die verschiedenen möglichen Zwecke gegeneinander rational" (Weber 1976: 13) abgewogen werden können bzw. sollen, findet man dergleichen bei der wertrationalen Orientierung nicht. Werte stehen hier nicht zur Disposition (vgl. Zängele 1988: 153). Die verschiedenen möglichen Werte rational gegeneinander abzuwägen, ist nicht Eigenschaft von Wertrationalität. Ein Wert soll als letzter Richtpunkt des Handelns bewußt herausgearbeitet, aber nicht mit alternativen Werten verglichen werden. Dadurch würde gerade Kennzeichnendes der Wertrationalität verwischt, nämlich der "bewußte(n) Glaube(n) an den ... unbedingten *Eigen*wert eines bestimmten Sichverhaltens rein als solchem und unabhängig vom Erfolg" (Weber 1976: 12), das "Handeln nach ›Geboten‹ oder gemäß ›Forderungen‹, die der Handelnde an sich gestellt glaubt" (Weber 1976: 12). Warum sollte man auch erwägungsorientiert Entscheiden, wenn man von dem *un*bedingten Eigenwert einer bestimmten Forderung, eines bestimmten Gebotes *ausgeht*?

(30) Letzteres legt die Frage nahe: wie hat Weber zwischen Werten - jetzt wie-

der in seinem Sinne (s. Nr. (18)) - gewählt bzw. entschieden? Nach welchem Modus, welchen Kriterien usw. gelangte er an Setzungen?

Bei Weber sind eine personale und soziale Ebene zu unterscheiden. Es ist eine Sache, wenn eine Person zwischen Wertideen zu wählen/entscheiden hat; es ist eine andere Sache, wenn innerhalb von Sozialem, etwa der Wissenschaft, von dessen bzw. deren Trägern bzw. Trägerinnen zwischen Wertideen zu wählen/ entscheiden ist. Wie aber spielt sich die Wahl/Entscheidung jeweils ab?

(31) Zunächst zur personalen Ebene. Eine Person wählt, so Weber, nach dem eigenen Gewissen und der persönlichen Weltanschauung zwischen verschiedenen Werten. Die Möglichkeiten von Wissenschaft sind hier - wie ausgeführt - begrenzt, denn für Weber "beruht ... alle persönliche Wertbindung auf einem *Glauben*, damit zumal im reflexiven Falle auf einer ›höchstpersönlichen‹, zugleich aber ›irrationalen‹ Unterlage - jenseits aller ›vernünftigen‹ oder wissenschaftlichen Entscheidbarkeit. Bei der ›Wahl‹ der je eigenen ›letzten Stellungnahme‹ zur Welt geht es also um eine Glaubenswahl" (Tyrell 1993: 128f.). Weber ging es bei der Wertewahl darum, "der ›Forderung des Tages‹ gerecht werden" zu können; die "aber ist schlicht und einfach, wenn jeder den Dämon findet und ihm gehorcht, der *seines* Lebens Fäden hält" (Weber 1994: 23). Es soll also etwas *gefunden* (der Dämon steht für einen Wert bzw. Wertideen) und dem soll gehorcht werden. Bei dieser Wahl/Entscheidung besteht offenbar keine Offenheit hinsichtlich des zu Setzenden. *Es ist schon da und muß nur noch gefunden werden!* "Werde, der *du* bist", so zitiert Hennis Weber (Hennis 1990: 245; vgl. auch Tyrell 1993: 129). Weber war diesbezüglich also - jetzt wieder in meiner Begrifflichkeit gedacht - nicht entscheidungs-, sondern *vorgabeorientiert*. Wie kommt man nach Weber an das Vorgegebene heran?

(32) Bedenkt man Webers Persönlichkeitsverständnis (vgl. etwa Schluchter 1995b: 288f.), so lässt sich eine Antwort vermuten. Weber hat es an verschiedenen Stellen erläutert. So schrieb er etwa von einem Komplex "›konstanter Motive‹, welche wir im formalen Sinn ›Persönlichkeit‹ nennen" (Weber 1973: 47) bzw. von einem "Begriff der ›Persönlichkeit‹ ... welcher ihr ›Wesen‹ in der Konstanz ihres inneren Verhältnisses zu bestimmten letzten ›Werten‹ und Lebens-›Bedeutungen‹ findet, die sich in ihrem Tun zu Zwecken ausmünzen" (Weber 1973: 132). An anderer Stelle ist von "rationalen" Askesen, wie etwa der puritanischen die Rede, die "daran (arbeitete(n), R.G.), den Menschen zu befähigen, seine ›konstanten Motive‹ ... gegenüber den ›Affekten‹ zu behaupten und zur Geltung zu bringen: - daran also, ihn zu einer ›Persönlichkeit‹ in

diesem, formal-psychologischen Sinne des Worts zu erziehen" (Weber 1978a: 117).

(33) Wie kommt es zur Behauptung bzw. Einnahme von konstanten Motiven bzw. letzten Werten? Genauere Ausführungen finde ich dazu bei Weber nicht. Es ist aber hinsichtlich von Personalem immer wieder von "miteinander kämpfenden Motiven" (Weber 1973: 388), vom "›Kampf(es) der Motive‹" (Weber 1973: 288) bzw. "›Motivenkampf‹" (Weber 1976: 4) bei ihm zu lesen. Das erinnert an Formulierungen wie "Kampf zwischen einer Mehrheit von Wertreihen" (Weber 1988: 41). Es ist wohl so, dass in einer Person verschiedene Werte bzw. Motive repräsentiert sind; es ist vermutlich weiter so, dass diese sich bekämpfen und dabei bestimmte Motive bzw. Werte sich gegen andere durchsetzen. Ist meine Deutung sinnvoll, kommt Kampf eine wesentliche Bedeutung bei der Auswahl letzter Werte zu. Mittels Kampf wird (in Webers Sinne) gewählt bzw. entschieden, durch ihn kommt man zu Setzungen.

(34) Nun definierte Weber meines Wissens 'Kampf' nicht hinsichtlich der personalen Ebene, sondern nur bezüglich der sozialen (dazu später). Als charakteristisch für Kampf kann man von dieser Begriffsbestimmung her einschätzen, dass sich *Etwas gegen Anderes durchsetzen will*. Wenn es nicht Gründe sein können, die zwischen Werten wählen lassen, dann ließ sich für Weber aber durch Kampf herausfinden, welcher Wert gelten soll. Das kann man sich so vorstellen: verschiedene Werte kämpfen darum, sich durchzusetzen. Es ist deren Durchsetzungsfähigkeit in den jeweiligen Personen (was immer das genauer heißt), die bewirkt, dass bestimmte Werte gewählt werden und dann gelten. Das ist dann der "Dämon", der die "Lebensfäden" der Person hält.

(35) Zunächst ist also festzuhalten: hinsichtlich letzter Werte war Weber nicht - in meinem Sinne - entscheidungs- und dabei erwägungsorientiert, sondern vorgabe- und dabei kampforientiert. Zu diskutieren wird sein, welche Konsequenzen die sich darin ausdrückende Einstellung für die Bewältigung der eingangs skizzierten Herausforderung hat.

›Deskriptive‹ Vielfalt bei Max Weber

(36) Im folgenden geht es mir um Webers Einstellung für den Umgang mit ›deskriptiver‹ Vielfalt im Rahmen von Wissenschaft als einem *sozialen* Gebilde. Zunächst ist zu belegen, dass ihm hier diese Vielfalt bekannt war. Sodann inter-

essiert mich seine Einstellung für den Umgang mit der Vielfalt an Theoretisierungen, vor allem an theoretischen Begriffen. Für Weber hatten Begriffe in den Sozialwissenschaften grundsätzlich eine hohe Relevanz. Für ihn war "das Vorhandensein klarer Begriffe ... als Erkenntnis*mittel* - aber auch *nur* als solches - von großem Werte" (Weber 1973: 175); "gültige *Urteile* setzen überall die *logische* Bearbeitung des Anschaulichen, das heißt die Verwendung von *Begriffen* voraus" (Weber 1973: 209).[13]

(37) ›Deskriptive‹ Vielfalt war Weber bekannt:

- Zu Beginn der Grundbegriffe bezog Weber sich auf Schriften von Gottl, Simmel, Stammler, Tönnies usw. und wies auf Unterschiede (sowie auch Gemeinsamkeiten) zwischen sich und den aufgeführten Autoren hin (vgl. Weber 1976: 1). Begriffliche Differenzen sind auch im weiteren Thema, so etwa, wenn Weber auf Begriffe einer "›organischen‹ Soziologie (klassischer Typus: *Schäffles* geistvolles Buch: Bau und Leben des sozialen Körpers)" (Weber 1976: 7) im Unterschied zu denen einer "deutenden Soziologie" (vgl. Weber 1976: 7) verwies.

- Das Wissen um verschiedene Konzepte kommt auch in Redebeiträgen Webers deutlich zum Ausdruck. So etwa in seiner Auseinandersetzung mit "Grundtheorien der ... ›ökonomischen Geschichtsauffassung‹" (Weber 1924: 475; s. auch 449ff., 462ff.) oder mit Rassentheorien bzw. -biologien. Die in letzteren entwickelten Begriffe wurden von ihm zur Kenntnis genommen (vgl. Weber 1924: 456ff.) und scharf zurückgewiesen: "Es ist ein wissenschaftliches Verbrechen, heute, mit ganz ungeklärten Begriffen ... durch kritiklosen Gebrauch von Rassenhypothesen die freilich viel schwierigere soziologische Analyse umgehen zu wollen" (Weber 1924: 489).

- In "Wissenschaft als Beruf" bot Weber eine Wette an, die hier von Interesse ist. "Wenn wir heute Geld ausgeben, so wette ich, daß, sogar wenn nationalökonomische Fachkollegen im Saale sind, fast jeder eine andere Antwort bereit halten wird auf die Frage: Wie macht das Geld es, daß man dafür etwas - bald viel, bald wenig - kaufen kann?" (Weber 1994: 9). Weber hatte also ein Bewusstsein davon, dass es hinsichtlich eines gleichen Problembezugs[14] verschiedene Problemlösungen geben konnte.

- Im Zusammenhang mit der Frage, ob es "eine unbedingt gültige Art der Erkenntnis, d.h. der denkenden Ordnung der empirischen Wirklichkeit auf dem

Gebiet der Sozialwissenschaften tatsächlich gebe" (Weber 1973: 160), wies Weber nicht nur auf "den Kampf um Methode, ›Grundbegriffe‹ und Voraussetzungen, den steten Wechsel der ›Gesichtspunkte‹ und die stete Neubestimmung der ›Begriffe‹, die verwendet werden" (Weber 1973: 160f.), hin, sondern auch darauf, dass "theoretische und historische Betrachtungsform noch immer durch eine scheinbar unüberbrückbare Kluft getrennt sind: ›*zwei* Nationalökonomien‹, wie ein verzweifelnder Wiener Examinand seinerzeit jammernd klagte" (Weber 1973: 161).[15]

(38) Mit Bezug auf Stellen wie vor allem die letzteren mag Oakes seine These entwickelt haben, dass Weber "das Problem von sich wechselseitig ausschließenden begrifflichen Modellen und die Schwierigkeit, unabhängige Kriterien zu entwickeln, mit Hilfe derer über die jeweilige Geltung einzelner Positionen entschieden werden kann" (Oakes 1990: 11), gekannt habe. Die von Oakes hier angeführte Thematik greife ich in abgewandelter Form auf. Anknüpfend an Webers Wissenschaftsverständnis, soll im folgenden sein Umgang mit ›deskriptiver‹ Vielfalt hinsichtlich eines aktuellen Problems sozialwissenschaftlicher Theorie erörtert werden.

(39) In seinem Wissenschaftsverständnis ging Weber davon aus, dass "wissenschaftliche Arbeit eingespannt (ist, R.G.) in den Ablauf des *Fortschritts*" (Weber 1994: 8). Sie ist dazu bestimmt, überholt zu werden (vgl. Weber 1978a: 14). "Jeder von uns ... in der Wissenschaft weiß, daß das, was er gearbeitet hat, in 10, 20, 50 Jahren veraltet ist. Das ist das Schicksal, ja: das ist der *Sinn* der Arbeit der Wissenschaft ... Wissenschaftlich aber überholt zu werden, ist ... unser aller Zweck. Wir können nicht arbeiten, ohne zu hoffen, daß andere weiter kommen werden als wir" (Weber 1994: 8).

(40) Greift man diese Gedanken auf, dann müßte Weber Luhmanns Kritik, dass die *heutige* soziologische Theorie in einem unbefriedigenden Zustand ist, da es einen "Überhang traditioneller Begrifflichkeiten, Semantiken, Erkenntnisinstrumente" gibt, "die durch den Stand der Forschung eigentlich überholt sind" (Luhmann 1990a: 282), zunächst prinzipiell sympathisch gewesen sein. Luhmanns Einschätzung, daß eine hinreichend differenzierte soziologische Theorie notwendig ist, die die bislang zu wenig komplexen, nicht abstrakt genug ansetzenden und zu kompakt gebauten soziologischen Theorien ablösen kann (vgl. etwa Luhmann 1984: 15, 153; 1988: 13; 1990b: 7), hätte ihm - wieder zunächst - einleuchten können. Denn Weber argumentierte bezogen auf sich selber, dass jede "eigentlich soziologische Untersuchung ... die Begriffe unge-

mein viel feiner differenzieren" müßte (Weber 1976: 238), wenn "eine wirklich exakte soziologische Betrachtung - wie sie hier gar nicht versucht wird" (Weber 1976: 241), erfolgen soll. Im Anschluß daran hätte Luhmanns Beurteilung des Begriffsapparates von Weber diesen nicht überraschen dürfen: Webers Begriffe können Luhmanns Meinung nach "heutigen begrifflichen Ansprüchen kaum noch genügen" (Luhmann 1989b: 5); Luhmann geht davon aus, "daß das Max-Weber-Niveau der Begriffsbildung ... theoretisch nicht ausreicht" (Luhmann 1980: 248) und dass Webers Konzeption mit "nur unzureichend definierten Grundkonzepten" arbeitet (Luhmann 1987: 157), die er daher "vom gedanklichen Ansatz (für, R.G.) ausgebootet" hält (Luhmann 1981: 51). Luhmanns Anspruch, er habe eine adäquatere Begrifflichkeit geschaffen, hätte Weber von daher grundsätzlich begrüßen können müssen.[16]

(41) Nun muß aber nicht, das hätte wohl auch Weber gedacht, jede Fortschrittlichkeits-Einschätzung zutreffend sein. Es besteht ein Nachprüf- bzw. Beweisbedarf. Dies um so mehr, als - und das macht das Problem so wichtig - Webers Begrifflichkeit heute auch ganz anders eingeschätzt wird - z.T. mit explizitem Bezug *gegen* Luhmanns Argumentation. So geht etwa Breuer davon aus, dass das von Weber "errichtete Begriffsgerüst ... auch heute noch, nach siebzig Jahren, tragfähig" (Breuer 1991: 31) erscheint, auch wenn manche Teile zu erneuern sind. Nach Albrow gehört Webers "Begriffs-Architektonik ... zu den am besten konstruierten in der gesamten Soziologie" (Albrow 1989: 183). Allerbeck (1982: 674f.) weist mit Bezug auf Weber Luhmanns Überlegenheitsanspruch explizit zurück und verbindet damit die Überlegung, dass Webers soziologische Begrifflichkeit immer noch aktuell ist und die Soziologie bis heute diesbezüglich nicht groß weitergekommen ist. Diese Äußerungen unterstreichen noch einmal die eingangs skizzierte Problemlage.

(42) Wie wäre nun *Weber* mit Luhmanns Einschätzung, hätte er sie noch gekannt, umgegangen? Wie hätte er sie geprüft? Hat er - was die Ausführungen zu seinem Wissenschaftsverständnis nahelegen - ein methodisches Instrumentarium entwickelt, um derartige, auf einem Vergleich basierende Fortschrittlichkeits-Behauptungen überprüfen zu können?

(43) Mit Bezug auf heutige Sozialwissenschaft und - was das Grundsätzliche angeht - für das von mir gewählte aktuelle Theorie-Problem, beklagte Tenbruck: "Ganz andere ›Begriffsapparate‹ sind gängig geworden, ohne sich dieses Recht ernsthaft durch eine Kritik der Begriffsbildung zu erstreiten, die Weber verlangt und vorgelegt hatte" (Tenbruck 1989: 111). Tenbruck verwies hier auf

etwas, dass mir in diesem Zusammenhang wichtig erscheint, nämlich das Instrument der "Kritik von Begriffsbildung". Weber nannte es im Zusammenhang mit wissenschaftlichem Fortschritt explizit: "Die weittragendsten Fortschritte auf dem Gebiet der Sozialwissenschaften ... kleiden sich in die *Form* einer Kritik der Begriffsbildung" (Weber 1973: 208). Kritik wurde von Weber auch an anderen Stellen im Objektivitätsaufsatz immer wieder betont, etwa wenn er ausführte, dass man im "Archiv für Sozialwissenschaft und Sozialpolitik" damit rechnen muss, "in ihren Spalten der denkbar schärfsten sachlich-wissenschaftlichen Kritik ausgesetzt" (Weber 1973: 158) zu sein[17].

(44) Was hat man sich unter Kritik vorzustellen, wie wird sie gestaltet und was genau ist ihr Stellenwert im Zusammenhang mit wissenschaftlichem Fortschritt? Einen ersten Hinweis findet man in dem oben genannten Kontext. Weber schrieb dort vom "Gedankenapparat, welchen die Vergangenheit durch denkende Bearbeitung ... der unmittelbar gegebenen Wirklichkeit und durch Einordnung in diejenigen Begriffe, die dem Stande ihrer Erkenntnis und der Richtung ihres Interesses entsprachen, entwickelt hat" und der "in steter Auseinandersetzung mit dem (steht, R.G.), was wir an neuer Erkenntnis aus der Wirklichkeit gewinnen können und *wollen*. In diesem Kampf vollzieht sich der Fortschritt der kulturwissenschaftlichen Arbeit. Ihr Ergebnis ist ein steter Umbildungsprozeß jener Begriffe, in denen wir die Wirklichkeit zu erfassen suchen" (Weber 1973: 207).

(45) Weber ging also davon aus, dass wissenschaftlicher Fortschritt sich im Kampf vollzieht. Die "Kritik der Begriffsbildung" war dabei - so deute ich ihn - Teil dieses Kampfes. Damit stellt sich mir zunächst die grundsätzliche Frage, in welcher Beziehung Wissenschaft und Kampf bei Weber standen.

(46) Kampf war für Weber, wie er 1913 schrieb, Teil allen Kulturlebens, somit auch der Wissenschaft. "Denn nicht auszuscheiden ist aus allem Kulturleben der ›Kampf‹" (Weber 1964: 127; die gleiche Formulierung gebrauchte Weber auch noch 1917; vgl. Weber 1973: 517).[18]

(47) Kampf als Bestandteil von Wissenschaft - und damit, so deute ich Weber, Kampf auf der Ebene des Sozialen[19] - kommt in folgenden Formulierungen, die ich exemplarisch heranziehe, zum Ausdruck: "... der miteinander kämpfenden allgemeinen Theorien psychologischer, biologischer, anthropologischer Art" (Weber 1924: 26), "Savigny und seiner Schule kam es in ihrem Kampfe gegen ... " (Weber 1973: 9), "In diesem Kampf vollzieht sich der Fortschritt der kulturwissenschaftlichen Arbeit" (Weber 1973: 207), "Knapp weist siegreich nach

..." (Weber 1976: 109), "angesichts des ... erbitterten Kampfes um die scheinbar elementarsten Probleme unserer Disziplin, die Methode ihrer Arbeit, die Art der Bildung ihrer Begriffe und deren Geltung" (Weber 1973: 147f.), "Kampf um Methode, ›Grundbegriffe‹ und Voraussetzungen" (Weber 1973: 160f.).

(48) Auch die wissenschaftliche Auseinandersetzung mit Weber reflektiert auf seine grundlegende Ausrichtung am Kampf. "Es gibt bei Weber keine menschliche Beziehung, keine ›Lebensordnung‹, die nicht durch Kampf bestimmt wäre. Leben ist Kampf, Kampf ist Leben", so Hennis (1987: 187). Und weiter: 'Kampf' ist bei Weber die "für das Verständnis jedes Sozialbereiches ... zentrale Kategorie ... Kampf ist unausweichlich" (Hennis 1987: 210f.). Hufnagel geht mit Bezug auf das oben in Nr. (46) wiedergegebene Weber-Zitat davon aus, dass dieses "in der ›Werturteil‹-Debatte ... geäußerte Bekenntnis ... mit indikativischer Bestimmtheit einen der Grundakkorde des Weberschen Denkens an(schlägt, R.G.)" (Hufnagel 1971: 65). Aus ganz anderer Perspektive schreibt Wallach Bologh: "For Weber *conflict* is not only inevitable but necessary and desirable because it stimulates *action* and fosters *greatness*" (Wallach Bologh 1990: 40).[20] Bezogen auf das Werk Max Webers deutet Baumgarten den § 8 der Grundbegriffe, in dem Weber Kampf definiert, "wie das bündige Monogramm des Werks dieses Mannes im Ganzen" (Baumgarten 1964: 557).

(49) Webers Kampfausrichtung in der Wissenschaft ist ebenfalls Thema. Nach Oakes begreift Weber "die Kulturwissenschaften als ein Schlachtfeld, auf dem ein Kampf um Methodenfragen, Grundbegriffe und Vorannahmen tobt, wo konfligierende Begriffsschemata um die Vormachtsstellung konkurrieren" (Oakes 1990: 42). Ähnlich ist die Einschätzung von Mommsen, für den "er (Weber, R.G.) ein entschiedener Verteidiger des Systems unerbittlicher Konkurrenz im Bereich der akademischen Welt (war, R.G.). ... Das Modell unerbittlichen Konkurrenzkampfes ... galt für ihn auch in der Wissenschaft. Hier war es die Macht über die Geister, um die gekämpft wird" (Mommsen 1974: 474). Peukert formulierte: "Nach Weber vollzieht sich ... die Einheit der Kulturwissenschaft ... durch prinzipiellen und unüberbrückbaren Kampf. ... In leicht karikierender Zuspitzung ließe sich sagen, daß uns Weber in eine kulturdarwinistische Arena des Wissenschaftsdiskurses entläßt. In ihr vollzieht sich der Überlebenskampf unüberbrückbar, hart, aber nach fairen Regeln" (Peukert 1989: 26). Lichtblau und Weiß gehen davon aus, dass Brentanos und Sombarts Kritik an Webers "Protestantismus-These" sowie dessen Antikritik "als eine Fortsetzung des ›Kulturkampfes‹ mit anderen Mitteln angesehen werden können" (Lichtblau/ Weiß 1993: XVIII).[21]

(50) Was meinte Weber mit Kampf und was bedeutet Kampf in den Wissenschaften?

'Kampf' definierte Weber 1913 im Kategorienaufsatz als ein spezifisches Gemeinschaftshandeln. Er begriff Kampf als ein "Streben, den eigenen Willen gegen einen widerstrebenden anderen, unter Orientierung an den Erwartungen des Verhaltens des anderen, durchzusetzen" (Weber 1973: 463). Später, in den Grundbegriffen, bestimmte er 'Kampf' als eine soziale Beziehung, in der "das Handeln an der Absicht der Durchsetzung des eignen Willens gegen Widerstand des oder der Partner orientiert ist" (Weber 1976: 20).[22] Auffällig ist die Nähe von 'Kampf' und 'Macht' (vgl. Zängele 1988: 33).[23] "*Macht* bedeutet jede Chance, innerhalb einer sozialen Beziehung den eigenen Willen auch gegen Widerstreben durchzusetzen, gleichviel worauf diese Chance beruht" (Weber 1976: 28). Bei 'Kampf' und 'Macht' ist beidemal das Merkmal 'Durchsetzung' - wenn auch in verschiedener Weise - relevant. Durchgesetzt wird oder kann werden der Wille von z.B. Alter (auch) *gegen* den Willen von Ego.

(51) War also für Weber beispielsweise wissenschaftlicher Fortschritt, der sich im Kampf vollzieht, auch ein Machtgeschehen? Ist Wissenschaft überhaupt, die sich in seinem Sinne praktischer Werturteile enthält, wesentlich ein Kampf- bzw. Machtgeschehen? Heißt das, dass Wissenschaft, etwa im Vergleich zur Politik, keinen besonderen Rationalitätsanspruch hat? Ging es also, um anzudeuten, was ich mit Rationalitätsanspruch meine, nach Weber in Wissenschaft charakteristischerweise nicht darum, jeweilige Positionen vor dem Hintergrund von akzeptierten Regeln möglichst gut und überzeugend zu begründen und dabei um die Frage, wie dies idealerweise zu bewerkstelligen sei?[24] Der Bezug auf Kampf vermittelt den Eindruck, dass es darum ging, hinsichtlich der Referenz "objektive Wahrheit" jeweilige Positionen zu erzeugen und *gegen den Willen von jemandem durchzusetzen*. Was aber bedeutet diese "Durchsetzung" in den Wissenschaften? Welche Mittel sollen oder dürfen dabei bzw. dafür angewandt werden? Ist es so, dass durch die Mittelwahl ein spezifisch rationales Vorgehen für die Wissenschaften gesichert werden soll? Oder ist "Durchsetzung" als eine Übertreibung Webers aufzufassen?

(52) Am Thema "wissenschaftlicher Fortschritt" will ich derartige Probleme erörtern. Wieso ging Weber hierbei von Kampf aus? Welche Konsequenz hat die Kampfannahme für die in diesem Zusammenhang betonte "Kritik der Begriffsbildung"? Ich beginne mit einigen Beobachtungen und Überlegungen zu Webers Art der Kritik der Begriffsbildung.

(53) Begriffsbildungskritik muss prinzipiell nicht vergleichend angelegt sein. Geht es aber um eine solche im Zusammenhang mit wissenschaftlichem Fortschritt, also um die Beurteilung des, so Weber meiner Deutung nach, Verhältnisses von mindestens zwei, wie er sich auch ausdrückte, "Begriffsapparaten", "Gedankensystemen" oder "Begriffssystemen" (vgl. Weber 1973: 207, 214)), ist sie komparativ anzulegen. Wie anders kann sonst ein "Fortschritt", also ein Fortschreiten im Sinne von "weiter kommen", "überholt ... werden", "›überboten‹ werden" (Weber 1994: 8)[25], festgestellt werden?

(54) Betrachtet man nun die Begriffsbildungskritik, die Weber selber geübt hat, dann war diese kaum so angelegt, daß Konzepte verschiedener Positionen explizit verglichen wurden. Weber kritisierte jeweils eine Position - etwa die Brentanos, Knies', Ostwalds, Roschers, Stammlers usw. -, ohne diese angemessen mit anderen Positionen, etwa mit seiner eigenen, zu vermitteln. Kritikpunkte bezogen sich dabei dann wesentlich auf "formallogische Anforderungen" (vgl. Kocka 1986: 19; s. auch Hufnagel 1971: 328f. sowie Peukert 1989: 18, 96) und thematisierten etwa Ungenauigkeiten, Inkonsistenzen, Verkürzungen, Widersprüche usw.

(55) Weber reichte weitgehend, so mein Eindruck, eine *Einzel*kritik, die z.T. sehr scharf und zurechtweisend war ("die verbohrte Hartnäckigkeit und wütige Leidenschaft ... , mit der Weber über die Roscher und Knies, Meyer, Stammler und Konsorten herfuhr" (Peukert 1989: 93)). Mit reflektiertem Abstand Positionen kriteriengeleitet miteinander zu vermitteln und auf dieser Basis Kritik zu üben, war offenbar Webers Sache nicht. Jedenfalls kenne ich bei ihm keine distanziert und methodisch orientierte vergleichende Auseinandersetzung mit verschiedenen Positionen. Warum hat Weber sich diesbezüglich so abstinent verhalten? Für eine umfassende, begründungsorientierte Bewältigung des Vielfaltsproblems - und das Problem wissenschaftlichen Fortschritts, das Weber an verschiedenen Stellen als zentral für Wissenschaft betonte, ist eine Variante davon - im Sinne der gerade skizzierten Einwände und Fragen reicht Einzelkritik nicht aus. Denn nicht alle Positionen können diesbezüglich z.B. allein von den oben (s. Nr. (54)) genannten Anforderungen her als hinfällig aufgefasst werden. Deshalb bleibt das Problem: wie sind derartige Positionen *vergleichend* zu beurteilen?[26]

(56) In Nr. (55) bin ich davon ausgegangen, dass die mit den dort angedeuteten Fragen verknüpften Forschungsperspektiven - jedenfalls für ein bestimmtes Anspruchsniveau - "eigentlich" relevant und unerläßlich im Zusammenhang mit

dem Thema "wissenschaftlicher Fortschritt" sind. Aber war Weber der gleichen Meinung? Untersucht man sein Verständnis von wissenschaftlichem Fortschritt im Kontext der Stelle, an der er auch auf die "Kritik der Begriffsbildung" verweist und im Zusammenhang mit seinem Konzept von der "ewigen Jugendlichkeit" aller historischen Disziplinen (vgl. Weber 1973: 206ff.), hat man nicht den Eindruck, daß er gleicher Auffassung war.

(57) Weber betonte dort "die eigentliche Aufgabe der Sozialwissenschaft" (Weber 1973: 214). Letztes Ziel ist "der Dienst an der Erkenntnis der *Kulturbedeutung konkreter historischer Zusammenhänge*" (Weber 1973: 214); theoretische Begriffsbildung ist hierbei Mittel. Weber ging davon aus, dass nicht beliebiges "Geschehen", beliebige "Wirklichkeit" von den Sozialwissenschaften thematisiert wird, sondern solche Teile der Wirklichkeit, denen "Kulturbedeutung" zugemessen wird oder die als "Kulturproblem" eingeschätzt werden. Derartige Zumessungen bzw. Einschätzungen sind letztlich durch Wertideen bedingt (vgl. Weber 1973: 175ff., 180ff.). An den Wertideen werden Gesichtspunkte bzw. Problemstellungen orientiert (vgl. Weber 1976: 97, 181, 213, 261f., 511), relativ zu denen Begriffe (und Urteile) gebildet werden, die die durch Wertideen als bedeutsam ausgewählte "empirische Wirklichkeit ... in gültiger Weise *denkend ordnen* lassen" (Weber 1973: 213; vgl. auch 209).

(58) Was als kulturbedeutsam oder als Kulturproblem angesehen wird, ändert sich durch den "Wechsel der leitenden Wertideen" (Weber1973: 209). Andere Kulturprobleme erfordern zu ihrer Erfassung, vermittelt über entsprechend geänderte Gesichtspunkte/Problemstellungen, eine gewandelte Begrifflichkeit. Diesen Wandel beschrieb Weber als einen steten "Umbildungsprozeß jener Begriffe, in denen wir die Wirklichkeit zu erfassen suchen" (Weber 1973: 207): "Die Geschichte der Wissenschaften vom sozialen Leben ist und bleibt daher ein steter Wechsel zwischen dem Versuch, durch Begriffsbildung Tatsachen gedanklich zu ordnen, - der Auflösung der so gewonnenen Gedankenbilder durch Erweiterung und Verschiebung des wissenschaftlichen Horizontes, - und der Neubildung von Begriffen auf der so veränderten Grundlage" (Weber 1973: 207). Durch eine solche "Erweiterung und Verschiebung des wissenschaftlichen Horizontes" vollzieht sich, so deute ich Weber, wissenschaftlicher Fortschritt. Durch neue Gesichtspunkte/Problemstellungen und entsprechende Begriffsbildungen kommen andere Teile des - wie Weber sich ausdrückte - ungeheuren chaotischen Stromes von Geschehnissen als bedeutsam usw. in den Blick. Etwas später ist zu lesen, daß die "weittragendsten Fortschritte auf dem Gebiet der Sozialwissenschaften ... sich *sachlich* an die Verschiebung der praktischen

Kulturprobleme (knüpfen, R.G.) und ... sich in die *Form* einer Kritik der Begriffsbildung (kleiden, R.G.)" (Weber 1973: 208). Hier geht es also (nur noch) um "Verschiebung", allerdings auch nicht mehr um wissenschaftlichen Fortschritt schlechthin, sondern um einen spezifischen, nämlich den *weittragendsten* Fortschritt. Wie auch immer, es ging Weber auch in diesem Falle um wissenschaftlichen Fortschritt.

(59) Zu fragen ist nun: passt diese Auffassung von wissenschaftlichem Fortschritt - gleichgültig, ob es nun um Erweiterung *und* Verschiebung oder nur um Verschiebung geht - zu der, die mit den Ausdrücken "weiter kommen", "überholt ... werden", "›überboten‹ werden und veralten" (Weber 1994: 8) verbunden ist? Denn wieso ist eine wissenschaftliche Konstruktion, die unter einem gewandelten Problembezug erfolgte, als wissenschaftlich fortschrittlicher einzuschätzen gegenüber einer solchen, die unter einem vorgängigen, aber anderen Problembezug erfolgte? Müßten dafür nicht gleiche Problembezüge zugrundeliegen? Ist letzteres nicht der Sinn von Webers technischer Auffassung von Fortschritt (s. Anmerkung 25)? Danach ging es, so meine Deutung, um die bewertende Einschätzung jeweiliger Mittel als geeigneter bzw. weniger geeignet für einen eindeutig gegebenen Zweck, im Kontext von Wissenschaft also um eine Bewertung verschiedener wissenschaftlicher Konzeptualisierungen, die jeweils relativ zum gleichen Problembezug gebildet wurden (= Mittel) und die zu prüfen sind, ob bzw. inwiefern sie möglichst gute Problemlösungen sind (= Zweck). Zu fragen ist aber auch: ist es richtig (s. Nr. (53)), mit den Ausdrücken "weiter kommen" usw. Webers technische Auffassung von Fortschritt zu verbinden? Schließlich: hat Weber zu verschiedenen Zeiten mit dem Wort "wissenschaftlicher Fortschritt" unterschiedliche Begriffe verbunden? Soweit ich Webers Ausführungen überblicke, sind derartige Fragen nur schwer zu beantworten, da er bezüglich des Themas "wissenschaftlicher Fortschritt" nicht genau genug war.[27] Ich werde es hier bei diesem Problemhorizont belassen.

(60) Läßt man sich nun auf seine obige Konzeption von wissenschaftlichem Fortschritt ein (Stichwort(e) ("Erweitern" und) "Verschieben", s. Nr. (58)), bleiben die Einwände und Fragen aus Nr. (55). Wenn andere Wertideen, neue Gesichtspunkte usw. eine Um- bzw. Neubildung von Begriffen erfordern, dann stellt sich mir - zunächst bezüglich einer Umbildung - die Frage: welche Begrifflichkeiten sind die für eine Umbildung gültigen, wenn es mehrere gibt? Weber z.B. wusste um die verschiedenen sozialwissenschaftlichen Begriffe von Simmel, Tönnies, Schäffle, Stammler, Spann usw. Zu denken ist auch an das von mir eingebrachte aktuelle Problem (Luhmanns Begrifflichkeit versus die

von Weber). An welche Begriffe knüpft man nun hinsichtlich einer Umbildung an? An alle, an beliebige, nur an bestimmte? Worauf ich hinaus will, soll noch eine weitere Überlegung verdeutlichen. Weber betonte gegen Ende der hier diskutierten Textpassagen: "Das alles möge nun nicht dahin mißverstanden werden, daß die eigentliche Aufgabe der Sozialwissenschaft eine stete Hetzjagd nach neuen Gesichtspunkten und begrifflichen Konstruktionen sein solle. *Im Gegenteil ...*" (Weber 1973: 214). In den Wissenschaften arbeitet man, so Weber, auch was Begriffe angeht, eine zeitlang mit dem "Begriffsvorrat" einer jeweiligen Zeit (vgl. Weber 1973: 207). Dieser Begriffsvorrat ist - siehe die obigen Verweise - vielfältig. Es existieren also mehrere "Begriffssysteme" oder "Begriffsapparate".

(61) Gleichgültig, ob es nun um Umbildung oder die Benutzung des Begriffsvorrats einer Zeit geht: hat man den Anspruch, möglichst gut begründete und geeignete Begrifflichkeiten umzubilden bzw. mit solchen zu arbeiten, dann wird man in einer Art Bestandsaufnahme die vorhandenen Begriffsbildungen vergleichend untersuchen müssen.[28] Sollen aus dieser Untersuchung nachprüfbare und gut begründete Ergebnisse resultieren, ist z.B. zunächst zu klären: wie ist vorzugehen und welche Kriterien sind anzulegen, um herauszufinden, welche Begrifflichkeiten überhaupt sinnvollerweise bewertend - auf besser/schlechter, fortschrittlich/nicht-fortschrittlich usw. hin - verglichen werden sollen? Ist es z.B., um Begriffe bewertend zu vergleichen, notwendige Voraussetzung, dass die verschiedenen Begrifflichkeiten relativ zu gleichen Problembezügen[29] (und mit Blick auf Weber ist hinzuzufügen: zu gleichen Wertideen) gebildet sind? Weiter: wie sind bewertende Vergleiche anzulegen, welche Kriterien sollen hierbei angewandt werden?[30]

(62) Will man den oben in Nr. (61) angedeuteten Anspruch unter Berücksichtigung der anschließend formulierten Fragen umsetzen können, ist dafür ein Instrumentarium zu entwickeln, das es ermöglicht, jeweilige Positionen distanziert und methodisch geleitet vergleichend zu untersuchen. Es ist für mich nicht zu erkennen, daß Weber an der Entwicklung eines solchen Instrumentariums gearbeitet hat oder dass er es als Mangel empfunden hat, ein derartiges Instrumentarium nicht zu kennen. Hat er irgendwo die Forderung nach einer Methode des Begriffs- bzw. Theorienvergleichs erhoben? Versuchte er, Kriterien zu entwickeln, anhand derer man feststellen kann, welche Positionen sinnvoll auf z.B. "fortschrittlich/nicht-fortschrittlich" hin zu vergleichen sind? In dieser Perspektive zu forschen, scheint ihm nicht wichtig gewesen zu sein. Dafür gibt es Indikatoren.

(63) Eine dieser Sichtweise entsprechende Vermittlung zwischen seinen eigenen Begriffen und denen anderer herzustellen, hat Weber nicht versucht. Dass der "Kategorien-Aufsatz und die ›Soziologischen Grundbegriffe‹ ... der Auseinandersetzung mit anderen zeitgenössischen Soziologien weitgehend ausweichen" (Tyrell 1994: 409), ist ein Beleg.

(64) Meine Deutung wird auch durch das gestützt, was Weber zu Beginn ("Vorbemerkung") des Kapitels "Soziologische Grundbegriffe" formulierte. Er schrieb dort, dass die "Methode dieser einleitenden ... Begriffsdefinitionen ... in keiner Art (beansprucht, R.G.): neu zu sein. Im Gegenteil wünscht sie nur, in ... zweckmäßigerer und etwas korrekterer ... Ausdrucksweise zu formulieren, was jede empirische Soziologie tatsächlich meint, wenn sie von den gleichen Dingen spricht. Dies auch da, wo scheinbar ungewohnte oder neue Ausdrücke verwendet werden" (Weber 1976: 1). Nichts Neues sollte also dargebracht werden. Konzeptualisierungen von Sozialem sollten nur in angemessener Ausdrucksweise formuliert werden: "was jede empirische Soziologie tatsächlich meint, wenn sie von den gleichen Dingen spricht". Was aber heißt das? Bestimmte Soziologien grenzte Weber von vornherein aus, etwa - so kann man vermuten (s. Weber 1976: 1f.) - dogmatische oder normative Soziologien. Aber empirische Soziologien[31] - er wies im Anschluß an das oben Zitierte auf Autoren solcher hin - werden von Weber einbezogen. Aber, wie wollte Weber überprüfen und nachweisen können, dass sein Wunsch, zu formulieren, "was jede empirische Soziologie tatsächlich meint, wenn sie von den gleichen Dingen spricht", hinsichtlich jeweiliger empirischer Soziologien erfüllt war? Weber nannte ja eben nirgendwo Methoden bzw. Kriterien für einen Vergleich, um einen solchen Nachweis führen zu können. Er ermöglicht keine angemessene Vergleichsperspektive. Deutlich wird aber ein *außerordentlicher Mangel an Problembewusstsein*: als ob es keinerlei Probleme bereite festzustellen, "was jede empirische Soziologie tatsächlich meint, wenn sie von den gleichen Dingen spricht". Fragen, etwa nach der Schwierigkeit, methodisch geleitet herauszufinden, ob man in empirischen Soziologien tatsächlich von den gleichen Dingen bzw. in welcher unterschiedlichen Weise man von den gleichen Dingen spricht, scheinen für Weber zu etwas gehört zu haben, von dem abgesehen werden konnte. Vergegenwärtigt man sich demgegenüber die grundsätzlichen Schwierigkeiten der Theorienvergleichsdebatte in der Soziologie Mitte der siebziger Jahre des 20. Jahrhunderts in der Bundesrepublik, die (auch) zu ihrem Versanden führten (vgl. etwa Matthes 1978 sowie Holzer 1982), bestärkt sich mein Eindruck des fehlenden Problembewußtseins. Distanziert, methodisch geleitet Begriffe

oder Theorien zu vergleichen, lag Weber, trifft meine Einschätzung zu, ziemlich fern.[32]

(65) Ein weiterer Indikator ist mit dem zuletzt skizzierten zu verbinden. Webers Theoriearbeit ist schon früh dahingehend kritisiert worden, dass er keine Regeln angegeben habe, nach denen seine Begriffe konstruiert worden sind. Weber hat immer wieder auf "Zweckmäßigkeit" und "Erfolg" seiner Begrifflichkeit abgehoben: die "Art der Bildung soziologischer Begriffe ist überaus weitgehend Zweckmäßigkeitsfrage" (Weber 1973: 427; vgl. auch Weber 1976: 27, 31, 34), ihre "Zweckmäßigkeit für *uns* kann nur der Erfolg ergeben" (Weber 1976: 13). Er hat aber "keine von den Zufälligkeiten und Selbsttäuschungen des ›Erfolges‹ ... unabhängige(n) Kriterien für die Richtigkeit von Begriffsaufstellungen" (Walther 1926: 57; vgl. auch Kalberg 1994: 196) formuliert.[33] Nun lassen sich Theorien, Begrifflichkeiten usw. besser miteinander methodisch vermitteln, wenn die Regeln ihrer Konstruktion angegeben sind. Welche Begriffe man etwa auswählt, um sie auf (Grade von) Alternativität vergleichend zu prüfen, läßt sich bei Regelangaben begründeter erschließen. Die Angaben von Regeln fördern also Vergleichbarkeit. Auch eine Umbildung von Begriffen, wie sie Weber im Zusammenhang mit wissenschaftlichem Fortschritt thematisierte, kann entsprechend durch Regelangaben profitieren. Fehlende Regelangaben dagegen - wie bei Weber - erschweren eine Umbildung bzw. einen Vergleich von Konzepten.

**Welches Rationalitätsniveau von Wissenschaft
ist bei Max Weber zu erwarten?**

(66) Die eingangs dargestellten Probleme des Umgangs mit Vielfalt erfordern zu ihrer Bewältigung ein Rationalitätsniveau von Wissenschaft im Sinne etwa der in Nr. (61) angedeuteten Anforderungen. Kann ein solches Niveau positiv von Weber her begründet werden?

(67) Wer tatsächlich im obigen Sinne (s. Nr. (50)) strikt kampforientiert ist, der wird mit einem solchen Anspruchsniveau nichts anfangen können, ja, es sogar für gefährlich halten. Denn bei einem methodisch-distanzierten Vergleichen z.B., wie es dann notwendig würde, ist zunächst offen und damit unsicher, wie das zu Vergleichende im Verhältnis zueinander eingeschätzt werden wird. Offen und unsicher ist daher auch, ob eine bzw. welche der verglichenen Positionen ausgezeichnet, ausgewählt, positiv beurteilt usw. wird. Läßt man sich auf ein

derartiges Vergleichen ein, etwa um jeweilige Positionen möglichst gut begründet beurteilen zu können, läßt man sich auch - der Möglichkeit nach - auf eine derartige Offenheit und Unsicherheit hinsichtlich der eigenen Position ein. Wer aber weiß, "wo es lang geht", wird derartige Prozeduren nicht nur für überflüssig, sondern gefährlich halten. Wer sich seiner Sache sicher ist, wem klar ist, welche Problemlösung als die bessere auszuzeichnen ist, der kann eher daran orientiert sein, Eigenes gegen Anderes *durchzusetzen*. Will man sich im Kampf durchsetzen, macht es wenig Sinn, mögliche Schwächen der eigenen Position durch einen distanzierten und methodisch geleiteten Vergleich aufzudecken. Und umso unwichtiger wird es, Begriffsbildungen vergleichbarer anzulegen, Methoden für Vergleiche zu entwickeln usw., um für jeweilige Positionen möglichst gut argumentieren zu können. Wer den Kampf will, muss sich kräftig und überzeugt geben. Dabei schließt Kampf Kritik nicht aus. Kritik kann Durchsetzung befördern, indem jeweilige Positionen kritisch bekämpft werden. Kritik ist dann Kampfmittel. Durch sie können Schwächen anderer Positionen bloßgelegt werden.

(68) Nun kann Weber eine solche *strikte* Kampforientierung in der Wissenschaft eigentlich nicht verfolgt haben. Die Frage, ob in den Wissenschaften Ergebnisse erzielt werden, die "für den einen *gelten* und für den andern nicht" (Weber 1973: 184), wird von Weber verneint. Der "Forscher (ist, R.G.) selbstverständlich hier wie überall an die Normen unseres Denkens gebunden" (Weber 1973: 184). Die "normative Geltung logischer ... Wahrheiten" galt ihm als "das Apriori aller und jeder empirischen Wissenschaft" (Weber 1973: 532; vgl. auch Weber 1994: 13 sowie oben Nr. (54)). Eine Bereitschaft, sich mit Kritik - in Grenzen (vgl. etwa die Anmerkungen 17 und 35) - auseinanderzusetzen und sich begründet widerlegen oder Fehler nachweisen zu lassen, hat bei ihm bestanden (vgl. z.B. Weber 1978b: 345).[34] Auch andere Äußerungen von Weber lassen auf eine derartige Offenheit schließen. So betonte Weber etwa, daß "der radikalste Zweifel ... der Vater der Erkenntnis" (Weber 1973: 496) ist. Aber was bedeutete es, radikalen Zweifel zu praktizieren, in welcher Form sollte dies geschehen? Ging es darum, bei der Genese von Positionen mehr oder weniger intuitiv Selbstverständlichkeiten zu bezweifeln und aufzubrechen[35], um hinsichtlich einer daraufhin eingenommenen Position umso sicherer[36] sein zu können? Das bleibt bei ihm im Dunklen. Eine eigene und explizierte Geltungsbedingung, etwa dahingehend, dass etwas erst dann als gut begründete Lösung gelten soll, wenn radikal genug gezweifelt worden ist, hat er von daher nicht begründet.

(69) Welche Einstellung ist nun letztlich von Weber zu erwarten bezüglich des Umgangs mit Vielfalt?

Was als Kulturproblem oder als kulturbedeutsam aufgefaßt wird, ist abhängig von Wertideen. An den Wertideen sind Gesichtspunkte/Problemstellungen orientiert, relativ zu denen Begriffe gebildet werden, die das durch die Wertideen als bedeutsam usw. Ausgewählte denkend ordnen lassen. Begriffsbildungen wie Gesichtspunkte/Problemstellungen sind letztlich abhängig von der Beziehung auf jeweilige Wertideen. Hinsichtlich einer Vielfalt an Begriffsapparaten stellt sich dann das grundsätzliche Problem: "Wie kann ... eine begründete Entscheidung zwischen alternativen Wertbeziehungen getroffen werden? Schließlich ist das Problem der Rechtfertigung einer Entscheidung zwischen alternativen Begriffsapparaten oder Begriffsbildungsweisen nichts anderes als die Frage, wie man die Entscheidung für eine ganz bestimmte Wertbeziehung begründet" (Oakes 1990: 45). Ist der Zusammenhang derart, wie von Oakes angedeutet, ist es also so, dass nicht nur "die Definition des auswählenden Forschungsinteresses ... der unüberbrückbaren Konkurrenz von Wertbeziehungen" unterliegt, "sondern auch Analyse und Darstellung. Das heißt: kein ›Idealtyp‹ ..., ohne daß nicht konsensunfähige inhaltliche letzte Wertbeziehungen hineinspielten" (Peukert 1989: 20), welche Konsequenz ergibt sich daraus?

(70) Wertideen waren für Weber einer begründungsorientierten, distanziert-vergleichenden Erörterung entzogen. Ebenso waren es dann für ihn, folgt man der obigen Argumentation, die an Wertideen orientierten Begriffsbildungen. Wie konnte dann zwischen unterschiedlichen Begriffsapparaten, wenn sie - nach entsprechender Prüfung - nicht von den (in Nr. (54)) genannten Anforderungen her hinfällig waren, entschieden werden? Sind sie nicht vermittelbar, was blieb dann anderes, als sie im Kampf aufeinanderprallen zu lassen[37]? Webers (von ihm positiv beurteilte) "bedingungslose Hingabe an den Gott oder Dämon, der ›seines Lebens Fäden hält‹" (Kamphausen 1993: 222), läßt auf eine Durchsetzungsorientierung (= Kampforientierung) schließen. Alternativen Positionen zu der, der man sich bedingungslos hingibt, ist dann in letzter Konsequenz von der *eigenen* Position aus konfrontativ - und gerade nicht, etwa auf einer Erwägungsebene, mit Distanz - zu begegnen (vgl. Nr. (14)). Dies signalisieren ja auch Gegenüberstellungen wie "Gott" *versus* "Teufel/Dämon", die für jeweilige Wertepositionen stehen, sowie Webers Annahme, daß die "Richtung seines (des Forschers, R.G.) persönlichen Glaubens, die Farbenbrechung der Werte im Spiegel seiner Seele, seiner Arbeit die Richtung weisen (wird, R.G.). Und die Werte, auf welche der wissenschaftliche Genius die Objekte seiner For-

schung bezieht, werden die ›Auffassung‹ einer ganzen Epoche zu bestimmen ... vermögen" (Weber 1973: 182). Dabei ging Weber davon aus, dass die kulturwissenschaftliche Arbeit in eine Zeit der Spezialisierung einmündet, "ohne sich ihrer Verankerung an diesen (letzten, R.G.) Wertideen überhaupt bewußt zu bleiben" (Weber 1973: 214). Hinzu fügte er: "Und es ist gut so" (Weber 1973: 214).

(71) Ein *umfassend-klärender* Umgang mit Vielfalt im Sinne des oben Ausgeführten, ist von einer derartigen Einstellung her nicht zu erwarten. Soll ein möglichst hohes Begründungsniveau für jeweilige Problemlösungen kennzeichnend für Wissenschaft sein und von daher gelten, vor der Auszeichnung von Lösungen als die (vorläufig) am besten begründete(n) die alternativen potentiellen Lösungen (problemrelativ) möglichst vollständig auf einer Erwägungsebene zusammenzustellen und vergleichend zu untersuchen, entsteht Bedarf für einen umfassend-klärenden Umgang mit Vielfalt. Für die entsprechenden Untersuchungen[38] braucht es Methoden, Kriterien usw. Ein höheres Begründungsniveau und damit eine höhere Rationalität in Wissenschaften zu ermöglichen, ist das Bestreben einer erwägungsorientierten Wissenschaft. Das unterscheidet sie von einer letztlich kampforientierten Wissenschaft, die von denjenigen präferiert wird, deren Wissenschaftsverständnis an Max Weber anknüpft.

(72) Ob Webers Kampforientierung allerdings in jedem Falle von denjenigen, die seine forschungsprogrammatische Position grundsätzlich teilen, tatsächlich (und nicht bloß metaphorisch) ernst genommen wird, ist zu bezweifeln. Wolfgang Schluchter geht zwar mit Bezug auf Weber davon aus, daß die verschiedenen Forschungsprogramme von Marx, Parsons, Habermas und Luhmann untereinander im Kampf liegen. Wenn er in Anknüpfung daran von der Konfliktperspektive schreibt, die er hinsichtlich der verschiedenen Programme einnimmt, impliziert ›Konflikt‹ dann für ihn ›Kampf‹? ›Konflikt‹ beinhaltet - jedenfalls für mich - nicht notwendig die Komponente ›Durchsetzung‹, welche dagegen ›Kampf‹ im Weberschen Sinne enthält. Die nachstehende Aussage Schluchters, er wolle durch Auseinandersetzung mit den verschiedenen Forschungsprogrammen "Webers ›Eigenständigkeit‹ ... *verteidigen* (Hervorhebung R.G.)" (Schluchter 1988, Bd. 1: 110), läßt meine oben angedeuteten Zweifel weiter wachsen.

Gleichwohl, was den Umgang mit Vielfalt angeht, ist Schluchter ausdrücklich an Weber orientiert. Und damit einer geht die Unklarheit, wie er Vielfalt, die er nicht nur kennt, sondern mit der er sich - siehe z.B. seine Vergleiche zwischen den Konzepten von Marx und Weber bzw. Parsons und Weber -auseinandersetzt, rational bewältigbarer machen will. Seine in diesem Zusammenhang zentrale Aussage, theoretischer Fortschritt "resultiert nicht allein aus der Suche nach der Konvergenz, sondern vor allem aus dem Wechselspiel von Konvergenz und Divergenz" (Schluchter 1988, Bd. 1: 118), mag man zunächst sympathisch finden. Doch welche methodischen Schritte sind notwendig, um herauszufinden, was jeweils konvergiert bzw. divergiert? Und in welcher Weise müssen Konzepte konvergieren bzw. divergieren, damit von theoretischem Fortschritt ausgegangen werden kann?

Hat man hierüber kein hinreichendes Wissen, kann man etwa die soziologische Grundkonzeption von Luhmann, der ja meint, divergierende (traditionelle) Konzepte - z.B. ›den‹ Handlungsbegriff - nach ihm notwendig scheinenden ›Entschlackungen‹ und ›Zurechtrückungen‹ mit seiner Theorie verbinden zu können und in sie eingebaut zu haben (vgl. Greshoff 1994b: 180), nicht angemessen kritisieren. Aufklärung über solche methodischen Schritte finde ich bei Schluchter nicht. Sein ›Hieb‹ gegen Luhmann (vgl. Schluchter 1988, Bd. 1: 110) muß so bloße Polemik und ohne konstruktive Perspektive bleiben.

Anmerkungen

1 Vgl. zur Thematik insgesamt mit weiteren Belegen und Verweisen vor allem die Einleitungen in Greshoff 1994a und 1994b.

2 Die Begriffe 'Kulturwissenschaften' und 'Sozialwissenschaften' benutzt Weber meinem Eindruck nach zuweilen synonym. 'Kulturwissenschaften' ist aber wohl der weitere Begriff und umfasst auch 'Sozialwissenschaften'; 'Sozialwissenschaften' umfasst mehr (etwa 'Geschichtswissenschaft', 'Soziologie'), als man heute üblicherweise mit 'Soziologie' meint. Zur Präzisierung der Weberschen Unterscheidung zwischen 'Kulturwissenschaften' und 'Sozialwissenschaften', die hier im weiteren keine Relevanz hat, vgl. Greshoff/Loh 1987: 46.

3 Vgl. von neueren Arbeiten dazu etwa Kalberg 1994 sowie Vester 1995.

4 Zum Begriff vgl. Greshoff/Loh 1987: 33ff.

5 Vgl. z.B. Hufnagel 1971: 294. - Zu denken ist hier etwa an Webers Begriffsbildungskonzept des Idealtypus. Der Idealtypus hat "die Bedeutung eines rein idealen *Grenz*begriffes ... an welchem die Wirklichkeit zur Verdeutlichung bestimmter bedeutsamer Bestandteile ihres empirischen Gehaltes *gemessen*, mit dem sie *verglichen* wird" (Weber 1973: 194). Vgl. in diesem Zusammenhang auch Nusser 1993: 63.

6 Was meinte Weber mit 'Wert'/'Wertidee'? Deutlich ist, dass für ihn "Wertideen ... *nicht* ... aus dem empirischen Stoff als geltend begründbar" (Weber 1973: 213) waren. Nach Tyrell "ist Weber in der grundsätzlichen Frage, was Werte (und gerade jene ›letzten‹) eigentlich sind und sein können

(ähnlich wie im Fall des ›Sinn‹-Begriffs), eher schweigsam geblieben" (Tyrell 1993: 121; vgl. auch Strauss 1956: 41, Oakes 1990: 14 sowie Germer 1994: 165). Schluchter könnte dem wohl zustimmen; er betont die Relevanz für Webers Forschungsprogramm: "Doch so kursorisch diese wertphilosophischen Ausführungen auch geblieben sind, sie bilden den Hintergrund für Webers kulturtheoretische und kulturhistorische Analysen ... Sie sind ... ein integraler Bestandteil seines Forschungsprogramms." (Schluchter 1988, Bd. 1: 106; vgl. auch 288ff.).

Man kann Werte meiner Deutung nach, betrachtet man etwa Webers Konzept von Wertrationalität, als etwas Sollhaftes, als "Forderungen", "Gebote" auffassen, die jemand an sich gestellt glaubt und denen sie oder er meint folgen zu sollen oder zu müssen.

7 Was man bezweifeln kann; denn ein paar Zeilen weiter schrieb Weber: "wir denken nicht daran, derartige Auseinandersetzungen für ›Wissenschaft‹ auszugeben" (Weber 1973: 157).

8 Und wie passt beides zusammen? Müssen nicht "die Werte ... aus rein logischen Gründen ... etwas sie Vereinendes besitzen" (Wagner 1993: 203f.)?

9 Aber auch schon das Abwägen zwischen Werten ist eventuell für Wissenschaft im Weberschen Sinne nicht möglich. Denn bedenkt man die oben zitierte Aussage, in der Weber formulierte, was nicht mehr wissenschaftliche Aufgabe ist, so heißt es dort "er *wägt* (Hervorhebung R.G.) und wählt nach seinem eigenen Gewissen und seiner persönlichen Weltanschauung zwischen den Werten" (Weber 1973: 150; vgl. auch 155). Allerdings lautet es im Teilsatz davor: "Jene Abwägung selbst nun aber zur Entscheidung zu bringen, ist freilich *nicht* mehr eine mögliche Aufgabe der Wissenschaft" (Weber 1973: 150), und das spricht eher dafür, dass für Weber nur das Entscheiden/Wählen im Sinne von Festsetzen nicht von Wissenschaft geleistet werden kann.
Zu den Grenzen von Webers Wissenschaftsauffassung bzw. zur Kritik an seiner Position vgl. etwa Albert 1991: 83ff. sowie Pies 1993: 1ff. (s. in diesem Zusammenhang auch Schluchter 1980: 71f.).

10 Zur Idee der (problemrelativen) Vollständigkeit vgl. Greshoff/Loh 1987: 39ff.

11 So kann es z.B. ein Ziel sein zu prüfen, ob mit den jeweiligen Problemlösungen *alternative* Problemlösungen vorliegen. Zum Begriff 'Alternativität' bzw. zu unterschiedlichen Graden von Alternativität vgl. Greshoff 1994a: 79, 91ff.

12 Vgl. dazu grundsätzlich Greshoff 1994a.

13 Auch wenn Theorien/theoretische Begriffe, worauf Hennis immer wieder (und auch mit Recht) hinweist (vgl. etwa Hennis 1994: 113), für Weber Mittelcharakter hatten - etwa für die Erfassung historischer Abläufe -, so war dieses Mittel für ihn unentbehrlich. "Ich soll behaupten, der Erkenntniswert der Theorie sei ›gering‹. Wo wäre das geschehen? Die Theorie schafft Idealtypen, und die Leistung ist gerade bei mir die unentbehrlichste" (Weber zit. nach Hennis 1994: 109). Vgl. etwa auch Weber 1973: 146, 178, 208, 214, weiter Hufnagel, der vom "Begriffsfanatismus" Webers schreibt (Hufnagel 1971: 209) sowie Burger, der herausstreicht, daß für Weber "scharfe begriffliche Umgrenzung des Wissenswerten die Grundvoraussetzung aller Objektivität" war (Burger 1994: 95). Zu klären wird sein: Mittel waren für Weber (im Rahmen von Zweckrationalität) einer Rationalisierung in größerem Maße zugänglich als Werte. Welche Konsequenzen hatte dies für seinen Umgang mit Vielfalt an Theoretisierungen?
Will man Webers Umgang mit Vielfalt an Theoretisierungen untersuchen, ist zu klären, was er unter 'Theorie/theoretischen Begriffen' verstand. Zwar schrieb Weber z.B. im Objektivitätsaufsatz immer wieder von "Theorie", "theoretischer Begriffsbildung" usw. (exemplarisch vgl. Weber 1973: 185, 190, 195, 204), aber eine diesbezüglich klare Begriffsbestimmung kenne ich bei ihm nicht. Man

kann aber erschließen, was er meinte, so etwa, wenn er an anderer Stelle vom "Grundriss zu den Vorlesungen über Allgemeine (›theoretische‹) Nationalökonomie" (Weber 1990: 5) schrieb. Bezogen auf theoretische Begriffe, die mich im folgenden besonders interessieren, deute ich Weber so, daß *allgemeine* Begriffe (im Unterschied etwa zu Begriffen, die spezifisch Historisches erfassen lassen) *theoretische* Begriffe sind. "Allgemeine Begriffe" interpretiere ich dabei als Begriffe, die keine spezifischen Orts- und Zeitangaben als Merkmal haben. Die Begriffe etwa, die Weber unter dem Titel "Soziologische Grundbegriffe" bzw. "Soziologische Kategorienlehre" entwickelt hat, sind meiner Meinung nach als solche theoretischen Begriffe zu begreifen (vgl. ähnlich Weiß 1992: 81f., 164ff.; Schluchter 1988, Bd. 2: 604f.).

Geht man davon aus, dass eine Theorie ein sinnhafter Zusammenhang aus von spezifischen Orts- und Zeitangaben losgelösten Aussagen ist, dann kommt Begriffen insofern eine grundlegende Bedeutung zu, als Aussagen aus ihnen gebildet werden.

14 Lösungen werden relativ zu einem Problem und einem intendierten Gegenstand hergestellt. Diese beiden Merkmale ('Problem', 'intendierter Gegenstand') umfasst in meiner Begrifflichkeit 'Problembezug'; vgl. Greshoff 1994a: 79.

15 Vgl. in diesem Zusammenhang auch Hennis, nach dem es in "Webers engstem Fachgebiet, der politischen Ökonomie, ... zur Formierung von ›Schulen‹ auf höchstem Niveau mit anerkannten Schulhäuptern (kam, R.G.). Webers Werk ist tief in die Kontroversen der Zeit eingebettet und von ihnen angeregt" (Hennis 1994: 105). Das schloß theoretische Kontroversen mit ein.

16 Zur vergleichenden Überprüfung von Luhmanns Anspruch vgl. hinsichtlich eines Punktes ("Handlung") Greshoff 1998 sowie (ausführlicher) 1999.

17 Allerdings sollte es dort auch wohl nicht allzu vielfältig zugehen, denn das Archiv "kann kein Tummelplatz von ›Erwiderungen‹, Repliken und Dupliken sein" (Weber 1973: 158). Webers Verhältnis zu ›Kritik‹ wird umfassend von Hufnagel (1971) behandelt.

18 Diese Aussage hat Weber später - in den Grundbegriffen - etwas modifiziert. Nur Auslese ist unvermeidbar (vgl. Weber 1976: 21). Frühere Äußerungen von Weber zum Kampf sind emphatisch. So hat er in einer (wirtschafts-)politischen Auseinandersetzung, da sich seiner Meinung nach der "Kampf um das Dasein", der "Kampf des Menschen mit dem Menschen" in Zukunft wieder härter gestalten würde, ein "Evangelium des *Kampfes* ... als einer Pflicht der Nation, als ökonomisch unvermeidliche Aufgabe wie des einzelnen so der Gesamtheit", abgeleitet. (Weber 1897: 113). Weber fügt hinzu: "und wir ›schämen‹ uns dieses Kampfes, des einzigen Weges zur Größe, nicht" (Weber 1897: 113).

19 Diese soziale Ebene scheint mir Nusser in seinem Einwand gegen Peukerts Einschätzung, "daß uns Weber in eine kulturdarwinistische Arena des Wissenschaftsdiskurses entläßt" (Peukert 1989: 26), zu verfehlen. (Nach Nusser geht Peukerts Deutung am Zusammenhang von Wissenschaft und Person vorbei (vgl. Nusser 1993: 58).)

20 Zu "fosters greatness" s. auch Webers bereits erwähntes Plädoyer für ein "Evangelium des *Kampfes*" (Weber 1897: 113): vgl. hier auch Wagner 1993: 193ff.

21 Auch schlaglichtartig wird die Kampfausrichtung Webers thematisiert. So etwa in Überschriften bei Schelting: "Sein Kampf gegen den geschichtsmethodologischen Objektivismus." (Schelting 1934: 178), "Der Kampf Max Webers gegen den geschichtsmethodologischen Intuitionismus." (Schelting 1934: 195).

22 'Konkurrenz' definierte er im Anschluß daran als einen spezifischen, nämlich friedlichen Kampf. "Der ›friedliche‹ Kampf soll ›Konkurrenz‹ heißen, wenn er als formal friedliche Bewerbung um eigne Verfügungsgewalt über Chancen geführt wird, die auch andre begehren" (Weber 1976: 20).

23 Zu Begriffsverhältnissen bei Weber vgl. Greshoff 1999, Teil III, Nr. 60ff.

24 Zur Unterscheidung von "machtmäßigem Überreden" und "Überzeugung durch triftige Argumente" vgl. Paris 1995: Nr. ((5)).

25 Zugrunde lege ich hier Webers (technische) Auffassung von Fortschritt. "Ueberall und ausnahmslos haftet der in unsren Disziplinen *legitime* Fortschrittsbegriff am ›Technischen‹, das soll hier, wie gesagt, heißen: am ›Mittel‹ für einen eindeutig *gegebenen* Zweck" (Weber 1973: 530; vgl. auch Weber 1964: 130). Im Kontext dieses Zitates klingt bei Weber immer wieder Distanz zum Fortschrittsbegriff an. Daher ist wohl auch der Tenor von Schluchters Aussage zu verstehen, dass Weber bei "aller Kritik am Fortschrittsbegriff ... immer am Begriff des *technischen* Fortschritts festgehalten (hat, R.G.). Dieser liegt für ihn noch *innerhalb* der Grenzen der Erkenntnissphäre ..." (Schluchter 1988, Bd. 1: 209). Hennis ist skeptischer. "Aber glaubte er (Weber, R.G.) an einen ›Fortschritt‹ der Wissenschaft in dem Sinne, daß ihr Fortschreiten zu tieferem Erfassen der Wahrheit führt? Auch nicht der blasseste Rest dieser urliberalen Vorstellung ist bei ihm erkennbar. Gibt es eine schneidendere Absage an solchen Glauben als ›Wissenschaft als Beruf‹?" (Hennis 1987: 200). Vgl. in diesem Zusammenhang auch Germer 1994: 109 und Schwinn 1993: 62f.

26 Ganz abgesehen von derartigen Fragen ist auch die Kriterienfrage (vergleichend) zu erörtern, etwa dahingehend: gibt es nur einen "Set" von ("formallogischen") Kriterien oder Alternativen dazu?

27 Schon innerhalb eines Textes scheint es Differenzen zu geben. In "Wissenschaft als Beruf" ging Weber davon aus, dass es der Sinn der Arbeit der Wissenschaft sei, zu veralten (vgl. Weber 1994: 8). An einer früheren Stelle schrieb er dagegen, nur "durch strenge Spezialisierung kann der wissenschaftliche Arbeiter tatsächlich das Vollgefühl ... sich zu eigen machen: hier habe ich etwas geleistet, was *dauern* wird. Eine wirklich endgültige (!, R.G.) und tüchtige Leistung ist heute stets: eine spezialistische Leistung" (Weber 1994: 5f.).

28 Je nach Anspruchsniveau wird man sich mit den vorgefundenen Begrifflichkeiten nicht zufrieden geben können, sondern systematisch Alternativen dazu erzeugen. Denn erst, wenn - problemrelativ - alle Alternativen zusammengestellt sind, hat man eine bessere Voraussetzung dafür, begründet festzustellen, welche der Begriffsbildungen bzw. ob überhaupt eine derselben für den jeweiligen Zweck als die (vorerst) beste einzuschätzen ist. Derart umfassend vorzugehen, lehnte Weber ab. Die Begriffsbildung systematisch (auch) am Denkmöglichem zu orientieren, hielt er für unsinnig, denn "das Leben in seiner irrationalen Wirklichkeit und sein Gehalt an *möglichen* Bedeutungen sind unausschöpfbar" (Weber 1973: 213). Weber war dem je Vorfindlichen verhaftet. "Das Licht der großen Kulturprobleme ist weiter gezogen. Dann rüstet sich auch die Wissenschaft, ihren Standort und ihren Begriffsapparat zu wechseln" (Weber 1973: 214).
Webers immer wieder geäußerte Kritik an umfassender Systematik wirkt überzogen. Warum hat er z.B. in diesem Zusammenhang auf *endgültige* Gliederung oder *definitive* Fixierung (vgl. Weber 1973: 184) statt darauf abgehoben, daß eine solche Systematik *wandelbar* und trotzdem für Horizonterweiterungen, Hypothesenbildungen usw. nützlich sein kann?

29 Geht man einmal von dieser Voraussetzung hinsichtlich des von mir gewählten aktuellen Beispiels aus, kann man so argumentieren: beide, Weber wie Luhmann, haben relativ zum Problembezug "Was sind die kennzeichnenden Eigenschaften von Sozialem sowie von Hauptformen des Sozia-

len" grundlegende sozialwissenschaftliche Begriffe gebildet. Beide Begrifflichkeiten gehören zum Begriffsvorrat unserer Zeit. Hinsichtlich Luhmann sind die Begriffe von Interesse, die er im Rahmen seiner allgemeinen Theorie sozialer Systeme, die "den Anspruch" erhebt, "den gesamten Gegenstandsbereich der Soziologie zu erfassen und in diesem Sinne universelle soziologische Theorie zu sein" (Luhmann 1984: 33), gebildet hat. Entsprechend sind bei Weber die "nicht gut zu entbehrenden, aber unvermeidlich abstrakt und wirklichkeitsfremd wirkenden Begriffsdefinitionen" (Weber 1976: 1) relevant, die er unter dem Titel "Soziologische Kategorienlehre" bzw. "Soziologische Grundbegriffe" und unter dem Anspruch, damit "zu formulieren, was jede empirische Soziologie tatsächlich meint, wenn sie von den gleichen Dingen spricht" (Weber 1976: 1), erstellt hat. Darin kam sein Ziel zum Ausdruck, "ganz allgemeine Begriffe" (Weber 1973: 460) - wie er sich im Kategorienaufsatz ausdrückte - aufzustellen, die universell, d.h. auf alle historischen Ausgestaltungen von Sozialem anwendbar sind (vgl. auch Lübbe 1991: 18 sowie Käsler 1995: 232f.). Geht man mit Weber davon aus, dass "gültige *Urteile* ... die Verwendung von *Begriffen* voraus(setzen, R.G.)" (Weber 1973: 209; vgl. auch 213), dann wird die Brisanz der skizzierten Konstellation klar. Lassen sich mit beiden Begrifflichkeiten gleicherweise gültige Urteile bilden oder gibt es bezüglich der Gültigkeit - etwa der von Luhmanns Urteilen im Vergleich zu denen von Weber - Unterschiede?

30 Zur Vergleichsproblematik s. programmatisch Greshoff 1994a.

31 Also auch die Niklas Luhmanns; den Einwand, Weber sei empirisch orientiert gewesen, Luhmann dagegen nicht, halte ich ohne weitere Beweise für problematisch. Denn hinsichtlich des Problems der "Beschreibung der Gesellschaft" formuliert Luhmann etwa, wir "stecken in den Anfängen. Um so wichtiger ist es, das, was geschehen ist und geschieht, in zutreffenden Begriffen zu beschreiben" (Luhmann 1988: 67f.; vgl. auch Luhmann 1984: 245, 246f., Luhmann 1989a: 149ff. sowie überhaupt das Programm der Semantikbände). Darin kommt für mich - jedenfalls zunächst - eine empirische Orientierung zum Ausdruck.

32 Ein derartig programmatisch strukturiertes Vergleichsinteresse kommt auch da nicht zum Ausdruck, wo Weber explizit Methoden vergleichen wollte; vgl. Weber 1924: 65ff.

33 Zu erforschen, welches formale Strukturprinzip Webers Begriffsbildung zugrunde liegt, ist das Hauptanliegen von Allerbecks (1982) Arbeit. Folgt man Döbert (1989), ist es bislang der (deutschen) Soziologie nicht gelungen, die Basis von Webers Begrifflichkeit zufriedenstellend zu rekonstruieren.

34 Nach Heins durchweht ein heroischer Geist Webers Werk (vgl. Heins 1990: 109). "Jeder Heroismus hat zwei Komponenten: Einmal kommt es für den Heros darauf an, klar zu erkennen,wann eine Situation keine Flucht mehr zuläßt; zum zweiten gilt es, sich dem, was man nicht fliehen kann, *zu stellen*" (Heins 1990: 109). Trifft diese Deutung zu, mag es Teil von Webers Heroismus gewesen sein, im Kampf sich der Kritik öffentlich auszusetzen und aus ihr lernen zu wollen. - Schluchters Einwand (vgl. Schluchter 1998: 359 ff), Weber sei nicht wie von mir dargestellt kampf-, sondern an "geregelter Konkurrenz" (friedlichem Kampf) orientiert, paßt nicht zu Deutungen wie "Schlachtfeld" (s. die Zitate in Nr. (49)) und zu Formulierungen Webers wie "tödlicher Kampf" bzw. "todfeindliche Werte" (vgl. Weber 1973: 507). Was man sich meiner Ansicht nach klar machen muss: Weber schreibt immer wieder von "Kampf", nicht von "friedlichem Kampf". Es geht um "Durchsetzung"! Insofern nützt der Verweis von Schluchter auf den § 8 der "Grundbegriffe" nichts.

35 Diesen Punkt betont Hennis; er geht davon aus, dass "für Weber die eigentliche Aufgabe der Wissenschaft" darin bestanden habe, ">Selbstverständlichkeiten‹ anzuzweifeln, in ihnen jedenfalls ein ›Problem‹ zu sehen" (Hennis 1987: 124; s. auch Hufnagel 1971: 338f.).

36 Es ist auffällig, welche Sicherheit Weber ausstrahlte, wenn er denn eine Position gefunden hat. Dies kommt in immer wiederkehrenden Formulierungen wie "unzweifelhaft" (s. etwa Weber 1978a: 250; Weber 1973: 306), aber auch in Beschwerden über "das sterile und lästige Geschäft der Auseinandersetzung mit seiner rein an *Worten* haftenden Rabulistik, welche den offen zutage liegenden Sachverhalt verschleiert" (Weber 1978b: 283; s. auch 44f.), zum Ausdruck. Formulierungen wie "unzweifelhaft" haben aber auch etwas Täuschendes. Weber wußte um den seinen "Gott" verunsichernden "Teufel", seine Gewißheit konnte letztlich also nur eine "teuflische Gewißheit" sein. Webers Sicherheits- und Gewißheitsorientierung berührt einen zentralen Punkt. Eine starke ("absolute") Gewißheitsorientierung muß letztlich eine Begründungsorientierung ablehnen. Denn Gründe sind kontingent und also unsicher. Wer etwa "letzte Werte" als ein nicht schwankendes, in keiner Weise unsicheres Fundament anstrebt, der kann sich auf Begründungen für diese Werte nicht einlassen. Einerseits dürften mögliche Gründe für solche Werte sich nicht, will man einen vitiösen Zirkelschluß vermeiden, aus den Werten herleiten, andererseits können Werte keine "absolut" sicheren Werte sein, wenn sie von etwas begründet werden, das sich nicht von ihnen herleitet. Wer derart sichere Werte will, kann sich auf Begründungen durch Entscheidungen nicht einlassen, sondern muß etwa Vorgaben folgen.
Denkbar ist aber auch, sich nicht für eine solche Gewissheitsorientierung zu entscheiden. Über Entscheidungen bzw. Entscheiden kann entschieden werden. So lassen sich z.B. Kriterien, die zur Begründung bei der Auswahl in einer Entscheidung herangezogen werden sollen, von einer reflexiven Ebene her begründen. Über reflexive Entscheidungen kann wiederum entschieden werden. Usw. Werden Entscheidungen über Entscheidungen erwägungsorientiert angelegt, entstehen mit der Zeit umfassende Alternativenspektren, über die jeweils zu entscheiden ist. Damit hat man bisher wenig Erfahrungen sammeln können. Hinsichtlich des möglichen Einwandes, daß man so nie zu einem Ende kommt, ist zu bedenken, daß man ab einer bestimmten Reflexivitätsstufe sich vermutlich nur noch wiederholt und keine neuen Ergebnisse mehr erzielt. So mögen etwa ab einem gewissen Punkt immer wieder Unentscheidbarkeiten deutlich werden. Es mag dann sinnvoll sein zu entscheiden, die Reflexivität zu beenden - obwohl sie natürlich prinzipiell weiterführbar ist.
Bezüglich jeweiliger Entscheidungen bzw. Begründungen bleibt bei einer derartigen Reflexivität eine Revidierbarkeit immer möglich. Eine (im Vergleich zu der "absoluten" Gewißheitsorientierung) abgeschwächte ("relative") Gewißheitsorientierung kann darin, ohne dogmatisch werden zu müssen, ein für sie genügend sicheres Fundament haben. Sie nimmt Unsicherheiten in Kauf. Ihre erwägungsorientierte Basierung impliziert eine Begründungs- und keine Beliebigkeitsorientierung, wie sie etwa für Luhmann charakteristisch ist, der statt auf Begründung auf Paradoxien (und damit Beliebigkeit) abstellt.

37 Man könnte meinen, daß in der Zeitschrift *"Ethik und Sozialwissenschaften (EuS)"* nichts anderes passiert. Auf Hauptartikelverfasser/innen wird von zahlreichen Kritiker/innen "eingeschlagen" und erstere dürfen dann in einer Replik "zurückschlagen". Eine solche Deutung übersieht aber die erwägungsorientierte Einbettung, wie sie im Programm der Zeitschrift zum Ausdruck kommt. Durch eine Erwägungsorientierung wird Streit, Konkurrenz usw. nicht ausgeschlossen. Durch die methodischen Ansprüche einer solchen Orientierung aber werden (aktuelle und in der Folge auch zukünftige) Streite usw. rationalisierbarer.

38 Derartigen Untersuchungen wäre natürlich auch meine Weber Deutung relativ zu (denkbaren) anderen Interpretationen zu unterziehen.
Aber nicht nur hierfür, sondern hinsichtlich von Deutungsstreiten (vgl. z.B. Gephart 1993: 38) in der Weber-Forschung überhaupt, wären solche Untersuchungen von Relevanz. Denn folgt man Schöllgen, dann ist "die Weber-Forschung bis heute vor allem durch ein Merkmal aus(ge)zeichnet, durch ihren spekulativen Grundtenor ... Das ... kaum mehr durchschaubare Labyrinth der Weber-Interpretationen (bzw. -Spekulationen) ist im Werk des Meisters, in dessen Struktur selbst angelegt" (Schöllgen 1988: 383).

Literatur

Albert, Hans (1991), *Traktat über kritische Vernunft*, Tübingen: Mohr.

Albrow, Martin (1989), Die Rezeption Max Webers in der britischen Soziologie, in: Weiß, Johannes (Hg.) (1989a), *Max Weber heute*, Frankfurt/M: Suhrkamp, S. 165-186.

Allerbeck, Klaus (1982), Zur formalen Struktur einiger Kategorien der verstehenden Soziologie, in: *Kölner Zeitschrift für Soziologie und Sozialpsychologie* 34, S. 665-676.

Baumgarten, Eduard (1964), *Max Weber. Werk und Person*, Tübingen: Mohr.

Benseler, Frank/Blanck, Bettina/Greshoff, Rainer/Loh, Werner (1994a), *Alternativer Umgang mit Alternativen*, Opladen: Westdeutscher Verlag.

Benseler, Frank/Blanck, Bettina/Greshoff, Rainer/Loh, Werner (1994b), Grundlagenprobleme wissenschaftlicher Kommunikation als Entscheidungsverfahren, in: Benseler, Frank/Blanck, Bettina/ Greshoff, Rainer/Loh, Werner (1994a), S. 9-25.

Breuer, Stefan (1991), *Max Webers Herrschaftssoziologie*, Frankfurt/M-New York: Campus.

Burger, Thomas (1994), Deutsche Geschichtstheorie und Webersche Soziologie, in: Wagner, Gerhard/Zipprian, Heinz (Hg.) (1994), S. 29-104.

Coleman, James (1992), The problematics of social theory, in: *Theory and Society* 21, S. 263-283.

Döbert, Rainer (1989), Max Webers Handlungstheorie und die Ebenen des Rationalitätskomplexes, in: Weiß, Johannes (Hg.) (1989a), S. 210-249.

Gephart, Werner (1993), Max Weber als Philosoph?, in: *Philosophische Rundschau* 40, S. 34-56.

Germer, Andrea (1994), *Wissenschaft und Leben*, Göttingen: Vandenhoeck & Ruprecht.

Glassman, Ronald (1983), The Weber Renaissance, in: McNall, Scott (Ed.), *Current Perspectives in Social Theory*. Vol. 4, Greenwich-London: Jai Press, S. 239-251.

Greshoff, Rainer (1994a), Methodische Überlegungen zum Theorienvergleich in den Sozialwissenschaften, in: *Homo Oeconomicus* XI, S. 77-97.

Greshoff, Rainer (1994b), Theorienentscheidung und Theorienvergleich. Niklas Luhmanns Auseinandersetzung mit Max Weber, in: Benseler, Frank/Blanck, Bettina/Greshoff, Rainer/Loh, Werner (1994a), S. 141-187.

Greshoff, Rainer (1998), 'Handlung' als Grundlagenkonzept der Sozialwissenschaften?, in: Andreas Balog, Manfred Gabriel (Hg.), *Soziologische Handlungstheorie*. Sonderband 4 der Österreichischen Zeitschrift für Soziologie, Opladen: Westdeutscher Verlag, S. 123-154.

Greshoff, Rainer (1999), *Die theoretischen Konzeptionen des Sozialen von Max Weber und Niklas Luhmann im Vergleich*, Opladen: Westdeutscher Verlag.

Greshoff, Rainer/Loh, Werner (1987), Ideen zur Erhöhung des Theoretisierungsniveaus in den Sozialwissenschaften, in: *Österreichische Zeitschrift für Soziologie* 12, S. 31-47.

Heins, Volker (1990), *Max Weber zur Einführung*, Hamburg: Junius.

Hennis, Wilhelm (1987), *Max Webers Fragestellung*, Tübingen: Mohr.

Hennis, Wilhelm (1990), Max Weber als Erzieher, in: Rudolph, Hermann (Hg.), *Den Staat denken*, Berlin: Siedler, S. 241-264.

Hennis, Wilhelm (1994), ›Die volle Nüchternheit des Urteils‹. Max Weber zwischen Carl Menger und Gustav von Schmoller, in: Wagner, Gerhard/Zipprian, Heinz (Hg.) (1994), S. 105-145.

Henrich, Dieter (1952), *Die Einheit der Wissenschaftslehre Max Webers*, Tübingen: Mohr.

Holzer, Horst (1982), *Soziologie in der BRD*, Frankfurt/M: Marxistische Blätter.

Hufnagel, Gerhard (1971), *Kritik als Beruf*, Frankfurt/M-Berlin-Wien: Propyläen.

Käsler, Dirk (1995), *Max Weber*, Frankfurt/M-New York: Campus.

Kalberg, Stephen (1994), *Max Weber's Comparative-Historical Sociology*, Cambridge: Polity Press.

Kamphausen, Georg (1993), Charisma und Heroismus, in: Gebhardt, Winfried/Zingerle, Arnold/ Ebertz, Michael (Hg.), *Charisma*, Berlin-New York: de Gruyter, S. 221-246.

Klages, Helmut (1993), Einblicke in die ›Lage der Soziologie‹, in: *Soziologische Revue* 16, S. 7-13.

Klima, Rolf (1971), Theorienpluralismus in der Soziologie, in: Diemer, Alwin (Hg.), *Der Methoden- und Theorienpluralismus in den Wissenschaften*, Meisenheim: Hain, S. 198-219.

Kocka, Jürgen (1986), Max Webers Bedeutung für die Geschichtswissenschaft, in: Kocka, Jürgen (Hg.), *Max Weber, der Historiker*, Göttingen: Vandenhoeck & Ruprecht, S. 13-27.

Lichtblau, Klaus/Weiß, Johannes (1993), Einleitung der Herausgeber, in: Weber, Max, *Die protestantische Ethik und der "Geist" des Kapitalismus*, Bodenheim: Athenäum-Hain-Hanstein, S. VII-XXXV.

Lübbe, Weyma (1991), *Legitimität kraft Legalität*, Tübingen: Mohr.

Luhmann, Niklas (1980), Max Webers Forschungsprogramm in typologischer Rekonstruktion, in: *Soziologische Revue* 3, S. 243-250.

Luhmann, Niklas (1981), Ideengeschichten in soziologischer Perspektive, in: Matthes, Joachim (Hg.), *Lebenswelt und soziale Probleme*, Frankfurt/M: Campus, S. 49-61.

Luhmann, Niklas (1984), *Soziale Systeme*, Frankfurt/M: Suhrkamp.

Luhmann, Niklas (1987), *Archimedes und wir*, Berlin: Merve.

Luhmann, Niklas (1988), *Die Wirtschaft der Gesellschaft*, Frankfurt/M: Suhrkamp.

Luhmann, Niklas (1989a), *Gesellschaftsstruktur und Semantik*. Bd.3, Frankfurt/M: Suhrkamp.

Luhmann, Niklas (1989b), Politische Steuerung, *Politische Vierteljahresschrift* 30, S. 4-9.

Luhmann, Niklas (1990a), Über systemtheoretische Grundlagen der Gesellschaftstheorie, in: *Deutsche Zeitschrift für Philosophie* 38, S. 277-284.

Luhmann, Niklas (1990b), *Soziologische Aufklärung 5*, Opladen: Westdeutscher Verlag.

Luhmann, Niklas (1995), *Soziologische Aufklärung 6*, Opladen: Westdeutscher Verlag.

Matthes, Joachim (1978), Die Diskussion um den Theorienvergleich in den Sozialwissenschaften seit dem Kasseler Soziologentag 1974, in: Hondrich, Karl Otto/Matthes, Joachim (Hg.), *Theorienvergleich in den Sozialwissenschaften*, Darmstadt-Neuwied: Luchterhand, S. 7-20.

Mommsen, Wolfgang J. (1974), *Max Weber und die deutsche Politik 1890-1920*, Tübingen: Mohr.

Nusser, Karl-Heinz (1993), Wissenschaft und Person, in: Jung, Thomas/Müller-Doohm, Stefan (Hg.), *"Wirklichkeit" im Deutungsprozeß*, Frankfurt/M: Suhrkamp, S. 57-69.

Oakes, Guy (1990), *Die Grenzen kulturwissenschaftlicher Begriffsbildung*, Frankfurt/M: Suhrkamp.

Paris, Rainer (1995), Zentrum und Peripherie des Machtbegriffs, in: *Ethik und Sozialwissenschaften* 6.

Peukert, Detlef J.K. (1989), *Max Webers Diagnose der Moderne*, Göttingen: Vandenhoeck & Ruprecht.

Pies, Ingo (1993), *Normative Institutionenökonomik*, Tübingen: Mohr.

Schelting, Alexander von (1934), *Max Webers Wissenschaftslehre*, Tübingen: Mohr.

Schluchter, Wolfgang (1980), *Rationalismus der Weltbeherrschung*, Frankfurt/M: Suhrkamp.

Schluchter, Wolfgang (1988), *Religion und Lebensführung*. 2 Bde, Frankfurt/M: Suhrkamp.

Schluchter, Wolfgang (1995a), Max Weber und Alfred Weber, in: Nutzinger, Hans G. (Hg.), *Zwischen Nationalökonomie und Universalgeschichte*, Marburg: Metropolis, S. 199-219.

Schluchter, Wolfgang (1995b), Handeln und Entsagen, in: Treiber, Hubert/Sauerland, Karol (Hg.), *Heidelberg im Schnittpunkt intellektueller Kreise*, Opladen: Westdeutscher Verlag, S. 264-307.

Schluchter, Wolfgang (1996), *Unversöhnte Moderne*, Frankfurt/M: Suhrkamp.

Schluchter, Wolfgang (1998), Replik, in: Agathe Bienfait, Gerhard Wagner (Hg.), *Verantwortliches Handeln in gesellschaftlichen Ordnungen*, Frankfurt/M: Suhrkamp, S. 320-365.

Schmid, Michael (1993), "Über das Elend der Theorie und die Erforschung der Praxis, oder: Ist die empirische Forschung durch Theorieforschung zu retten?", in: *Ethik und Sozialwissenschaften* 4, S. 161-162.

Schöllgen, Gregor (1988), Auf der Suche nach dem ›Menschentum‹, in: *Historische Zeitschrift* 246, S. 365-384.

Schwinn, Thomas (1993), *Jenseits von Subjektivismus und Objektivismus*, Berlin: Duncker & Humblot.

Stehr, Nico (1986), Kopfarbeit, in: *Soziologische Revue* 9, S. 133-137.

Strauss, Leo (1956), *Naturrecht und Geschichte*, Stuttgart: Koehler.

Tenbruck, Friedrich (1989), Abschied von der ›Wissenschaftslehre‹?, in: Weiß, Johannes (Hg.) (1989a), S. 90-115.

Tyrell, Hartmann (1993), Max Weber: Wertkollision und christliche Werte, in: *Zeitschrift für evangelische Ethik* 37, S. 121-138.

Tyrell, Hartmann (1994), Max Webers Soziologie - eine Soziologie ohne ›Gesellschaft‹, in: Wagner, Gerhard/Zipprian, Heinz (Hg.) (1994), S. 390-414.

Vester, Heinz-Günter (1995), *Geschichte und Gesellschaft*, Berlin-München: Quintessenz.

Wagner, Gerhard (1993), *Gesellschaftstheorie als politische Theorie?*, Berlin: Duncker & Humblot.

Wagner, Gerhard/Zipprian, Heinz (Hg.) (1994), *Max Webers Wissenschaftslehre*, Frankfurt/M: Suhrkamp.

Wallach Bologh, Roslyn (1990), *Love or greatness. Max Weber and masculine thinking*, London: Unwin Hyman.

Walther, Andreas (1926), Max Weber als Soziologe, in: *Jahrbuch für Soziologie* 2, S. 1-65.

Weber, Max (1897), Diskussionsbeitrag zu: Ueber Deutschland als Industriestaat, in: *Die Verhandlungen des achten Evangelisch-sozialen Kongresses*, Göttingen: Vandenhoeck und Ruprecht, S. 105-113.

Weber, Max (1924), *Gesammelte Aufsätze zur Soziologie und Sozialpolitik*, Tübingen: Mohr.

Weber, Max (1964), Gutachten zur Werturteilsdiskussion im Ausschuß des Vereins für Sozialpolitik 1913, in: Baumgarten, Eduard, *Max Weber. Werk und Person*, Tübingen: Mohr, S. 102-139.

Weber, Max (1973), *Gesammelte Aufsätze zur Wissenschaftslehre*, Tübingen: Mohr.

Weber, Max (1976), *Wirtschaft und Gesellschaft*, Tübingen: Mohr.

Weber, Max (1978a), *Gesammelte Aufsätze zur Religionssoziologie I*, Tübingen: Mohr.

Weber, Max (1978b), *Die protestantische Ethik II. Kritiken und Antikritiken*, Gütersloh: Mohn.

Weber, Max (1988), *Zur Politik im Weltkrieg* (MWS I/15), Tübingen: Mohr.

Weber, Max (1990), *Grundriss zu den Vorlesungen über Allgemeine ("theoretische") Nationalökonomie. (1898)*, Tübingen: Mohr.

Weber, Max (1994), *Wissenschaft als Beruf 1917/1919. Politik als Beruf 1919* (MWS I/17), Tübingen: Mohr.

Wehrspaun, Michael (1985), *Konstruktive Argumentation und interpretative Erfahrung*, Opladen: Westdeutscher.

Weingart, Peter (1998), Ist das Wissenschafts-Ethos noch zu retten?, in: *Gegenworte* 1, S. 13-17.

Weiß, Johannes (Hg.) (1989a), *Max Weber heute*, Frankfurt/M: Suhrkamp.

Weiß, Johannes (1989b), Zur Einführung, in: Weiß, Johannes (Hg.) (1989a), S. 7-28.

Weiß, Johannes (1992), *Max Webers Grundlegung der Soziologie*, München-London-New York-Paris: Saur.

Zängele, Michael (1988), *Max Webers Staatstheorie im Kontext seines Werkes*, Berlin: Duncker & Humblot.

Werterziehung in der Schule

Eine erwägungsorientierte Auseinandersetzung mit Lawrence Kohlberg

Bardo Herzig

1 Vielfalt als Herausforderung für Erziehung und Bildung

Die Lebenssituation von Kindern und Jugendlichen kann heute allgemein durch ein zunehmendes Potential an Vielfalt charakterisiert werden. Neuorientierung und Identitätssuche beim Übergang ins Erwachsenenleben, vielfältige – z.T. stark divergierende – Wertvorstellungen in Familie, Peergroup und Schule, Arbeitswelt und Freizeit sowie unsichere berufliche und familiale Lebensperspektive und die Konfrontation mit multikulturellen Sichtweisen stellen unterschiedliche Herausforderungen an die Heranwachsenden dar und sind bedeutsame Aufgaben für Erziehung und Bildung.

Im Hinblick auf *Vielfaltspotentiale* sind insbesondere das Explizieren und Erwägen von Handlungsmöglichkeiten, die Beurteilung von Alternativen, das Treffen von Entscheidungen sowie die Reflexion und Bewertung der Folgen von Entscheidungen sowohl für die individuelle Lebensgestaltung als auch für das Zusammenleben in sozialen Gefügen für den Menschen von grundlegender Bedeutung. Die Prozesse der Explikation, Erwägung und Beurteilung können durch verschiedene Faktoren beeinflußt werden, so z.B. bestimmte Bedürfnisstrukturen, das intellektuelle Niveau oder die kognitive Komplexität, durch Erfahrungs- und Kenntnisstände und das sozial-moralische Entwicklungsniveau.

Im Rahmen der vorliegenden Überlegungen wird der Fokus auf die Fähigkeit gerichtet, Handlungsmöglichkeiten in Konflikt- oder Entscheidungssituationen zu *entwerfen* und sie als richtig oder falsch, angemessen oder unangemessen, verantwortlich oder unverantwortlich, gerecht oder ungerecht zu *beurteilen*.

Diese 'innere Entwurfs- und Beurteilungsinstanz' wird hier als *ethische Urteils- und Orientierungsfähigkeit* bezeichnet. Dazu gehören im einzelnen die Fähigkeit,
- Handlungsmöglichkeiten in wertbezogenen Konfliktfällen zu entwerfen und vergleichend zu bewerten,
- Handlungsentscheidungen mit Bezug auf individuelle und gesellschaftliche Wertorientierungen zu reflektieren und zu begründen sowie
- die eigene Lebensgestaltung auf der Grundlage individueller und gesellschaftlicher Wertorientierungen und Grundhaltungen reflektiert und begründet zu planen und durchzuführen (vgl. HERZIG 1998, S. 32 f.).

Im Hinblick auf die Bedeutsamkeit ethischer Urteils- und Orientierungsfähigkeit für individuelle und soziale Lebensprozesse[1] stellt die Entwicklung und Förderung einer solchen Fähigkeit eine wichtige Bildungs- und Erziehungsaufgabe für Elternhaus und Schule dar. Nicht zuletzt die öffentliche Diskussion um Gewalt, Kriminalität (auch in der Schule) und Werteverlust macht dies deutlich. Ethisches Urteils- und Orientierungsvermögen soll den Kindern und Jugendlichen größtmögliche Chancen eröffnen, in ihrer Lebenswelt selbstbestimmt, sachgerecht, kreativ und sozialverantwortlich zu handeln.

Es sei nun angenommen, daß eine Lehrperson das Urteilsvermögen von Schülerinnen und Schülern im o.g. Sinne fördern will. Bei der Frage, mit welchen Mitteln dieses Ziel zu erreichen ist, will die Lehrperson nicht (nur) von ihren Alltagsannahmen bzw. subjektiven Theorien (vgl. GROEBEN et al. 1988, S. 17 ff.; KÖNIG/ VOLMER 1996, S. 141 ff.) ausgehen, sondern theoriegeleitet ein Konzept zur Umsetzung der Zielvorstellungen entwerfen und durchführen (vgl. TULODZIECKI 1983).

Bei der Suche nach einem geeigneten Ansatz wird die Lehrperson auf eine Reihe von Theorien und Konzepten stoßen, die sich der Frage widmen, wie sich moralische oder ethische Urteilsfähigkeit entwickelt und wie eine solche Entwicklung gefördert werden kann (vgl. zur Übersicht z.B. KAHN 1991; UHL 1995). Einer der am häufigsten rezipierten Ansätze ist das entwicklungspsychologisch begründete Modell des amerikanischen Psychologen Lawrence KOHLBERG. Es sei nun weiter angenommen und der Kürze wegen nicht begründet, daß dieses Modell der Lehrperson aus verschiedenen Gründen als theoretische Grundlage eines Unterrichtskonzepts geeignet erscheint[2].

Im folgenden soll es darum gehen, den Ansatz von KOHLBERG aus pädagogischerzieherischer Sicht zu beleuchten und danach zu fragen, welchen Beitrag insbesondere die von KOHLBERG vorgesehenen Diskussionen von Konfliktfällen (sog. Dilemmata) zur Förderung moralischer bzw. ethischer Urteils- und Orientierungsfähigkeit leisten können. Dabei werden wichtige erzieherische Problemlagen und Desiderata des Konzeptes aufgezeigt und mögliche Lösungen erwogen.

2 Der entwicklungspsychologische Ansatz von Kohlberg zur Moralententwicklung

KOHLBERG (1974; KOHLBERG/ TURIEL 1978) geht in seinem Ansatz davon aus, daß moralisches Denken und Urteilen im wesentlichen durch die Vorstellung des Einzelnen von dem, was gerecht oder ungerecht, fair oder unfair bzw. richtig oder falsch ist, geprägt wird. Diese Vorstellung, so eine zentrale Annahme des Konzeptes, entwickelt das Individuum in der Interaktion mit seiner Umwelt. Demnach sind Werthaltungen und -vorstellungen weder allein durch Reifungsprozesse noch als Resultat von 'Formungsprozessen' durch Erziehende in ihrer Entstehung zu erklären. Es handelt sich nach KOHLBERG vielmehr um einen Prozeß aktiver Auseinandersetzung mit der Umwelt. Wenn der Einzelne Erfahrungen macht, die mit seinen bisher verfügbaren Werthaltungen, Denk- oder Urteilsstrukturen in Konflikt geraten, wird das grundsätzliche Bestreben, ein möglichst stabiles Gleichgewicht in der Interaktion mit der Umwelt zu erreichen bzw. aufrecht zu erhalten, zum 'Motor' der Weiterentwicklung bestehender Urteilsstrukturen.

Moralische Denk- und Argumentationsstrukturen lassen sich nach KOHLBERG z.B. als verbale Äußerungen auf Konfliktfälle (sog. Dilemmata) erheben und in qualitativ unterschiedlichen Stufen oder Niveaus beschreiben. Die nachfolgende Schilderung stellt ein solches Dilemma dar (vgl. TULODZIECKI/ AUFENANGER 1989).

Rolf wünscht sich schon lange, daß seine Eltern einen PC anschaffen. Die Eltern haben allerdings Sorge, daß Rolf den Computer dann nutzen könnte, um jugendgefährdende Computerspiele darauf zu spielen. Erst als Rolf erkennen läßt, daß es ihm nicht um solche Computerspiele geht, willigen die Eltern in den Kauf eines Gerätes ein.

Kurze Zeit später bringen Freunde, die Rolf häufiger besuchen und mit denen Rolf viel unternimmt, Raubkopien von einem neuen Computer-Kriegsspiel mit. Die Eltern von Rolf sind für längere Zeit nicht zu Hause. Rolfs Freunde sind überrascht, als dieser erklärt, daß seine Eltern den Computer nur unter der Bedingung gekauft hätten, daß er darauf keine jugendgefährdenden Computerspiele laufen lasse. Die Freunde bedrängen ihn, er solle sich nicht so anstellen, seine Eltern müßten ja nichts davon erfahren; im übrigen würden sie sonst zu anderen Bekannten gehen und mit der Freundschaft wäre es dann ja auch nicht mehr so weit her.

Mögliche Argumente auf die Frage, warum Rolf kriegsverherrlichende Spiele auf seinem Computer spielen solle oder nicht, sind in Tabelle 1 wiedergegeben. Vor dem Hintergrund des KOHLBERG-Ansatzes lassen sie sich charakteristischen, stufenbezogenen Orientierungen zuordnen.

Stufe	Argumente CONTRA	Argumente PRO
I	Rolf sollte das Programm nicht spielen, weil er ggf. großen Ärger mit seinen Eltern bekommt und diese ihm dann zur Strafe den Computer wieder wegnehmen könnten.	Rolf sollte das Programm spielen, weil seine Eltern sicherlich nichts davon mitbekommen werden.
II	Die Eltern haben Rolf den Computer beschafft. Jetzt sollte er sich auch daran halten, keine Kriegsspiele laufen zu lassen.	Wenn Rolf jetzt seinen Freunden einen Gefallen tut, wird er später sicher auch auf ihre Hilfe zählen können.
III	Rolfs Eltern erwarten, daß er sich an die Abmachung hält, keine jugendgefährdenden Programme zu spielen. Rolf sollte seine Eltern also nicht enttäuschen.	Rolfs Freunde erwarten, daß er seinen Rechner für das Kriegsspiel zur Verfügung stellt. Rolf sollte sie als seine Freunde nicht enttäuschen.
IV	Das Spielen von kriegsverherrlichenden Computerspielen ist aus Gründen des Jugendschutzes für Jugendliche untersagt. Rolf und seine Freunde sollten eine solche wichtige Regelung nicht von sich aus umgehen.	Wenn der Staat es zuläßt, daß Jugendliche an Kriegssoftware herankommen, dann sollten die Jugendlichen auch das Recht haben, selbst zu entscheiden, ob und welche Computerspiele sie spielen.
V	Grundsätzlich sollte zwar jeder selbst entscheiden, was er spielt. Dennoch rechtfertigt es die Situation nicht, die Abmachung mit den Eltern und den Jugendschutz zu umgehen.	Das Prinzip des Jugendschutzes rechtfertigt es noch nicht, aufgrund von Vermutungen über Gefährdungen von Kriegsspielen in das Recht des Einzelnen auf freie Wahl seiner Computerspiele einzugreifen.
VI	Kriegsspiele bagatellisieren und verharmlosen Gewalt und Brutalität gegen Menschen. Ein solches Verhalten ist menschenverachtend und widerspricht der Würde des Menschen. Es ist aus ethischen Gründen prinzipiell nicht zu rechtfertigen.	---------------[3]

Tabelle 1: Stufenbezogene Argumentationen zum Kriegsspiel-Dilemma

Auf der ersten Stufe moralischer Urteilsfähigkeit wird eine Handlung oder ein Verhalten danach beurteilt, welche physischen Konsequenzen (Strafe, Belohnung) sie nach sich zieht. Die Durchsetzung eigener Interessen und Bedürfnisse wird auf dieser Stufe solange als gerechtfertigt angesehen, wie sie nicht durch strafende Autoritäten reglementiert wird. Die Grundhaltung dieser Urteilsstufe wird auch als eine *Orientierung an Strafe und Gehorsam* charakterisiert (vgl. Argumente I).

Der zweiten Stufe liegt eine *instrumentell-relativistische Orientierung* zugrunde. Richtig ist eine Handlung dann, wenn dadurch die eigenen und mitunter auch die Bedürfnisse anderer instrumentell befriedigt werden. Kompromisse einzugehen und Zugeständnisse zu machen, ist eine Frage des Austausches im Sinne der Losung "Eine Hand wäscht die andere" (vgl. Argumente II).

Auf der dritten Stufe wird ein Verhalten dann als richtig oder gerechtfertigt angesehen, wenn es der *Erwartung von Bezugspersonen oder Bezugsgruppen* entspricht. Mehrheitliches Verhalten und Verhalten nach stereotypen Verhaltensmustern können auf dieser Stufe ebenso urteilsrelevant sein wie Handlungs- oder Verhaltensformen, die eine besondere Anerkennung von Bezugsgruppen versprechen (vgl. Argumente III).

Auf der vierten Stufe richtet sich der Blick auf die in *Gesetzen* manifestierte *soziale Ordnung*. Urteile über die Rechtfertigung oder Ablehnung von Handlungen oder Verhalten richten sich danach, ob gegen verbindliche Regeln der Sozialgemeinschaft, insbesondere gegen bestehende Gesetze, verstoßen wird. Mit dieser Urteilsstruktur ist die Einsicht verbunden, daß eine soziale Gemeinschaft um ihrer selbst willen aufrecht erhalten werden muß. Gesetze werden in ihrer Bedeutung für die Regelung eines 'geordneten' Zusammenlebens erkannt (vgl. Argumente IV).

Auf der fünften Stufe findet die *legalistische Orientierung am Gesellschaftsvertrag* ihren Niederschlag. Auf dieser Stufe neigt man dazu, richtiges Handeln durch Bezugnahme auf individuelle Rechte und Standards zu definieren, die kritisch geprüft sind und denen die Gesellschaft zustimmt. Gesetze werden auf dieser Stufe als grundsätzlich korrigierbar angesehen, wenn sie nicht mehr dem Wohl der menschlichen Gemeinschaft dienen (vgl. Argumente V).

Die höchste Stufe moralischer Urteilsfähigkeit zeichnet sich durch eine *Orientierung an universalen ethischen Prinzipien* aus. Dies sind universale Prinzipien der Gerechtigkeit, der Gegenseitigkeit, der Gleichheit der Menschenrechte oder der Achtung vor der Würde des Menschen (vgl. Argument VI). Diese Stufe ist allerdings in der wissenschaftlichen Diskussion umstritten und bei Jugendlichen bisher nicht nachgewiesen worden (vgl. COLBY/ KOHLBERG 1987a, S. 32 ff.; KOHLBERG et al. 1986).

An die Stufentheorie sind strukturelle Annahmen gebunden, die im folgenden kurz skizziert werden: Die Stufen der moralischen Urteilsfähigkeit bilden eine *hierarchische Integration*. Höhere Stufen umfassen jeweils die Denkstrukturen niedrigerer Stufen und schließen diese ein. Jede Stufe bildet eine *strukturierte Ganzheit*, d.h. eine abgeschlossene Denk- und Urteilsstruktur. Die moralische Entwicklung des Individuums verläuft über diese Stufen in einer *invarianten Sequenz*, d.h. in Richtung höherer Stufen und jeweils von einer Stufe zur nächsten. Wie weit sich ein Individuum entwickelt, ist im wesentlichen eine Frage der Entwicklungsanreize aus der Umwelt, die ein bestehendes Gleichgewicht stören und damit zur Ausbildung neuer Urteilsstrukturen motivieren können. Solche Anreize können gezielt 'zur Verfügung gestellt', d.h. als Lernsituation 'arrangiert' werden und damit entwicklungsfördernd wirken. KOHLBERG schlägt dazu die Diskussion moralischer Konfliktsituationen wie das eingangs beschriebene Dilemma-Beispiel vor. Er geht dabei von der Annahme aus, daß solche Argumentationen, die bis zu einer Stufe[4] über dem aktuellen Niveau der Edukanden liegen, ansatzweise verstanden werden und die größten Entwicklungsanreize bieten.

Die Anwendung der Dilemma-Methode ist allerdings nicht unproblematisch. Sie kann – mit Bezug auf die Stufentheorie – selbst zum methodischen Dilemma werden und evoziert eine erzieherische Problemlage, die im folgenden als Erwägung möglicher Alternativen diskutiert wird.

3 Die Dilemma-Methode als methodisches Dilemma

Will eine Lehrperson – wie im Ausgangsbeispiel angenommen – die moralische Urteilsfähigkeit von Schülerinnen und Schülern fördern, so sollte sie nach KOHLBERG "(1) das Denken des Kindes der richtigen Stufe zuordnen können; (2) entwicklungsgerechte, d.h. um eine Stufe höher liegende Denkanstöße geben; (3) sich auf Begründungen konzentrieren; und (4) dem Kind die Erfahrung desjenigen Konflikt-Typs ermöglichen, der zur Wahrnehmung der Überlegenheit der nächsthöheren Stufe führt." (KOHLBERG/ TURIEL 1978, S. 67.) Aus der Einschränkung, daß die Lehrperson auf den Inhalt (bzw. die Entscheidungsrichtung) des Urteils keinen Einfluß nehmen soll (s.o. Pkt (3); vgl. KOHLBERG 1987a, S. 35; KOHLBERG/ MAYER 1972, S. 486) und der Tatsache, daß viele Dilemmata erst auf höheren Stufen unsymmetrisch[5] werden (vgl. das Ausgangsbeispiel), ergeben sich jedoch u.a. folgende Probleme:
- Befindet sich ein Schüler beispielsweise auf der dritten Stufe moralischer Urteilsfähigkeit und argumentiert für die Nutzung von Computer-Kriegsspielen, so kann auch das Einbringen von Argumenten der nächst höheren (vierten) Stufe diese Argumentation nicht zwingend als ungerechtfertigt erscheinen las-

sen, solange das Dilemma symmetrisch bleibt. Die Fortentwicklung auf die nächst höhere Stufe kann somit nicht verhindern, daß ein pädagogisch oder erzieherisch unerwünschtes Verhalten vom Schüler gerechtfertigt und ggf. sogar ausgeübt wird.
- Beschränkt man sich in der Bearbeitung moralischer Dilemmata auf die Diskussion von Begründungen für oder gegen ein bestimmtes Verhalten, so bleiben bei der Begründung einer Unterlassung handlungsrelevante Alternativen zunächst außer acht. Die Begründung, kriegsverherrlichende Computerspiele nicht zu nutzen, weil es der Erwartung der Eltern widerspricht, gibt zunächst nur an, was *nicht* zu tun sei. Eine 'positiv' bestimmte alternative Handlungsmöglichkeit zur Konfliktlösung bietet diese Begründung noch nicht.[6] Ähnliches gilt auch für den Fall der Bejahung von Computer-Kriegsspielen. In diesem Fall ist zwar implizit klar, was getan werden soll (die Computerspiele mit den Freunden gemeinsam spielen), eine Konfliktlösung im Sinne der durch die getroffene Entscheidung z.B. heraufbeschworene Auseinandersetzung mit den Eltern ist aber ebenfalls noch nicht angesprochen.

Ausschließlich rationale Begründungen können für Alltagspraxis insofern 'unpragmatisch' oder realitätsfern sein, als daß Dilemmata nicht dadurch gelöst werden, Entscheidungen nur zu begründen, sondern sie verlangen darüber hinaus auch positiv bestimmte *Handlungsempfehlungen*, die sich aus den Konsequenzen einer Entscheidung ergeben.

Für die Lehrperson bedeutet dies zunächst ein 'Dilemma mit dem Dilemma'. Auf der einen Seite kann sie – schließt man ein indoktrinierendes Vorgehen aus – nicht verhindern, daß Schülerinnen und Schüler für Verhaltensweisen argumentieren, die letztlich pädagogisch weder wünschenswert noch vertretbar und mit übergeordneten Erziehungszielen nicht vereinbar sind. Im Gegenteil: Sie liefert ggf. durch das Einbringen höherer Argumente auch noch zusätzliche Begründungen für solche Orientierungs- oder Verhaltensweisen. Auf der anderen Seite wird durch die Diskussion moralischer Dilemmata u.U. eine Fähigkeit gefördert und entwickelt, die für sich genommen zur Lösung von Konfliktfällen nur einen bedingten Beitrag leisten kann. Es stellt sich die Frage, ob dadurch moralerzieherische Interventionen auf der Grundlage des KOHLBERG-Ansatzes nicht generell zweifelhaft sind – sowohl im Hinblick auf die viel beschworene Kluft zwischen moralischem Urteil und Handeln[7] als auch im Hinblick auf das Erreichen gewünschter Zielvorstellungen.

Im folgenden sollen die angeführte Problemlage (im folgenden als methodisches Dilemma bezeichnet, auch wenn es sich nicht um ein ausschließlich methodisches Problem handelt) aufgenommen und mögliche Lösungsalternativen erwogen werden. Solche Alternativen zu dem Ansatz der Dilemmadiskussionen von KOHLBERG sind – ohne Anspruch auf Vollständigkeit – in einer Erwägungstafel in Abbildung 1 zusammengestellt. Als Ausgangspunkt wurden dabei die Begriffe der Indoktrination (als restriktive oder sanktionierende Maßnahmen bzw. als parteiergreifende Stellungnahmen in Anlehnung an die Begriffswahl von KOHLBERG) und der Erwägung (als nichtindoktrinatives Explizieren, Vergleichen und Bewerten von Alternativen) gewählt. Innerhalb dieses Spektrums eröffnen sich Erziehungsmöglichkeiten und -methoden, die im folgenden diskutiert und eingeschätzt werden.

Erwägungstafel zu Dilemmadiskussionen

Indoktrination Erwägung	ja	nein
ja	Erwägungsorientierte Dilemmadiskusionen in begrenzten Handlungsräumen (Kap. 4.3)	Erwägungsorientierte Dilemmadiskussionen in sanktionsfreien Räumen (Kap. 4.4)
nein	Dilemmadiskussionen nach *Kohlberg* in begrenzten Handlungsräumen (Kap. 4.1) Dilemmadiskussionen in 'diagonalen' Interventionsstrukturen (Kap. 4.2)	Dilemmadiskussion nach *Kohlberg* (Kap. 2, 3)

Abbildung 1: Erwägungstafel

4 Die Diskussion moralischer Dilemmata – ein Alternativenspektrum

4.1 Dilemmadiskussionen nach Kohlberg in begrenzten Handlungsräumen

Eine erste Möglichkeit, der Gefahr zu begegnen, daß sich nicht wünschenswerte Orientierungen oder Verhaltensweisen bei Jugendlichen 'etablieren', besteht darin, die Entwicklung von Urteilskompetenz solange durch *indoktrinierende und/ oder sanktionierende Maßnahmen* zu begleiten, bis Schülerinnen und Schüler eine Urteilsstufe erreicht haben, auf der letztlich auf quasi 'natürliche'

Weise gerechte und sozialverträgliche Entscheidungen getroffen werden. Dies würde konkret bedeuten, Argumente für und gegen Kriegsspiele auf z.b. den Stufen drei und vier (vorausgesetzt, das aktuelle Urteilsniveau entspricht der dritten Stufe) zu diskutieren, in der Konsequenz aber auf den Verzicht von kriegsverherrlichenden Computerspielen zu drängen. Weil ein solcher Verzicht im KOHLBERG-Modell strukturell (auf den Stufen III und IV) aber nicht begründbar ist (vgl. Tabelle 1), muß die Lehrperson auf konkurrierende Begründungsmuster ausweichen, z.B. auf den Hinweis, daß es Argumente gibt, die den Jugendlichen im Moment noch nicht zugänglich und verständlich sind, mit denen aber letztlich kriegsverherrlichende Spiele nicht mehr zu rechtfertigen sind. Andere Gründe könnten z.B. in der Berufung auf Autorität oder in der Androhung von Sanktionen liegen.

Beides erscheint allerdings unbefriedigend: Während die einen Argumentationsmuster auf einen Entwicklungsstand rekurrieren, den die Jugendlichen auch ansatzweise nocht nicht erlangt haben, reicht die moralische Qualität der anderen hinter den aktuellen Entwicklungsstand zurück. Zudem muß es auf die Jugendlichen geradezu paradox wirken, wenn sie in Diskussionen mit Argumentationen konfrontiert werden, die ein Verhalten rechtfertigen, für das sie im Falle des entsprechenden Handlungsvollzuges sanktioniert werden.

KOHLBERG hat das Problem eines indoktrinierenden Vorgehens wiederholt thematisiert. Er unterstellt zunächst grundsätzlich, daß Werterziehung – und damit die Verfolgung normativer Erziehungsziele – legitim ist, aber auf die Entwicklung von grundsätzlichen Werten beschränkt bleiben muß. Dies bedeute eine Absage an Formen indoktrinierender Erziehung zu Glaubens- oder Wertsystemen, jedoch nicht "das erkennende Hinführen zu Rechten und zu Prinzipien der Gerechtigkeit" (KOHLBERG 1981a, S. 114). Auf den höheren Stufen moralischer Urteilsfähigkeit entwickelt der einzelne solche Prinzipien selbst und ist einer Indoktrination dann gar nicht mehr zugänglich. Entwicklungsförderung durch Dilemmadiskussionen als 'offene Methode' ist nach KOHLBERG Unterstützung einer quasi-natürlichen Entwicklung: "A notion of education for development and education for principles is liberal, democratic, and non-indoctrinative. It relies on open methods of stimulation through a sequence of stages, in a direction of movement that is universal to all children. In this sense, it is natural." (1981b, S. 95.)

Im Hinblick auf das Erziehungsziel des postkonventionellen Denkens und der auf diesen Stufen unterstellten Unanfälligkeit gegen Indoktrination mag Entwicklungsstimulierung – auch wenn sie indoktrinierend geschieht – zwar als legitim oder notwendig ausgewiesen werden, doch bleibt die Frage, ob der Zweck der Erziehung in diesem Falle auch ihre Mittel heilige. Darüber hinaus – und dieser Aspekt ist in diesem Zusammenhang noch wichtiger – bleibt von dem Hinweis auf das postkonventionelle Niveau als Erziehungsziel das Dilemma der Förderung rationaler moralischer Urteilskraft bei gleichzeitiger angedrohter oder vollzogener Beschränkung von Handlungsräumen, die aus der Sicht der Jugendlichen auf ihrem aktuellen Entwicklungsstand nicht zwingend zu rechtfertigen ist, unberührt. Erst später nimmt KOHLBERG auf diese Problemlage Bezug und bekennt sich ausdrücklich zu einem indoktrinierenden Vorgehen:

> "Ich erkenne heute, daß die psychologische Unterscheidung zwischen moralischen 'Kognitionen' (dem Urteilen und Nachdenken) und dem moralischen Handeln und die Unterscheidung zwischen der [formalen] Struktur der moralischen Urteile und ihrem [materialen] Gehalt notwendige Abstraktionen für bestimmte psychologische Forschungszwecke sind. Aber sie sind keine ausreichende Richtschnur für den Moralerzieher, der es mit konkreten moralischen Fragen in einer schulischen Umwelt zu tun hat, in der man sich mit dem Inhalt von Wertüberzeugungen genauso beschäftigen muß wie mit dem Urteilen. In dieser Umgebung muß der Erzieher ein Normenvermittler sein, der [den Schülern] den [materialen] Gehalt von Wertüberzeugungen und [gute] Verhaltensweisen beibringt, und nicht nur ein Entwicklungs-Erleichterer nach dem Muster von Sokrates oder Rogers. Indem er ein Normen-Vermittler wird und Partei ergreift, geht der Lehrer zur 'Indoktrination' über, ein Schritt, den ich ursprünglich für philosophisch nicht zu rechtfertigen gehalten habe ... Ich teile diese ablehnende Haltung zu der indoktrinierenden Moralerziehung nicht mehr und glaube, daß die ... Moralerziehung zum Teil 'indoktrinierend' sein muß. Das stimmt notwendigerweise für eine Welt, in der Kinder stehlen, betrügen und aggressiv sind, und für eine Umgebung, in der man nicht warten kann, bis sie die fünfte Stufe erreicht haben und ihr Handeln selbst leiten können. Es stimmt umso mehr, als die Erziehung zum moralisch guten Handeln – im Unterschied zum Urteilen – immer die Wertschätzung von moralisch guten Inhalten um ihrer selbst willen voraussetzt." (KOHLBERG 1978, S. 14 f.; zit. nach UHL 1995, S. 102 f.)

Wenn damit formal auch festgelegt ist, daß eine Lehrperson in einem entsprechenden Fall bestimmte Orientierungsmuster oder Verhaltensweisen 'durchsetzen' soll, so fehlen doch konkrete Handlungsempfehlungen, wie der Konflikt zwischen der Freiheit kognitiver und der Beschränkung realer Handlungsräume zu lösen ist. Die Vermittlung 'guter' Verhaltensweisen oder die Beschäftigung mit dem materialen Gehalt von Wertüberzeugungen müßte in ihrem Verhältnis zur Urteilsstruktur einzelner Stufen bestimmt werden, bevor entschieden werden kann, ob und in welcher konkreten Form sie einen Beitrag zur Lösung des methodischen Dilemmas leisten kann.

Das grundsätzliche Problem indoktrinierenden oder sanktionierenden Vorgehens bleibt auch in der zweiten Phase der pädagogischen Umsetzung des KOHLBERG-Konzeptes in Form von Just Communities bestehen. In diesen gerechten Schulkooperativen sind Schülerinnen und Schüler an der Regelung und Gestaltung innerer schulischer Angelegenheiten über Komitees, Gremien und Ausschüsse selbst beteiligt, in denen 'reale' Dilemmata (d.h. solche Konfliktfälle, die aus dem Schulleben selbst hervorgehen, wie z.B. ungerechte Beurteilungen oder Diebstahl unter Schülern) diskutiert werden. In den Just Communities soll nicht mehr die individuelle formale Erfahrung kognitiver Konflikte, sondern die pädagogische Gemeinschaft auf der Basis von Gerechtigkeit und gegenseitigem Vertrauen moralische Entwicklung fördern und das vielbeschworene Gap zwischen moralischem Urteil und Handeln schließen (vgl. KOHLBERG 1986a; KOHLBERG et al. 1978). 'Indoktrinierende' Moralerziehung in der Gerechten Gemeinschaft bedeutet, daß Schülerinnen und Schüler ihre Angelegenheiten und Schulnormen solange selbst bestimmen, wie sie sich innerhalb grundlegender moralischer Prinzipien und Normen bewegen. Die Pflicht der Lehrperson ist es, andernfalls Partei zu ergreifen und die Einhaltung der moralischen Grundnormen durchzusetzen (vgl. KOHLBERG 1986a, S. 22 ff.).

Insgesamt erscheint die hier beschriebene Form der Dilemmadiskusion, die in der von KOHLBERG vorgestellten Art geführt wird, aber durch restringierende oder sanktionierende Maßnahmen begleitet wird, noch nicht sehr überzeugend. Zum einen ist das methodische Dilemma der Entwicklungsförderung in Dilemmadiskussionen nicht gelöst, zum anderen – und dies spielt interessanter Weise bei KOHLBERG keine Rolle – wird nicht reflektiert, welche Auswirkungen die Beschneidung realer Handlungs- und Verhaltensräume auf die Entwicklung kognitiver Orientierungsmuster hat.

4.2 Dilemmadiskussionen in 'diagonalen' Interventionsstrukturen

Eine zweite Möglichkeit, dem methodischen Dilemma zu begegnen, besteht in einer *'diagonalen' Interventionsstruktur*. Befindet sich ein Schüler beispielsweise auf dem Niveau der dritten Stufe und befürwortet Kriegsspiele, so könnte der entwicklungsanregende kognitive Konflikt durch die Lehrperson mit einem Argument der vierten Stufe (das gegen Kriegsspiele spricht) initiiert werden. Strukturell sollten durch dieses Argument (oder mehrere stufengleiche) die bisherigen Denk- und Urteilsmuster der dritten Stufe in Frage gestellt und so eine Weiterentwicklung bewirkt werden. Das nächst höhere Stufenargument deckt jeweils die Begrenztheit der aktuellen Stufe auf und gewinnt dadurch seine Überzeugungskraft. So offenbart sich z.B. eine Grenze der dritten Stufe dort, wo Interessen mehrerer Bezugsgruppen oder -personen ins Spiel kommen. Die goldene Regel kann hier keine angemessene Lösung bieten, weil sie nicht vorgibt, in welche Bezugsperson sich der Urteilende oder Entscheidungsträger versetzen soll. Die Wahl von Bezugspersonen ist zunächst relativ. Auf der moralisch nächst höheren[8] vierten Stufe wird diese Begrenzung durch die Einführung einer gesellschaftlichen Perspektive aufgehoben. Bringt die Lehrperson nur solche entwicklungsstimulierenden Argumente in die Diskussion ein, die der gewünschten Verhaltensorientierung entsprechen (in diesem Falle die Unterlassung von kriegsverherrlichenden Spielen), so könnte an diese 'einseitige' Intervention die Hoffnung geknüpft werden, daß nicht nur die bisherige Urteilsstruktur, sondern auch die inhaltliche Ausrichtung des Urteils sich ändere (vgl. Abbildung 2).

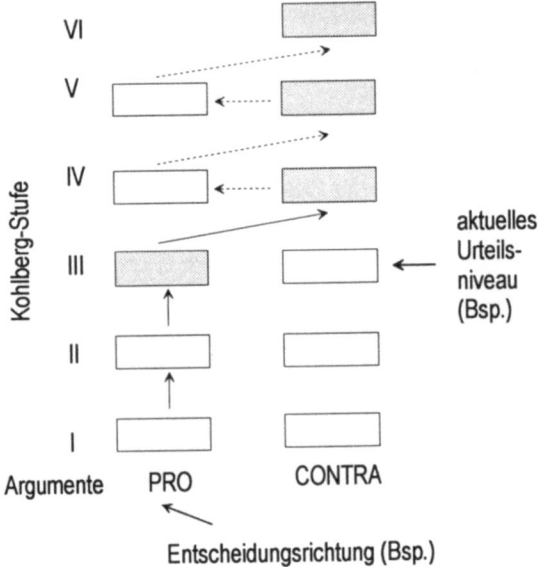

Abbildung 2: Diagonale Interventionsstruktur

Argumente der Gegenrichtung (als Rechtfertigung von kriegsverherrlichenden Computerspielen) könnten – wenn überhaupt – dann eingebracht und diskutiert werden, wenn die entsprechende Urteilsstruktur kognitiv verankert und ein Übergang zum nächst höheren Niveau bereits möglich ist. In diesem Falle kann dann ebenfalls wieder durch diagonales Vorgehen die pädagogisch wünschenswerte Verhaltensweise mit entsprechenden Argumenten begründet werden.

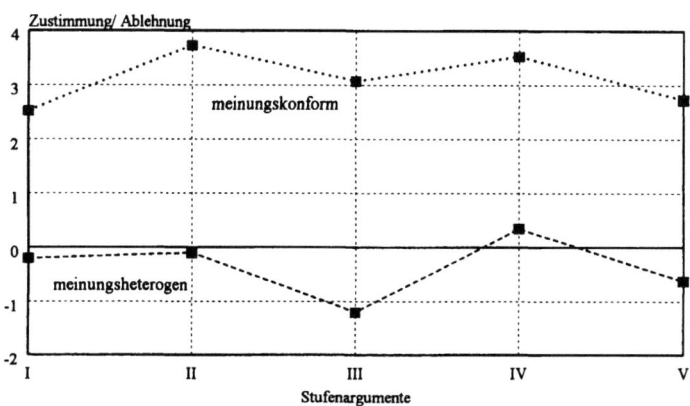

Abbildung 3: Bewertung meinungshomogener und meinungsheterogener Argumente (n=28, Klasse 10).
Die Schülerinnen und Schüler wurden gebeten, sich in einem Dilemma für eine von zwei vorgegebenen Handlungsmöglichkeiten zu entscheiden und anschließend Argumente für die Entscheidung ihrer Wahl (meinungskonform) und für die alternative Entscheidung (meinungsheterogen) hinsichtlich ihrer Zustimmung bzw. Ablehnung zu beurteilen.

Insgesamt erscheint ein solches 'diagonales' Vorgehen aus zwei Gründen nicht sinnvoll oder angemessen: Zum einen werden den Schülerinnen und Schülern systematisch Argumente vorenthalten und damit suggeriert, ihr Verhalten lasse sich nicht rechtfertigen, obwohl dies auf ihrem aktuellen Urteilsniveau und ggf. auch dem nächst höheren grundsätzlich möglich wäre. Zum anderen ist es zweifelhaft, ob durch eine diagonale Interventionsstruktur tatsächlich eine Änderung des Urteilinhalts, also der Entscheidungsrichtung zu erwarten ist. Empirische Untersuchungen zeigen, daß Schülerinnen und Schüler die Argumente der Verhaltensweise, für die sie sich selbst entschieden haben (meinungskonform), durchschnittlich höher beurteilen als strukturgleiche Argumente der Gegenrichtung (meinungsheterogen) (vgl. Abbildung 3; HERZIG 1998, S. 287 f.; S. 294; S. 336 f.). Dadurch wird deutlich, daß für die Beurteilung nicht nur die Struktur des Argumentes (im KOHLBERGschen Sinne), sondern noch weitere Faktoren maßgeblich sind. Solche Faktoren sind allerdings nur schwer zu isolieren. Sie können von besonderen Erfahrungen über gute oder schlechte edukative Vorbilder bis hin zu emotionalen Besetzungen moralischer Konflikte reichen. Insofern dürfte es unangemessen sein, anzunehmen, die Entscheidungsrichtung würde sich bei einer diagonalen Interventionsstruktur nur aufgrund struktureller Aspekte ändern.

4.3 Erwägungsorientierte Dilemmadiskussionen in begrenzten Handlungsräumen

Eine dritte Möglichkeit, die Problemlage anzugehen, besteht in *der Ausweitung des Dilemmaansatzes*. KOHLBERG geht in seinen Dilemmata von einer formalen Struktur aus, in der sich zwei konkurrierende Werte gegenüberstehen. Wenn p und q zwei gleichwertige Handlungsalternativen darstellen und r und s zwei moralische Werte angeben, so ist ein Dilemma durch die Struktur

Entweder p *oder* q.
Wenn p, *dann* r.
Wenn q, *dann* s.
Deshalb, entweder r *oder* s

gekennzeichnet (vgl. HARDING 1987). Mit Bezug auf das klassische Heinz-Dilemma[9] erfahren die Variablen folgende Besetzung:

Entweder Heinz stiehlt *oder* Heinz stiehlt nicht.
Wenn Heinz stiehlt, *dann* verstößt er gegen das Recht auf Eigentum.
Wenn Heinz nicht stiehlt, *dann* gefährdet er die Gesundheit und das Leben seiner Frau.
Deshalb, entweder Eigentum respektieren *oder* Leben erhalten.

Derart strukturierte Dilemmata fokussieren Handlungsmöglichkeiten auf zwei Alternativen (z.B. stehlen/ nicht stehlen oder kriegsverherrlichende Computerprogramme spielen/ nicht spielen, vgl. Abbildung 2). Wie bereits angedeutet, ist eine solche Fokussierung zwar im Sinne der Ausbildung formaler Urteilsstrukturen durchaus sinnvoll, zur Lösung realer wertbezogener Konfliktsituationen allerdings weniger hilfreich und nicht pragmatisch.
Die Erweiterung des Dilemma-Ansatzes von KOHLBERG umfaßt zwei Schritte.
(a) Die enge Begrenzung möglicher Dilemma-Lösungen auf zwei polare Handlungsmöglichkeiten wird aufgehoben. Dies geschieht dadurch, daß im Anschluß an die Präsentation eines Dilemmas Schülerinnen und Schüler nicht gebeten werden zu begründen, warum die eine oder warum die andere Verhaltensmöglichkeit gewählt werden sollte, sondern zunächst die allgemeinere Frage nach Handlungs- oder Verhaltensmöglichkeiten in der betreffenden Situation gestellt wird. Dabei ist es in der Regel so, daß die entworfenen Möglichkeiten sich pola-

Werterziehung in der Schule

ren Entscheidungsklassen (z.B. Computerspiele spielen / Computerspiele nicht spielen) zuordnen lassen (vgl. Abbildung 4).

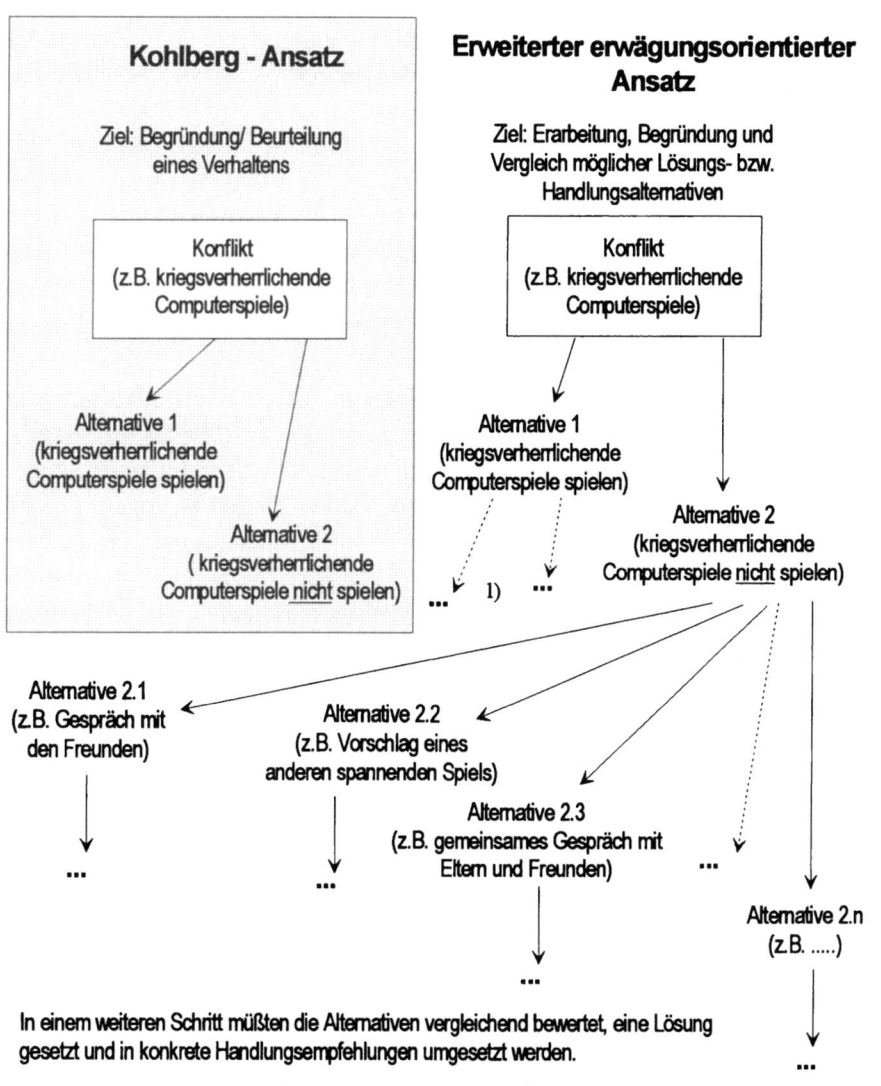

1) Hier könnte ebenfalls noch weiter differenziert werden, z.B. hinsichtlich möglicher Auseinandersetzungen mit den Eltern, wenn diese bemerken, daß gegen die Vereinbarung verstoßen wurde.

Abbildung 4: Moralische Dilemmata und Handlungsalternativen

Allerdings ist mit den Alternativen jeweils eine konkrete Handlungsmöglichkeit verbunden (mit den Freunden ein Gespräch zu führen bedeutet zwar auch, die kriegsverherrlichenden Computerspiele nicht zu spielen, geht aber über das 'reine Unterlassen' hinaus). Mit der Erweiterung der Dilemma-Diskussionen von der strengen Form der Begründung einer Entscheidung aus zwei vorgegebenen Alternativen hin zu einer offeneren Form, in der zunächst eine Handlungsvielfalt generiert wird, sind zwei Vorteile verbunden:
- Zum einen stellt die Entscheidungsfindung auf der Grundlage von verschiedenen Handlungsmöglichkeiten einen *realitätsnäheren* und *praxisrelevanteren* Prozeß dar, als die Auswahl zwischen zwei vorgegebenen Möglichkeiten. Als Beitrag zur Entwicklung einer *Orientierungs*kompetenz scheint es sinnvoll, mögliche Lösungen zu moralischen Konflikten selbst zu erarbeiten und auf der Grundlage einer Vielfalt von Handlungsmöglichkeiten Bewertungen und Entscheidungen zu treffen.
- Zum anderen trägt die Berücksichtigung von Alternativen dazu bei, die *Begründungsqualität* einer Lösung bzw. einer Entscheidung zu verbessern. Die Kenntnis von erwogenen Alternativen macht getroffene Entscheidungen intersubjektiv besser nachvollziehbar und überzeugender. Bezogen auf die Diskussion von Dilemmata ist damit die These verbunden, daß der Aufbau und die Ausdifferenzierung entwicklungsabhängiger Denk- und Urteilsstrukturen in erwägungsorientierten Diskussionen zu stabileren – und damit auch handlungsrelevanteren – Einstellungen führt als in Diskussionen, in denen keine Alternativen erwogen werden.

Um nicht mißverstanden zu werden: Die Diskussion moralischer Dilemmata in der Zuspitzung auf zwei Entscheidungsmöglichkeiten und der damit verbundenen Festsetzung von Randbedingungen ist zur Ausbildung einer formalen Urteilskraft im Sinne des KOHLBERG-Modells eine angemessene und sinnvolle Methode (vgl. z.B. HAGEMANN/ HEIDBRINK 1985, LICKONA 1981, OSER/ SCHLÄFLI 1985, SCHLÄFLI/ KLAGHOFER 1983 oder TULODZIECKI/ AUFENANGER 1989). Rationale Urteilsfähigkeit, prinzipiengeleitetes und gerechtigkeitsorientiertes Denken sowie die Fähigkeit des Perspektivenwechsels sind wichtige Determinanten sozialverträglichen und gemeinwesenbezogenen Handelns. Allerdings stellt sich die Frage, ob alltagsrelevante moralische Konflikte und Probleme nicht zusätzlicher Fähigkeiten bedürfen, die die Wahrscheinlichkeit einer Umsetzung von Lösungsentwürfen in realen Konflikten erhöhen und damit auch einen Beitrag zur 'Entschärfung' des Induktionsproblems leisten. In der Erweiterung des Dilemma-Ansatzes wird auch weiterhin auf die rationale Begründung und Beurteilung von Verhaltensweisen rekurriert, zusätzlich jedoch sollen pragmatische und handlungsrelevante Lösungsvorschläge entworfen werden, die auch die praktische Durchführung einer Konfliktlösung ermöglichen. Dies wird im folgenden zweiten Erweiterungsschritt deutlich.

(b) Während die erste Erweiterung der Dilemma-Methode keine Auswirkungen auf das KOHLBERG-Konzept an sich hat – die Stufentheorie bleibt davon unberührt –, hat der zweite Schritt auch Auswirkungen auf die Diskussion um die KOHLBERG-Theorie selbst. Er schließt an der Frage nach praktikablen Lösungen an, deren Wahrscheinlichkeit, auch handlungsrelevant zu werden, möglichst hoch sein sollte. Zur Lösung moralischer Alltagsprobleme ist – wie schon angedeutet – nicht nur eine rationale Urteilskraft als Anwendung moralischer Kognitionen erforderlich, sondern auch eine pragmatische Urteilskraft im Hinblick auf moralisch gutes Handeln. Ein erster Schritt in diese Richtung bestand im Entwurf einer möglichen Handlungsvielfalt. Ein zweiter Schritt besteht nun in der *kommunikativen Gestaltung* verschiedener Handlungsalternativen. Dies bedeutet konkret, Handlungssituationen, wie z.B. das Gespräch mit den Freunden über die kriegsverherrlichenden Computerspiele, als kommunikative Situationen auszulegen und Argumentationslinien, Begründungselemente (auch im KOHLBERGschen Sinne), Appelle oder andere Diskussionselemente zu entwerfen und z.B. im Rollenspiel zu erproben.

Die Betonung kommunikativer Lösungsstrategien hängt eng mit einem zentralen Kritikpunkt an der Theorie KOHLBERGS, insbesondere der stark gerechtigkeitsorientierten Sicht und dem abstrakten, unparteiischen Urteilsmodus, zusammen. Urheberin dieser Kritik ist Carol GILLIGAN, die der rationalen, analytischen Gerechtigkeitsauffassung KOHLBERGS eine fürsorge- und verantwortungsorientierte Sichtweise gegenüberstellt. Die moralische Entwicklung verläuft nach GILLIGAN – ähnlich wie bei KOHLBERG – von einer egozentrischen über eine gesellschaftsbezogene zu einer universalen Perspektive, allerdings innerhalb eines charakteristischen Moralkonzeptes. Dabei stehen als moralisches Dilemma nicht konkurrierende Rechte und Pflichten im Zentrum, sondern die konkurrierenden Verantwortungen gegenüber dem Selbst und den Anderen. Unter der Leitidee des 'Nicht-verletzen-wollen' wird auf dem höchsten Niveau moralischer Entwicklung die Lösung eines Dilemmas strenggenommen nur in kommunikativer Form möglich. Um Schaden für jeden zu vermeiden, scheint eine Lösung ohne zusätzlichen Diskurs kaum vorstellbar. Die strenge Kontextgebundenheit der Entscheidung läßt eine abstrakte, auf distributiver Gerechtigkeit fußende Lösung wie bei KOHLBERG nicht zu. Der Diskurs im Sinne GILLIGANS ist auf Kooperation und harmonischen Ausgleich von Interessen und Verantwortungen ausgerichtet.

Die Auseinandersetzung zwischen KOHLBERG und GILLIGAN soll an dieser Stelle nicht vertieft, sondern der Blick auf den in diesem Zusammenhang bedeutsamen Begriff der *Verantwortung* gelenkt werden.[10] KOHLBERG und GILLIGAN verwenden den Begriff Verantwortung in unterschiedlichen Bedeutungszusammenhängen. In GILLIGANS Originaltexten finden sich die Termini 'response' und 'responsibility', deren ursprüngliche Bedeutung "an answer, a reply; an action or feeling which answers to some stimulus or influence" bzw. "answering to something" ist (LYONS 1988, S. 44). Verantwortung in diesem Verständnis bedeutet demnach, zu antworten und auf etwas zu reagieren – insbesondere auf Bedürfnisse und Anliegen von Menschen, mit denen der Einzelne in Verbindung steht. Verantwortung bezieht sich auf Personen und unterstellt ein moralisch handelndes Selbst, das für die Bedürfnisse anderer Aufmerksamkeit entwickelt und auf wahrgenommene Bedürfnisse, Nöte oder Wünsche 'antwortend' reagiert: "In this construction, responsibility means acting responsively in relationships, and the self – as a moral agent – takes the initiative to gain awareness and respond to the perception of needs" (GILLIGAN 1988, S. 7). Ein ähnliches Verantwortungsverständnis wie bei GILLIGAN findet sich auch bei NIEBUHR, der 'responsibility' als 'responsiveness' auffaßt und damit den kommunikativen Gedanken der Verantwortung als Reaktion auf Bedürfnisse von Mitgliedern eines Beziehungsnetzes betont, wenn er den Menschen als "the answerer, man engaged in dialogue ... acting in response to action upon him" beschreibt (1963, S. 57). Ebenfalls vertritt LENK eine Auffassung von Verantwortung, in der "sich zu ver-antworten – zu antworten jemandem auf etwas" eine zentrale Rolle spielt (LENK 1986, S. 38)[11].

Einer eng mit Kommunikation verbundenen beziehungsorientierten Verantwortungsauffassung steht ein Verständnis gegenüber, das Verantwortung als die persönliche Verpflichtung betrachtet, geschlossene Vereinbarungen zu erfüllen: "The two meanings of the word 'responsibility' – commitment to obligations and responsiveness in relationships – are central to the mapping of the moral domain ..." (GILLIGAN 1988, S. 4). KOHLBERG vertritt diese Verantwortungsauffassung, die sich auf die Verpflichtung bezieht, getroffene Entscheidungen auch umzusetzen: "... we adapted her [gemeint ist GILLIGAN – B.H.] concept of 'responsibility' to mediate between both male and female judgment and action: we saw judgments of responsibility as activating 'follow through' from deontic judgment to action" (KOHLBERG 1982, S. 515). Er hebt sich damit markant vom Verständnis GILLIGANS ab.

Die beiden Verantwortungsauffassungen machen deutlich, daß moralisches Urteilen und moralisches Handeln als Umsetzung moralischer Urteile im Spannungsfeld rationaler, unparteiischer und abstrakter Urteilsfindung auf der einen und kontextsensitiver, empathischer, fürsorgender und ver-antwortender Bemühungen um Konfliktlösungen auf der anderen Seite steht. Insbesondere ist erkennbar, daß das Verantwortungsverständnis im Sinne GILLIGANS nicht gleichzusetzen ist mit dem im Rahmen der teleologischen Ethik von Max WEBER ausgewiesenen Verantwortungsethik, bei der die Beurteilung einer Handlung (oder Entscheidung) von den zu erwartenden Konsequenzen für die Betroffenen ausgeht. Mögliche Folgen spielen zwar auch bei GILLIGAN eine Rolle, der entscheidende Unterschied ist aber die kommunikative Auseinandersetzung mit eben diesen Betroffenen. Sie stellt sicher, daß eine Konfliktlösung nicht – bzw. nicht nur – im Rückzug auf abstrakte Prinzipien in unpersönlicher Weise gefunden wird, sondern als gemeinsamer Diskurs der Beteiligten kontextabhängig gestaltet und kommunikativ validiert wird. Ein so verstandener verantwortlicher Lösungsprozeß bietet die Chance, pragmatische, alltagsrelevante, transparente Entscheidungen von hoher Begründungsqualität unter der Prämisse, möglichst niemandem zu schaden, auszuhandeln. Emotionale und rationale Beteiligung an der Entscheidungsfindung bzw. Konfliktlösung unter der genannten Prämisse dürften gleichzeitig die Wahrscheinlichkeit erhöhen, sich intrinsisch motiviert für die Umsetzung und Durchführung von Lösungen 'verpflichtet' zu fühlen.[12]

Bezogen auf das Ausgangsbeispiel des kriegsverherrlichenden Computerspiels bedeuten die obigen Überlegungen, daß ein Rekurs allein auf das Argument, die Erwartung von Bezugspersonen spreche für oder gegen das Spielen der Software, u.U. nicht ausreicht. Der Protagonist der geschilderten Situation, Rolf, ist in der konkreten Situation auf einen Dialog mit – zunächst – seinen Freunden angewiesen. Die Begründung seiner Entscheidung und sein (unterstelltes) Bestreben, die Freundschaft nicht zu gefährden und Beziehungen nicht aufs Spiel zu setzen, sind kommunikative Akte, die über eine formale Logik der Urteilsbegründung (bei KOHLBERG) weit hinausreichen.

Als Zwischenbilanz läßt sich an dieser Stelle festhalten: Im Hinblick auf das erzieherische Dilemma, höhere Urteilsfähigkeit zu fordern und zu fördern, Handlungsräume aber restriktiv zu beschneiden, um pädagogisch wünschenswerte Zielvorstellungen zu erreichen, kann die Erweiterung des Dilemma-Ansatzes in der hier beschriebenen Form zunächst auch keine Auflösung bringen. Die Erwägung von Alternativen, die bewertende Auswahl und die kommunkative Gestaltung von Konfliktsituationen führen nicht per se zu moralisch adäquaten und aus pädagogischer Sicht wünschenswerten Lösungen bzw. Handlungen. Auch hier ist es möglich, daß Jugendliche sich für das Spielen von kriegsverherrlichender Software entscheiden und dies – ihrem Entwicklungsstand entsprechend – begründen. Allerdings eröffnen die Explikation von Handlungsalternativen und die Reflexion über diese grundsätzlich die Möglichkeit, aus eindimensionalen und starren Beurteilungsstrukturen herauszutreten und eigene Wert- und Entscheidungsmuster einer gedanklichen und kommunikativ vermittelten Auseinandersetzung mit anderen Orientierungen zu öffnen[13]. Zudem werden Entscheidungen intersubjektiv besser nachvollziehbar und gewinnen an Begründungsqualität, wenn sie gegen alternative Möglichkeiten bewertend abgegrenzt werden. Darüber hinaus kann durch die Betonung kommunikativer Lösungen die Wahrscheinlichkeit steigen, daß auch in realen Konfliktsituationen der Diskurs gesucht wird. Diese Form der Verantwortungsübernahme im Sinne GILLIGANS stellt einen wesentlichen Schritt dar, rationale, von konkreten Beziehungen und Situationen distanzierte, Urteile hinsichtlich ihrer Auswirkungen auf Beteiligte und deren Beziehungsnetze zu hinterfragen und damit gerechtigkeitsorientierte um verantwortungsorientierte Denk- und Urteilsweisen zu erweitern.

In einer Evaluationsstudie wurde nach dem hier vorgestellten Konzept der erweiterten Dilemma-Diskussion in einer zehnten Gymnasial- und einer neunten Gesamtschulklasse unterrichtet. Ziel war die Förderung ethischer Urteils- und Orientierungsfähigkeit am Beispiel eines verantwortungsbewußten und reflektierten Umgangs mit neuen Medien. Über ein Paralleltestdesign konnte in den Versuchsgruppen ein Anstieg des moralischen Urteilsniveaus auf der KOHLBERG-Skala um etwa eine halbe Stufe im Verlaufe eines halben Jahres nachgewiesen werden. Gleichzeitig ließen sich bei den Versuchsgruppen folgende Beobachtungen feststellen (vgl. HERZIG 1998, S. 300 ff.; 315 f.; 324):
- Das Einfühlungsvermögen in moralische Konfliktsituationen ist deutlich gestiegen.
- Verantwortungsethische Kategorien[14] waren in den Nachtests deutlich stärker besetzt als in den Vortests.
- Diejenigen Schülerinnen und Schüler, die sich in einem Dilemma dafür entschieden, eine Handlung zu unterlassen, begründeten ihre Entscheidung nicht nur, sondern entwarfen auch konkrete Handlungsempfehlungen als alternative Möglichkeiten. So diskutierte eine Kleingruppe beispielsweise einen Konfliktfall, in dem der Abteilungsleiter einer Firma der Geschäftsleitung mitteilen solle, wer infolge von Rationalisierungsmaßnahmen durch Robotertechnologie entlassen werden solle. Die Jugendlichen kamen zu dem Ergebnis, daß eine Entlassung in jedem Fall ungerecht und niemandem zuzumuten sei. Der Abteilungsleiter müsse zunächst die Angestellten über die Situation unterrichten und deutlich machen, was die Firmenleitung von ihm verlange. Dann solle er mit seinen Mitarbeitern einen Plan ausarbeiten, der eine Entlassung nicht notwendig werden läßt. Dieser Plan könne dann gemeinsam der

Firmenleitung vorgetragen werden. Zum Entwurf eines solchen Planes hatte die Gruppe ebenfalls konkrete Vorschläge in Form von zwei Alternativen. Eine Möglichkeit bestand darin, eine Mitarbeiterin oder einen Mitarbeiter umschulen zu lassen und für die Betreuung und Programmierung der neuen Maschinen einzusetzen. Ein zweites Modell baute auf die Solidarität der Beteiligten. Jedes Mitglied der Abteilung solle sich um einen neuen Arbeitsplatz bemühen. Solange niemand eine adäquate Stelle finden kann, sollten alle auf einen Teil ihres Einkommens verzichten, um den zur Disposition stehenden Arbeitsplatz mitzufinanzieren.
- Diejenigen Schülerinnen und Schüler, die sich in einem Dilemma dafür entschieden, eine im Dilemma bereits implizierte Handlungsmöglichkeit durchzuführen (z.B. jugendgefährdende Computerspiele zu spielen), versuchten ihre Entscheidung möglichst umfassend zu begründen, z.B. unter dem Aspekt bestimmter Rechte, Ansprüche oder Pflichten einzelner Personen.

Ein erweiterter Dilemma-Ansatz löst letztlich das Problem eines indoktrinierenden Vorgehens im Sinne von restriktiven erzieherischen Maßnahmen nicht. Er dürfte aber die Wahrscheinlichkeit erhöhen, wertbezogene Konfliktsituationen nicht nur formal beurteilen zu können, sondern entsprechende Urteile auch in realisierbare Lösungen umzusetzen. Ein wichtiger Schritt in diese Richtung besteht in der Betonung und Einübung kommunikativer Lösungen auf der Basis eines gemeinsamen Gerechtigkeits- und Verantwortungsempfindens.

4.4 Erwägungsorientierte Dilemmadiskussionen im sanktionsfreien Raum

Eine vierte Möglichkeit, dem erzieherischen Dilemma gegenüberzutreten, besteht im Verzicht auf restriktive Maßnahmen und einem ausschließlich erwägungsorientierten Vorgehen. In diesem Fall muß zunächst damit gerechnet werden, daß Jugendliche, die z.B. auf der dritten Stufe die Nutzung von Kriegsspielen auf dem Computer befürworten, dies in realen Situationen auch tun, also entsprechende Software verwenden. Über eine erwägungsorientierte Auseinandersetzung mit entsprechenden Konfliktfällen kann die Wahrscheinlichkeit erhöht werden, daß die Schülerinnen und Schüler einer kommunikativen Lösungsfindung aufgeschlossen gegenüberstehen, restriktive Maßnahmen also nicht erforderlich sind. Ein Garant für pädagogisch wünschenswertes Verhalten der Jugendlichen ist dies allerdings nicht.
Die Realisierungschance eines 'nur' erwägenden Erziehungsstiles in der Schule dürfte sehr gering sein. In der Regel verhindern schon schulische Rahmenbe-

dingungen, daß z.B. die Nutzung von Software mit kriegsverherrlichendem oder menschenverachtendem Inhalt möglich ist.

Dennoch gibt es auch hier Überlegungen, die ein solches – zunächst vielleicht abwegig erscheinendes – Vorgehen unter bestimmten Bedingungen sinnvoll erscheinen lassen. In seinem Ansatz zur Fehlerkultur beschreibt OSER, inwieweit über das Fehlermachen (in diesem Fall wäre dies die Nutzung von kriegsverherrlichender Software) eine Validierung und Stabilisierung 'positiven' Verhaltens erreicht werden kann: "Das Lernen aus Fehlern heißt, die Grenzen innerer Operationen zu erfahren und damit zu erreichen, daß diese Fehler nicht mehr begangen werden. Dies gibt zugleich Sicherheiten bezüglich des richtigen Wissens. Die Logik des Fehlermachens hat also einen kontrafaktischen Aspekt: Man tut (ungewollt) etwas, was zu dem Wissen führt, daß genau mit diesem Tun ein Weiterkommen nicht möglich ist" (OSER/ HASCHER 1997, S.4). Im Bereich der Moralentwicklung nimmt OSER an, daß die direkte oder advokatorische Erfahrung von Leid, Schmerz, Ungerechtigkeit und Elend – als Folge der Übertretung moralischer Regeln – dazu führt, daß das moralische Regelsystem moralisch validiert wird. Die im episodischen Gedächtnis gesammelten negativen Erfahrungen[15] in Form sogenannten negativen moralischen Wissens haben individuelle protektive Funktion: "Negatives Wissen 'beschützt' ... das Einhalten der Regeln auch unter Konflikt-, Stress- und situativen Druckbedingungen" (OSER 1998, [15]). Die Einhaltung moralischer Regeln wird also mit der Erfahrung von leidvollen Konsequenzen, die aus der Verletzung einer Regel resultieren, wahrscheinlicher.

Im Falle der kriegsverherrlichenden Computerspiele ließe sich nun schließen, daß Jugendliche dann gegen die Nutzung solcher Spiele geschützt sind, wenn sie Konsequenzen, die daraus entstehen, selbst erfahren (und als negativ bewertet) haben. Solche Erfahrungen können sich zum einen auf die mit realen Kriegshandlungen (oder ähnlichen Gewalttaten) verbundenen Leiden beziehen, zum anderen auf die ggf. schmerzvollen Erfahrungen der Nutzung kriegsverherrlichender Computerspiele (z.B. die erschreckende Erkenntnis, sich in einem Spiel in unreflektierter Weise funktionalisieren und ideologisieren zu lassen und in Verachtung menschlicher Würde und menschlichen Lebens dieses symbolisch auszulöschen). Die Art der Erfahrung kann also direkt oder advokatorisch sein. Dies führt zu der in Abbildung 5 aufgeführten Tafel von Möglichkeiten.

Bewertet man die aufgeführten Möglichkeiten des Erwerbs negativen moralischen Wissens hinsichtlich ihrer pädagogischen Relevanz zur Verhinderung der Nutzung von kriegsverherrlichender Software, so läßt sich folgendes festhalten:

(1) Die *direkte* Erfahrung von schmerz- und leidvollen *realen* Kriegsfolgen ist für Schülerinnen und Schüler als 'pädagogische Situation' im Sinne eines Lernarrangements im bundesrepublikanischen Bildungssystem (aber wohl nicht nur dort) und den damit verbundenen Erziehungszielen nicht denkbar und damit abwegig.

Erfahrungsmodus \ Erfahrungsgegenstand	realer Krieg	Kriegsspiel (Computer)
direkt	(1)	(2)
advokatorisch	(3)	(4)

Abbildung 5: Möglichkeiten des Erfahrungslernens

(2) Das *direkte* Erfahren von Konsequenzen der Nutzung von kriegsverherrlichenden *Computerspielen* ist nur dann möglich, wenn Jugendliche diese Spiele auch ausprobieren können. Damit stellt sich wiederum das Ausgangsproblem, wenn auch in abgewandelter Form: Soll die Nutzung von Kriegsspielen auf Computern zugelassen werden, weil die Lernenden dadurch Erfahrungen machen, die sie vor einer weiteren Nutzung schützen? – Als pädagogisch sinnvoll würde dies vermutlich nur dann angesehen, wenn der protektive Erfolg garantiert oder höchst wahrscheinlich wäre und das Ausprobieren der Spiele keine unerwünschten Nebenwirkungen zeigen würde. Weil beide Faktoren im Konzept der negativen Moralität OSERS nicht kalkulierbar sind, wird eine Lehrperson schon aus diesen Gründen ein Ausprobieren nicht zulassen. Hier wird auch deutlich, daß OSER mit seiner Annahme, durch den Erwerb negativen moralischen Wissens würden die moralischen Regeln validiert und ihre Einhaltung sichergestellt, den Geltungsrahmen des Konzepts nur unzureichend absteckt. Denn die Nutzung von Kriegsspielen auf dem Computer muß nicht zwangsläufig zu 'negativen' Erfahrungen führen. Sie kann auch als spannendes, faszinierendes Erlebnis empfunden werden, bei dem die Anwendung von Gewalt

als Strategie zur Durchsetzung eigener Interessen als erfolgreich erlebt wird.

(3) Beim *advokatorischen* Erwerb von Erfahrungen sind in bezug auf den realen Krieg aus pädagogischer Sicht z.B. das Ansehen von dokumentarischem Filmmaterial oder die Schilderungen von Kriegsteilnehmern ein denkbares Mitttel. Die Konfrontation mit solchen Bildern oder Narrationen, an denen das Leid und Elend des Krieges stellvertretend erlebbar wird, kann Betroffenheit auslösen und ggf. die moralische Norm, die Würde des Menschen zu achten und kriegerische Auseinandersetzungen als Problemlösestrategie zu unterlassen, kontrafaktisch untermauern. Die Darstellung entsprechender Auswirkungen des Krieges in Geschichtsbüchern oder die Aufarbeitung z.B. ziviler Kriegsfolgen in Kino- und Fernsehfilmen geschieht nicht nur der Dokumentation oder Interpretation historischer Fakten wegen, sondern nicht zuletzt auch aus erzieherischen Gründen. Allerdings gilt auch hier: Der Erwerb von negativem moralischem Wissen ist kein Garant für die Einhaltung der durch das negative moralische Wissen abgebildeten komplementären Verhaltensweisen. Wenn der 'Erfolg' einer pädagogischen Nutzbarmachung advokatorischer Erfahrungen auch nicht vorhersagbar ist, so würde eine Lehrperson in diesem Falle doch weniger Bedenken haben, eine entsprechende unterrrichtliche Umsetzung durchzuführen. Zum einen ist die Situation als Lernsituation arrangierbar, zum anderen kann auf historische Fakten als Quelle negativen Wissens zurückgegriffen werden, so daß das darin dokumentierte Leid nicht erst 'geschaffen', 'inszeniert' oder erwartet werden muß.

(4) Das advokatorische Erleben der Folgen einer Nutzung von kriegsverherrlichender Software kann beispielsweise in Form von Dilemma-Diskussionen geschehen. Hypothetische Dilemmata sind solche Situationen, die nacherlebt werden und in denen die Lernenden sich mit verschiedenen Beteiligten im Rollenwechsel identifizieren. Insofern kann auch in klassischen (oder erwägungsorientierten) Dilemmadiskussionen negatives moralisches Wissen erworben werden. Der Beitrag dieses Wissenserwerbs zur subjektiven Moralität und zur konsequenten Normenbefolgung ist ähnlich einzuschätzen wie in den erstgenannten Fällen.

Pädagogisch sinnvoll bzw. vertretbar zum Erwerb negativen moralischen Wissens erscheinen (in diesem Beispiel) demnach nur die advokatorisch erworbenen Erfahrungen der Schrecken und Leiden von Krieg. Wenn sich auch die protektive Wirkung dieser Erfahrungen nicht zwangsläufig einstellt, so kann doch davon ausgegangen werden, daß unerwünschte Nebenwirkungen bei Schülerinnen und Schülern gering sind und kontrollierbar bleiben. Zudem dürfte die Gestaltung einer Lernsituation in Form von Dilemmadiskussionen unter Einbeziehung z.B. historischen Filmmaterials aus ethischer Sicht nicht auf Legitimationsprobleme stoßen.

5 Resumee

Ausgangspunkt dieses Beitrags war die Frage, wie die zur Förderung und Entwicklung ethischer Urteils- und Orientierungsfähigkeit bei Kindern und Jugendlichen von KOHLBERG vorgeschlagenen Dilemmadiskussionen adäquat umgesetzt werden können. Es zeigt sich, daß mit der Dilemmamethode ein grundsätzliches erzieherisches Problem verbunden ist: Während Schülerinnen und Schüler auf der kognitiven Ebene für ein von ihnen präferiertes Handlungs- oder Orientierungsmuster argumentieren können und sollen, wird auf der pragmatischen Ebene die Umsetzung solcher Handlungsmuster unterbunden, wenn sie mit pädagogischen Zielvorstellungen oder ethischen Prinzipien nicht vereinbar sind. Die Begründung dieser Beschneidung von Handlungsräumen ist den Lernenden aber nicht einsichtig, weil sie möglicherweise weit über das aktuelle Entwicklungsniveau hinausreicht. In der Literatur wird diese Problemlage in der Regel nicht diskutiert, sondern mit dem Hinweis auf die autonome moralische Entscheidung des einzelnen Subjekts als Erziehungsziel ausgeblendet. Zunehmende Kompetenz zur Selbstbestimmung und soziale Kompetenz sind die Fähigkeiten, die auf den postkonventionellen Stufen moralischer Urteilsfähigkeit wirksamen Schutz gegen Indoktrination und gegen pädagogisch nicht wünschenswerte oder nicht zu vertretende Überzeugungen, Werthaltungen oder Handlungen bieten sollen. Daß im Prozeß der Förderung moralischer Urteilsfähigkeit gerade das Opponens der Zielvorstellung zum methodischen Mittel wird, ist im vorliegenden Beitrag herausgestellt und problematisiert worden.
Aus der Diskussion möglicher Umgangsformen mit der Problemlage wird deutlich, daß die Antinomie des Grundproblems nicht aufzulösen ist. Dies gilt zumindest solange, wie Erziehung als intentionaler Prozeß unter der Angabe von normativen Vorstellungen zu deren Zielen und ggf. Methoden verstanden wird. Insofern spiegelt das methodische Dilemma in der Anwendung von Dilemma-Diskussionen sensu KOHLBERG eine verschärfte Form des grundsätzlichen antinomischen Charakters von Erziehungsprozessen zwischen Führen und Wachsenlassen wider. Allerdings kann über eine Erweiterung der strengen Form von Dilemmadiskussionen bei KOHLBERG hin zu erwägunsorientierten Diskussionen der erfolgversprechende Versuch gemacht werden, ethische Urteils- und Orientierungsfähigkeit als eine auf Gerechtigkeitsempfinden, Verantwortungsbewußt-

sein und kommunikativen Vermittlungsformen beruhende Kompetenz zu entwickeln. Ein solcher Ansatz schafft die Möglichkeit,
- eigenes Urteilen und Verhalten in Konkurrenz zu Alternativen zu reflektieren (und damit ggf. zu revidieren),
- Entscheidungen durch die Kenntnis und vergleichende Bewertung von Alternativen eine höhere Begründungsqualität zu verleihen,
- Entscheidungs- und Konfliktlöseprozesse als ver-*antwort*liche soziale Vermittlungs- und Gestaltungsprozesse zu führen,
- durch kreative Explikation von Alternativen zu neuen individuellen Einsichten und Erfahrungen zu gelangen und
- neben der überparteilichen rationalen Beurteilung von Problemlagen auch kontextsensitive, beziehungsorientierte Überlegungen zu berücksichtigen.

Abschließend sei darauf hingewiesen, daß der Begriff des Erwägens im Verlauf der bisherigen Überlegungen im Sinne des Sammelns, Entwerfens, Vergleichens und Systematisierens von (genereller) Vielfalt verwendet worden ist, ohne ihn explizit zu definieren. Über die umgangssprachliche Bedeutung des Erwägungsbegriffes hinaus wird Erwägung als eine Forschungsrichtung verstanden, die noch nicht auf eine lange Tradition zurückblickt (und damit ggf. scharf konturiert zu skizzieren wäre), sondern sich jüngst erst konstituiert (vgl. LOH 1995). Sie hat den Umgang mit Alternativen in wissenschaftlicher Form zum Gegenstand. Die Unterscheidung von quantitativen und qualitativen Erwägungen, die Bestimmung und Bewertung begründeten Auswählens, Kriterien von Alternativität, die Bestimmung von Vollständigkeit in Erwägungsprozessen – kurzum wissenschaftliche Regeln des Umgangs mit Alternativen – sollen an dieser Stelle nicht beschrieben oder erläutert werden.

Die hier vorgestellten Überlegungen sollen auf zwei Ebenen eher induktiv die Bedeutsamkeit erwägungsorientierten Vorgehens verdeutlichen: Auf der Ebene der Bewältigung moralischer Konfliktsituationen können Erwägungen zu besser begründeten Lösungen führen, wenn sie explizit gegen Alternativen abgegrenzt und bewertet werden. Mit Bezug auf die moralische Erziehung mit Dilemmadiskussionen kann das Erwägen von Alternativen zudem die Wahrscheinlichkeit erhöhen, rational getroffene Entscheidungen und deren Begründungen auch sozial zu vermitteln und damit durch die Bereitschaft zum Diskurs die Handlungsrelevanz moralischer Urteile zu erhöhen. Auf der Ebene der Auseinandersetzung mit wissenschaftlichen Positionen kann ein erwägungsorientiertes Vorgehen ähnliches leisten, ist aber an die Verwendung wissenschaftlicher Regeln – im Sinne wissenschaftstheoretischen und -methodischen Agierens – gebunden.

Anmerkungen

1 Die Trennung bzw. Unterscheidung von individuellen und sozialen Lebensprozessen ist eher analytisch, im Grunde sind individuelle Lebensprozesse nur in sozialen Bezügen sinnvoll zu interpretieren und umgekehrt. Die Trennung soll hier deutlich machen, daß die angedeuteten Prozesse des Erwägens, Entscheidens und Beurteilens sich zum einen auf individuelle Personen oder soziale Gruppen beziehen können und zum anderen die Prozesse als individuelle oder als soziale Prozesse, z.b. in Gruppen oder im Team, gestaltet werden können.

2 Zu einer ausführlicheren Begründung – auch im Vergleich zu anderen werterzieherischen Konzepten – vgl. HERZIG 1998, S. 40ff.

3 Auf der sechsten KOHLBERG-Stufe dürfte es nicht möglich sein, ein Argument zu formulieren, das die Nutzung kriegsverherrlichender Software rechtfertigt.

4 KOHLBERG unterscheidet auch sogenannte Zwischenstufen (vgl. z.B. COLBY/ KOHLBERG 1987b), die hier allerdings nicht berücksichtigt werden.

5 Unsymmetrisch bedeutet, daß sich für eine Handlungsmöglichkeit (von zwei) ab einer bestimmten Stufe keine stufenadäquate Begründung mehr formulieren läßt, während für die alternative Möglichkeit noch eine Begründung möglich ist (vgl. Tabelle 1, Stufe 6).

6 Es soll hierbei nicht darum gehen, eine Unterlassung als nicht handlungsrelevant zu kennzeichnen, sondern um die Frage, welchen Beitrag die Begründung einer Unterlassung und welchen Beitrag eine 'positiv' bestimmte Handlungsmöglichkeit zur Lösung moralischer Konfliktsituationen beitragen.

7 Die Urteil-Handeln-Problematik ist auch unter der Kompetenz-Performanz-Debatte oder als Induktionsproblem ausführlich diskutiert worden.

8 Die Begründung, daß höhere Stufen auch moralisch bessere Stufen sind, geht bei KOHLBERG Hand in Hand mit empirischen Befunden: "My psychological theory as to why moral development is upward and sequential is broadly the same as my philosophical justification for claiming that a higher stage is more adequate or more moral than a lower stage" (1981b, S.131). Erschwerend kommt hinzu, daß gleiche Termini – so z.B. Gerechtigkeit, Gleichheit, Reziprozität – sowohl in deskriptiver wie in normativer Form Verwendung finden. Dem vielleicht naheliegenden Schluß, hier werde Gegebenes mit Gewünschtem oder Sein mit Sollen vermischt oder gar voneinander abgeleitet (vgl. z.B. SIEGEL 1986), tritt KOHLBERG entgegen und versucht, die Entwicklung von Denkstrukturen in Termen ihrer philosophischen Entsprechung zu erklären: "I argue that I am not committing the naturalistic fallacy by simply postulating that the later in time is the better. Rather, I am proposing a psychological theory to explain why the moral ideas that are later in time come later and supplant earlier ideas, based on the thesis that the cognitively and ethically higher are more adequate must come later than the less adequate and supplant the earlier because it is more adequate" (KOHLBERG 1981b, S. 131).

9 Im Heinz-Dilemma (vgl. KOHLBERG 1974, S. 66) überlegt der Protagonist Heinz, ein Medikament für seine krebskranke Frau aus einer Apotheke zu stehlen. Der Apotheker, der das Medikament entwickelt hat, will es nicht zu einem niedrigeren Preis – entsprechend der Geldmenge, die Heinz aufbringen kann – abgeben. Die Arznei stellt aber die einzige Hoffnung auf Genesung dar.

10 In der KOHLBERG-GILLIGAN-Debatte drängt sich insbesondere die Frage auf, ob es sich hier um zwei 'echte' Alternativen von Konzepten der Moralentwicklung handelt oder ob die Einwände GILLIGANS

eher zu einer Erweiterung des KOHLBERG-Ansatzes führen können. Eine ausführliche Diskussion dieser Frage findet sich bei HERZIG (1998). Auf den Ebenen inhaltlicher Affinitäten, strukturtheoretischer Problemlagen und ethiktheoretischer Überlegungen wird dort ein integratives Modell vorgeschlagen, in dem beide Ansätze in ihrer Eigenständigkeit erhalten bleiben, dennoch aber sinnvoll aufeinander bezogen sind.

11 Bei LENK (1997) findet sich auch eine Übersicht über verschieden Typen und Dimensionen von Verantwortlichkeit (vgl. S. 82 ff.).

12 Das hier vorgestellte Verständnis einer verantwortungsvollen Konfliktlösung soll nicht darüber hinwegtäuschen, daß damit zunächst eine Beschränkung auf den sozialen Nahraum verbunden ist. Nicht für alle Problemlagen ist die Beteiligung aller Betroffenen an Lösungs- und Entscheidungsfindungen möglich oder auch angemessen, insbesondere bei solchen Problemlagen, die besondere Fachkenntnisse erfordern (z.B. Bio- oder Genethik). Allerdings sind die in Expertengruppen erarbeiteten Grundlagen oder auch normativen Verhaltensregeln an den genannten Grundsätzen (z.B. dem Gebot des 'Nicht-verletzen-wollen') und den Prozeßkriterien (z.B. Erwägung von Alternativen und kommunikative Validierung) zu messen.

13 Eine erwägungsorientierte Auseinandersetzung mit bestimmten Problemstellungen kann auch einen bedeutsamen Beitrag zur Entwicklung des intellektuellen Niveaus leisten. Der Entwurf von Alternativen und von Beurteilungskriterien, die Differenzierung innerhalb von Kriterien, der Abstraktionsgrad von Kriterien und die kriterienbezogene Verknüpfung von Alternativen sind wichtige Items kognitiver Komplexität (vgl. z.B. STREUFERT/ STREUFERT 1978, S. 17 ff.) und können über eine erwägungsorientierte Methode gefördert werden.

14 Als Testinstrument wurde eine Erweiterung des Urteils-Konsistenz-Tests von HINDER (1987) verwendet (vgl. HERZIG 1998, S. 242 ff.). Die von den Probanden auf das dargestellte Dilemma formulierten Entscheidungsbegründungen wurden zum einen im Hinblick auf die KOHLBERG-Stufen eingeschätzt, zum anderen inhaltsanalytisch ausgewertet. Zu diesem Zweck wurde ein Kategoriensystem entworfen, das folgende Kategorien enthielt: 1. *Lösungsziel* (a. physischen und psychischen Schaden vermeiden/ physische und psychische Leiden mindern/ b. Beziehungen aufrecht erhalten bzw. nicht gefährden) 2. *Lösungsansatz* (a. Appell an Mitgefühl und Anteilnahme/ b. Kommunikation mit dem Ziel des Konsens, des gegenseitigen Verständnisses und der Kooperation/ c. Abwägen des eigenen Wohls gegenüber dem Wohl anderer) 3. *Verantwortungsbezug* (a. Verantwortung/ Fürsorge für Konfliktbeteiligte bzw. -betroffene/ b. Verantwortung/ Fürsorge für das Selbst).

15 OSER unterstellt in diesem Ansatz ein bestimmtes Regelsystem als Referenzsystem, von dem aus dann eine Beurteilung von Erfahrungen als negativ oder positiv möglich wird.

Literatur

COLBY, A./ KOHLBERG, L. (1987a): The measurement of moral judgment. Vol. I., Cambridge: Cambridge University Press

COLBY, A./ KOHLBERG, L. (1987b): The measurement of moral judgment. Vol. II., Cambridge: Cambridge University Press

GILLIGAN, C. (1988): Remapping the moral domain. New images of self in relationship. In: Gilligan, C. et al.: Mapping the moral domain ..., a.a.O., S. 3–19

GILLIGAN, C./ WARD, J.V./ MCLEAN TAYLOR, J./ BARDIGE, B. (Eds.) (1988): Mapping the moral domain. A contribution to women's thinking to psychological theory and education. Harvard: University Press

GROEBEN, N./ Wahl, B./ Schlee, J./ Scheele, B. (1988): Forschungsprogramm Subjektive Theorien. Eine Einführung in die Psychologie des reflexiven Subjekts. Tübingen: Francke

HAGEMANN, W./ HEIDBRINK, H. (1985): Politisches Lernen und moralische Entwicklung. In: Hagemann, W./ Tulodziecki, G. (Hrsg.): Lehren und Lernen im Politikunterricht ..., a.a.O., S. 58–101

HARDING, C.G. (1987): A developmental model for the invention of dilemmas. Human Development 30 (1987), pp. 282–290

HERZIG, B. (1998): Ethische Urteils- und Orientierungsfähigkeit. Grundlagen und schulische Anwendungen. Münster, New York: Waxmann

HINDER, E. (1987): Grundlagenprobleme bei der Messung des sozial-moralischen Urteils. Frankfurt a.M.: Peter Lang

KAHN, P.H. (1991): Bounding the controversies: Foundational issues in the study of moral development. Human Development 34 (1991), pp. 325–340

KOHLBERG, L. (1974): Zur kognitiven Entwicklung des Kindes. Frankfurt a.M.: Suhrkamp

KOHLBERG, L./ TURIEL, E. (1978): Moraliche Entwicklung und Moralerziehung. In: Portele, G. (Hrsg.): Sozialisation und Moral. Neuere Nasätze zur moralischen Entwicklung und Erziehung. Weinheim: Beltz, S. 13–80

KOHLBERG, L. (1978): Moral Education Reappraised. The Humanist 38 (1978), H.6, S. 13–15

KOHLBERG, L. (1981a): Kognitive Entwicklung und moralische Erziehung. In: Mauermann, L./ Weber, E. (Hrsg.): Der Erziehungsauftrag der Schule ..., a.a.O., S. 107–117

KOHLBERG, L. (1981b): The philosophy of moral development. Moral stages and the idea of justice. San Francisco: Harper & Row

KOHLBERG, L. (1986a): Der "Just-Community"-Ansatz der Moralerziehung in Theorie und Praxis. In: Oser, F./ Fatke, R./ Höffe, O. (Hrsg.): Transformation und Entwicklung. Frankfurt a.M.: Suhrkamp, S. 21–55

KOHLBERG, L. (1986b): A current statement on some theoretical issues. In: Modgil, C./ Modgil, S. (Eds.): Lawrence Kohlberg. Consensus and controversy. Philadelphia and London: The Farmer Press, S. 485–546

KOHLBERG, L. (1987): Moralische Entwicklung und demokratische Erziehung. In: Lind, G./ RASCHERT, J. (Hrsg.): Moralische Urteilsfähigkeit ..., a.a.O., S. 25–43

KOHLBERG. L./ WASSERMANN, E./ RICHARDSON, N. (1978): Die Gerechte Schul-Kooperative. Ihre Theorie und das Experiment der Cambridge Cluster School. In: Portele, G. (Hrsg.): Sozialisation und Moral ..., a.a.O., S. 215–259

KOHLBERG, L./ BOYD, D.R./ LEVINE, C. (1986): Die Wiederkehr der sechsten Stufe: Gerechtigkeit, Wohlwollen und der Standpunkt der Moral. In: Edelstein, W./ Nunner-Winkler, G. (Hrsg.): Zur Bestimmung der Moral ... , a.a.O., S. 205–240

KOHLBERG, L./ MAYER, R. (1972): Development as the aim of education. Harvard Educational Review 1972, Bd. 42, S. 449–496

KÖNIG, E./ VOLMER, G. (1996): Systemische Organisationsberatung. Grundlagen und Methoden. Weinheim: Deutscher Studien Verlag

LENK, H. (1986): Verantwortung und Gewissen des Forschers. In: Neumaier, O. (Hrsg.): Wissen und Gewissen: Arbeiten zur Verantwortungsproblematik. Wien: VWGÖ, S. 35-53

LENK, H. (1997): Einführung in die angewandte Ethik. Verantwortlichkeit und Gewissen. Stuttgart: Kohlhammer

LICKONA, T. (1981): Förderung der sozial-moralischen Entwicklung in Schule und Familie. Unterrichtswissenschaft 9 (1981) 3, S. 241-254

LOH, W. (1995): Erwägungsorientierung und Erwägungskultur. Arbeitspaier 1995-2 der Forschungsgruppe Erwägungskultur. Paderborn: Universität Gesamthochschule, FB 1

LYONS, N.P. (1988): Two perspectives: on self, relationships, and morality. In: Gilligan, C. et al. (Eds.): Mapping the moral domain ..., a.a.O., pp. 21–48

NIEBUHR, H. R. (1963): The responsible self. New York: Harper & Row

OSER, F. (1998): Negative Moralität und Entwicklung. Ein undurchsichtiges Verhältnis. Ethik und Sozialwissenschaften EuS 9(1998), S. 597 – 608

OSER, F./ HASCHER, T. (1997): Lernen aus Fehlern. Zur Psychologie des "negativen" Wissens. Schriftenreihe zum Projekt "Lernen Menschen aus Fehlern? Zur Entwicklung einer Fehlerkultur in der Schule", Nr.1, Oktober 1997. Pädagogisches Institut der Universität Fribourg

OSER, F./ SCHLÄFLI, A. (1985): Das moralische Grenzgängersyndrom: Eine Interventionsstudie zur Förderung der sozial-moralischen Identität von Lehrlingen. In: Oerter, R. (Hrsg.): Lebensbewältigung im Jugendalter. Weinheim: Ed. Psychologie VCH, S. 111–136

SCHLÄFLI, A./ KLAGHOFER, R. (1983): Humanisierung der beruflichen Ausbildung durch die Entwicklung des sozial-moralischen Urteils. Freiburg: Pädagogisches Institut der Universität Freiburg

SIEGEL, H. (1986): On using psychology to justify judgements of moral adequacy. In: Modgil, C./ Modgil, S. (Eds.): Lawrence Kohlberg ..., a.a.O., pp. 65–78

STREUFERT, S./ STREUFERT, S.C. (1978): Behavior in the complex environment. New York: Wiley

TULODZIECKI, G. (1983): Theoriegeleitete Entwicklung und Evaluation von Lehrmaterialien als eine Aufgabe der Unterrichtswissenschaft. Unterrichtswissenschaft (1983) 1, S. 27–45

TULODZIECKI, G. (1996): Unterricht mit Jugendlichen. 3. Aufl., Bad Heilbrunn, Hamburg: Julius Klinkhardt und Handwerk und Technik

TULODZIECKI, G./ AUFENANGER, S. (1989): Medienethische Reflexionen. Sozial-moralische Argumentationen zu Medieninhalten. Stuttgart: Landesinstitut für Erziehung und Unterricht

UHL, S (1995): Die Mittel der Moralerziehung und ihre Wirksamkeit. Klinkhardt: Bad Heilbrunn

Kooperative Umweltpolitik

Ulrich Kazmierski und Klaus Schafmeister

1. Problemstellung

Umweltprobleme werden immer drängender. Umweltgefährdungen, Umweltbelastungen oder Umweltzerstörungen betreffen jeden. Niemand bleibt davon ausgenommen und wohl niemand kann ernsthaft bestreiten, daß dagegen etwas getan werden muß. Die Bedrohung der natürlichen Lebensgrundlagen basiert mit auf der traditionellen und allgemeinen Wahrnehmung der Natur als ein freies Gut. Das Wachstumsinteresse dominierte über die Sicherung der Erhaltung des Lebensraums.[1] Heute haben selbst lokale oder regionale Umweltbelastungen globale Auswirkungen und gefährden nicht nur den Lebensraum, sondern zunehmend die Grundlagen individueller Freiheit (vgl. Bürgenmeier, 1995, S. 71f.). Hieraus entwickelt sich ein immer stärker zunehmender Problemlösungsdruck, der auch die Aufgaben staatlicher Umweltpolitik zur Verbesserung und Sicherung der ökologischen Lebensgrundlagen in Verbindung mit den ökonomischen und sozialen Lebensverhältnissen nicht unberührt lassen kann. Aber gerade hier ist eine immer größer werdende Diskrepanz erkennbar: Auf der einen Seite der zunehmende Problemlösungsdruck im Umweltbereich und auf der anderen Seite das wachsende Unvermögen der Umweltpolitik, mit diesem Problemlösungsdruck angemessen fertig zu werden.

Umweltprobleme sind von ihrer Struktur her Kooperationsprobleme (vgl. auch Weimann, VI). Eine nachhaltige Lösung von Umweltproblemen setzt daher eine hinreichende Lösung des Kooperationsproblems voraus. Vor diesem Hintergrund entwickeln wir die These, daß das Problemlösungspotential der Umweltpolitik durch das Ausmaß an „Kooperation" bestimmt wird. Bisherige Umweltpolitik ist (mit Ausnahme strategischer Branchenvereinbarungen) grundsätzlich eine ‚Politik von oben'. Kooperative Umweltpolitik ist dagegen eine ‚Politik von unten', die durch ein Problembewußtsein vieler getragen wird und durch kooperative Prozesse gefördert werden kann. Unsere These beinhaltet die Überzeugung, daß erst durch ein Zusammenspiel zwischen der ‚Politik von oben' und einer ‚Politik von unten' das Problemlösungspotential der Umweltpolitik nicht nur besser ausgeschöpft, sondern auch erheblich erweitert werden kann.

Unsere Betrachtungen zur kooperativen Umweltpolitik erfolgen auf zwei Ebenen: Auf der umweltpolitischen Ebene wird untersucht, ob und inwiefern die bisher praktizierten und diskutierten umweltpolitischen Instrumente Kooperationen ermöglichen bzw. wo sich Ansatzpunkte für Kooperationen finden lassen. Kooperationen erhöhen deshalb das Problemlösungspotential einer Politik, weil es die gesellschaftliche Entscheidungsfähigkeit verbessert und damit der „Politik- und Parteienverdrossenheit" entgegenwirkt. Auf der umwelttheoretischen Ebene wird die umweltpolitische Ebene zum Gegenstand der Betrachtung: Im Mittelpunkt steht der umweltökonomische Ansatz (neoklassische Umweltökonomik), auf den in Diskussionen über verhaltensinduzierende Instrumente der Umweltpolitik (z.B. Öko-Steuern) als Begründungsinstanz zurückgegriffen wird. Für die argumentative Untermauerung unserer These werden wir den umweltökonomischen Ansatz auf seinen Umgang mit Kooperation befragen. Als entscheidend erweist sich, daß eine kooperative Umweltpolitik einer Forschungsorientierung bedarf, die das Erwägen von Alternativen in den Mittelpunkt stellt. Ein systematischer Zusammenhang zwischen Erwägen und Kooperation wird spätestens dann deutlich, wenn eine alternativenerwägende Problemlösungsorientierung in den umweltpolitischen Bereich als (politische) Problemlösungsorientierung transferiert wird.[2]

Unter „Kooperation" verstehen wir eine mitverantwortende und mitwirkende Interaktion zwischen Subjekten. „Mitverantwortend" und „mitwirkend" umfassen dabei die Merkmale „gegenseitige Akzeptanz", „Freiwilligkeit" und „andauernde Interaktionen". Bei der Kooperation unterscheiden wir zwischen „strategischer Kooperation" und „konsensualer Kooperation":

- Bei der „strategischen Kooperation" wird eine individuelle Zielsetzung (z.B. Gewinnmaximierung) angestrebt, wobei die „Kooperation" als Mittel zur Zielerreichung (strategisch) eingesetzt wird. Da hier stets eine individuelle Zielsetzung vorliegt, ist die strategische Kooperation „ergebnisfixiert".

- Bei der „konsensualen Kooperation" wird der Kooperation selbst ein Eigenwert zugeschrieben, d.h. sie hat keinen Mittelcharakter. Hieraus ergibt sich, daß eine zu verfolgende (konsensuale) Zielsetzung erst aus der Kooperation selbst erwächst. Insofern ist diese Kooperation „ergebnisoffen".

Auf der politisch-administrativen Ebene ist Kooperation der Gegensatz zum „Dirigismus", bei dem eine Entscheidungsinstanz ihre Zielsetzung vollkommen unabhängig von den Zielsetzungen der davon betroffenen bzw. beteiligten Subjekten durchzusetzen versucht.

2. Reaktive Umweltpolitik

Umweltpolitik erhebt den Anspruch, Marktversagen im Umweltbereich zu korrigieren. Insbesondere bei der Nutzung von Umweltgütern werden die externen Umweltkosten nicht oder nur sehr unzureichend internalisiert, d.h. die mit den Umweltbelastungen verbundenen Kosten (Umweltschäden sowie Kosten der Beseitigung dieser Schäden) können nicht verursachungsgerecht zugeordnet werden. Die Korrektur von Marktversagen in diesem Bereich bedeutet die Durchsetzung des Verursacherprinzips. Die umweltpolitische Realität in Deutschland zeigt sich als eine von immer neuen Problemen eingeholte Umweltpolitik. Indem die Umweltpolitik nur auf sie einholende Probleme reagiert[3], verzichtet sie nicht nur auf konzeptionell gestützte Gestaltungsmöglichkeiten im Sinne aktiver Ordnungs- und Prozeßpolitik, sondern bleibt damit auch weit entfernt vom proklamierten Verursacherprinzip. Diese reaktive, die Probleme nicht verursachungsgemäß lösende Umweltpolitik liegt im wesentlichen darin begründet, daß in der umweltpolitischen Praxis eindeutig das Instrument der Umweltauflagen (Ver- und Gebote) die bedeutendste Rolle (vgl. Weimann, 1991, S. 185f.) spielt. Hierfür gibt es plausible umweltpolitische Gründe.

2.1 Umweltpolitische Begründung

Warum Auflagen das grundlegende umweltpolitische Instrument der Praxis darstellen, ergibt sich aus einem umfangreichen Vorteilsgeflecht zwischen den politischen Entscheidungsträgern, den betroffenen Unternehmen, der durchsetzenden und kontrollierenden Verwaltung und der bewertenden öffentlichen Meinung. Die Bürger hegen gegenüber der flächendeckenden Auflage ein höchstes Maß an „Good Will" (Wicke, 1991, S. 76) aufgrund der schnellen und umfassenden Wirksamkeit. Außerdem offenbaren Auflagen keine direkten Kosten für die Konsumenten (der Überwälzungsmöglichkeit sind sie sich nicht deutlich bewußt), während andere ökonomische Instrumente für sie dagegen schwer verständlich sind. Demgegenüber lösen Umweltabgaben sehr leicht erhebliche politische Widerstände aus (vgl. die Diskussion über die Öko-Steuerreform, die eine drastische Erhöhung des Benzinpreises vorsah). Den stimmenmaximierenden Politiksubjekten kommt diese hohe bürgerliche Akzeptanz sehr entgegen. Da Auflagen eine große Praktikabilität und nur relativ geringe bürokratische Kosten aufweisen, sie grundsätzlich nicht der Gesetzesform, sondern der Verwaltungsvorschrift bedürfen, können die Politiker mit ihnen eine hohe politische Problemlösungskompetenz (einschließlich Macht) suggerieren. Die Bürokratie präferiert dieses Instrument, da sie meist nur einmalig diese Auflage zu implementieren hat und sie relativ einfach zu kontrollieren ist. Zudem läßt es erhebliche Ermessensspielräume der Aufsichtsbehörden zu. Demgegenüber kann eine Kontrolle und Sanktion durch die mit der Berufspraxis vertrauten Ingenieure und die mit dem Strafrecht vertrauten Juristen relativ schnell und effizient gestaltet werden. Zwar bedeuten Auflagen für Produktionsunternehmen zusätzliche Kosten, doch diese sind im Vergleich zu anderen Instrumenten relativ gering: Zum einen können Unternehmen über ihre Interessenvertretungen erfolgreich auf den politischen Entscheidungsprozeß und somit auf die Auflagenhöhe Einfluß nehmen. Diese Möglichkeit wird dadurch verbessert, daß Auflagen gemäß dem `Stand der Technik´ festgesetzt werden. Hierüber benötigt jedoch der Planer Informationen von Seiten der Emittenten, die diese strategisch nutzen können, wodurch sich erhebliche Unterschiede zwischen dem offiziellen, dem tatsächlichen und dem technischmöglichem `Stand´ ergeben. Zum anderen ist den Emittenden bewußt, daß Auflagen oft nur einmalig oktroyiert werden (zumindest für Altanlagen, denn sie werden nur selten angepaßt (vgl. Cansier, 1993, S. 220)), so daß sie also nur einmalig die Kosten zu ihrer Erfüllung zu tragen haben. Insofern erwerben sie auch ein Recht auf freie Restemissionen, die für sie als ein Kapitalgut interpretiert werden kann, d.h. sie haben einen Anreiz diese Produktionsanlage solange zu nutzen, bis die Kostennachteile der Altanlage die Kostenvorteile einer Neuanlage übersteigen (vgl. Weimann, 1991, S. 193).

Dieses Vorteilsgeflecht, welches die Dominanz von Auflagen in der umweltpolitischen Praxis plausibel erscheinen läßt, ist jedoch nur die eine Seite der Medaille. Die andere Seite ist mit „Ineffizienzen" und „Politikversagen" beschrieben.

2.2 Umweltökonomische Kritik

Ein erster Aspekt der zweiten Medaillenseite sind die „Ineffizienzen": In der umweltökonomischen Beurteilung von Umweltauflagen weisen diese hinsichtlich der Kriterien „Kosteneffizienz" und „Innovationseffizienz" im Vergleich zu anderen Instrumenten (Verhandlungslösung, Auflagen, Zertifikate) die größten Schwächen auf. Diese Ineffizienzen begründen sich mit erheblichen Informationsproblemen für den Staat als Träger der Umweltpolitik hinsichtlich der Ermittlung von Vermeidungskapazitäten und -potentialen bei den Emittenten („Grenzvermeidungskostenfunktion") sowie hinsichtlich der Ermittlung und monetären Bewertung der Umweltschäden („Grenzschadenskostenfunktion"). Der Preis für die hohe Praktikabilität von Umweltauflagen (geringste informationelle Anforderungen) besteht in dem Verzicht auf gesamtwirtschaftlich kosten- und innovationseffiziente Problemlösungen. Da die Realisierung der informationellen Anforderungen erhebliche Kosten mit sich bringen würde, werden grundsätzlich flächendeckende, an der Emissionskonzentration orientierte Auflagen politisch implementiert, denn ihre praktische Realisierungschance ist gegenüber allen anderen Instrumenten am größten. Diese Auflagen gelten nicht als marktkonform, weil sie den Emittenten keine Wahlmöglichkeiten hinsichtlich der Erreichung der umweltpolitischen Vorgabe einräumen. Sie sind des weiteren ausschließlich produktionsorientiert, lösen keine umweltfreundlichen Substitutionsprozesse aus, können zu Wettbewerbsverzerrungen führen und konservieren den Status quo (vgl. Cansier, 1993, S. 220ff. und Wicke, 1991, S. 76ff.). Kurz: Als dominierendes umweltpolitisches Instrument verursachen Auflagen somit längerfristig erhebliche zusätzliche gesellschaftliche Kosten.

Ein weiterer Aspekt der zweiten Medaillenseite ist eine „einhellige Unzufriedenheit" der Bürger mit der Umweltpolitik: Umfragen des „Instituts für praxisorientierte Sozialforschung" zufolge glauben in den alten wie neuen Bundesländern rund 80 Prozent der Bürgerinnen und Bürger an eine Umweltkrise. Daß es in Zukunft besser gehen werde, glaubt so gut wie niemand. Pessimismus bestimme das Meinungsbild. Von der Politik erwartet kaum jemand eine Verbesserung der Situation. Die politischen Institutionen, die den Umweltschutz voranbringen sollten, erhalten ein vernichtendes Urteil: „Von zehn Deutschen halten sieben die Umweltgesetzgebung für unzureichend, rund neun die Überwachung der Gesetze für zu lasch" (Renn, 1996, S. 163f.). Es ist daher naheliegend, daß diese Einschätzungen zur praktizierten Umweltpolitik als Ausdruck von „Politikverdrossenheit" angesehen werden.

Diese Politikverdrossenheit begründet sich im politischen Unvermögen, die für eine Korrektur des Marktversagens notwendigen Maßnahmen zur Internalisierung der externen Kosten durchzusetzen, so daß im Ergebnis eine auflagendominierende Umweltpolitik nur noch auf sie einholende Probleme reagiert und somit weit entfernt bleibt vom proklamierten Verursacherprinzip. Dieses politische Unvermögen als „Politikversagen" hat für uns mindestens drei Aspekte:

- Der erste Aspekt betrifft das ‚Politikerversagen', das durch Anpassungsverhalten der politischen Akteure gekennzeichnet ist: Zum einen dominiert das stimmenmaximierende Verhalten als Mittel zum (äußeren) Machterhalt bzw. zum Ausbau der Machtposition. In der Konsequenz zeigt sich das ‚wählerwirksame' Anpassungsverhalten darin, daß zwar wichtige Maßnahmen (z.B. ökologische Steuerreform) diskutiert werden, hinsichtlich der politischen Entscheidung wird jedoch Machbares bestenfalls verzögert, meistens jedoch unterlassen. „Reformstau" als Unwort des Jahres 1997 oder „Blockadepolitik" sind Stichwörter, die diesen Aspekt des „Politikversagens" charakterisieren. Hinzu kommen Zielkonflikte bei den politischen Akteuren. So ist diesen insbesondere vor Wahlen bewußt, daß eine aktive Umweltpolitik nur schlecht in einem Umfeld von hoher Arbeitslosigkeit und Wachstumsschwäche verkauft werden kann. Zum anderen besteht ein weiteres wichtiges Anpassungsverhalten darin, daß der einzelne politische Akteur einem Konformitätsdruck unterliegt, der durch Parteidisziplin und Fraktionszwang ausgeübt wird und der (inneren) Machtsicherung dient. Insgesamt verhindert dieses Anpassungsverhalten eine realistische Problemorientierung seitens der politischen Akteure.

- Der zweite Aspekt des „Politikversagens" betrifft das ‚Bürgerversagen': Einerseits besteht eine Anspruchsmentalität der Bürger gegenüber der Politik, andererseits werden nicht eingehaltene oder nur unzureichend umgesetzte politische Zusagen und Versprechen („Wahlversprechen") von den Bürgern nicht konsequent eingefordert. Die „Illusion der Marginalität des eigenen Verhaltens" (Renn, 1998, S. 95) ist u.E. ein wichtiges Erklärungsmoment dafür, daß eine Kontrolle des politischen Prozesses ‚von unten', also von den Bürgern, fast immer unterbleibt und die betriebene Politik so hingenommen wird.

- Der dritte Aspekt des „Politikversagens" bezieht sich auf die mangelnde bzw. fehlende Kooperation zwischen politischen Entscheidungsträgern, Unternehmen, öffentlichen Verwaltungen und Bürgern: Die für eine verursachungsgerechte Umweltpolitik notwendigen Informationen und Präferenzen werden aus strategischen Gründen verweigert bzw. manipuliert. Die von den Bürgern zwar zu Recht erwartete politische Entscheidungsfähigkeit bleibt aufgrund dieser informationellen Restriktion unerfüllt.

Allgemein birgt Politikversagen die Gefahr in sich, daß die Effizienzdefizite, die auf das Politikversagen zurückzuführen sind, „vielleicht größer sind als jene Wohlstandsdefizite, zu deren Beseitigung der Staat angetreten ist" (Luckenbach, 1991, S. 230). Hinsichtlich der Umweltpolitik wird davon ausgegangen, daß das Politikversagen zu einer „massiven Verstärkung des Marktversagens geführt" (Altmann, 1997, S. 82) hat.

Umweltauflagen werden durch die Diskrepanz zwischen Vorteilsgeflecht einerseits und Ineffizienzen sowie Politikversagen andererseits gekennzeichnet. Allerdings basiert das Vorteilsgeflecht grundlegend auf der mangelnden Problemsensibilität der agierenden Subjekte, deren Präferenzen überwiegend (anderweitig) kurzfristig orientiert sind und die ein hohes Vertrauen in das langfristige Problemlösungspotential hegen. Die Dominanz der Auflagen in der umweltpolitischen Praxis verdeutlicht, daß die Entscheidungsträger grundsätzlich nur bei akuten Umweltproblemen und einem hohen Problemlösungsdruck seitens der Bevölkerung reagieren. Als dirigistisches, verhaltensanweisendes Instrument werden den Emittenten keinerlei Wahlmöglichkeiten hinsichtlich der Realisierung eines bestimmten umweltpolitischen Ziels eingeräumt. Möglichkeiten zur Kooperation sind daher nicht vorgesehen. In Verbindung mit den Ineffizienzen und dem Politikversagen verfügen Umweltauflagen angesichts eines zunehmenden Problemlösungsdrucks nur über ein unzureichendes Problemlösungspotential: Allgemeine Anreize zu Gunsten von Kooperationen sowie einer effizienten und (im Sinne des Verursacherprinzips) konzeptionell ausgereiften Umweltpolitik liegen kaum vor.

3. Kooperationen in Umweltökonomik und Umweltpolitik?

Umweltauflagen sind dort angebracht, wo irreversible Schäden drohen und ein sofort wirksamer Eingriff dringend geboten ist. Dennoch begründet insbesondere die Einsicht in die Effizienznachteile bei den Umweltauflagen immer stärker politische Forderungen nach ökonomischen Anreizinstrumenten in der Umweltpolitik (Abgaben, Zertifikate, Verhandlungen). Der grundlegende Unterschied zur dirigistischen Auflagenpolitik besteht in den Wahlmöglichkeiten für Emittenten hinsichtlich der Realisierung umweltpolitischer Ziele. Ihre verhaltensinduzierende Ausrichtung bezieht die betroffenen Emittenten mit ein, so daß grundsätzlich die Möglichkeit zu Kooperationen zwischen den Beteiligten gegeben ist. Allerdings wird diese Kooperationsmöglichkeit grundsätzlich nur hinsichtlich der Umsetzung dieser Instrumente eingeräumt und nicht bereits in der Phase der politischen Entscheidungsvorbereitung.

3.1. Umweltökonomische Argumentation: Ökonomiefixierte Perspektive und das Kooperationsproblem

Ziel der verhaltensinduzierenden Instrumente ist die Realisierung der sogenannten „pareto-optimalen Umweltverschmutzung", bei der die Höhe der „Grenzschäden" (marginale Zusatzkosten einer umweltschädigenden Aktivität) und die der „Grenzvermeidungskosten" von Emissionen (marginale Zusatzkosten bei der Emissionsvermeidung) übereinstimmen. Die „Pareto-Effizienz" verlangt, daß weder Umweltschädiger noch Umweltgeschädigter besser gestellt werden können, ohne daß der jeweils andere sich verschlechtert.[4] Mit Realisierung der Pareto-Effizienz werden gleichzeitig die externen Umweltkosten internalisiert.

Welchen Stellenwert hat Kooperation im Rahmen des umweltökonomischen Ansatzes? Dieser Ansatz favorisiert eine rein ökonomische Betrachtungsweise, die wir als ökonomiefixierte Perspektive bezeichnen. Auf der Zielebene beinhaltet diese Perspektive folgendes:

- Im Mittelpunkt des umweltökonomischen Ansatzes steht die Frage nach der effizienten Allokation von Umweltgütern. Hierbei wird „Umwelt" als ein substituierbares Gut betrachtet, was u.a. auch bedeutet, daß absolute Umweltbelastungsgrenzen nicht berücksichtigt werden.

- Der umweltökonomische Ansatz berücksichtigt nur eine ökonomische Zielsetzung (effiziente Ressourcenallokation). Andere Zielsetzungen bleiben außen vor, so daß keine Abwägung zwischen ökonomischen, ökologischen, sozialen und politischen Zielsetzungen erfolgt. Die Lösung ökologischer Zielsetzungen (z.B. Beachtung absoluter Schranken des ökologischen Systems), sozialer Zielsetzungen (gerechte Verteilung) und politischer Zielsetzungen (z.B. Bürgersouveränität) werden somit gar nicht thematisiert bzw. als gelöst vorausgesetzt.

Auf der Mittelebene geht es um die gesamtwirtschaftliche Kosten- und Innovationseffizienz als Ziel des Einsatzes umweltpolitischer Instrumente, die eine einzelwirtschaftliche Anpassung gemäß der unternehmerischen Grenzvermeidungskostenverläufe ermöglichen sollen. Die ökonomiefixierte Betrachtungsweise zeigt sich insbesondere in den beiden folgenden Punkten:

· Der umweltökonomische Ansatz berücksichtigt ausschließlich die Restriktionen (extensionale Motivation) und nicht die Präferenzen (intensionale Motivation). Insbesondere wird argumentiert, daß nur eine Veränderung der Restriktionen, also nur eine „Reform der Zustände", das umweltpolitische Ziel erreichen lassen. Präferenzen bzw. Präferenzordnungen werden konstant gesetzt mit dem Hinweis darauf, daß „aus methodischen Gründen, die in dem speziellen Forschungszweck liegen, [...] der Ökonom gehalten [ist], sich auf die Handlungsrestriktionen zu konzentrieren" (Homann/Blome-Drees, 1992, S. 105). Die Notwendigkeit von Bewußtseinsänderungen, Einstellungsänderungen, Korrekturen der Präferenzen, Erweiterungen der unternehmerischen Zielfunktion, „adaptiven Präferenzbildungen" usw. wird dabei völlig ausgeblendet.

Da der umweltökonomische Ansatz theoretische Begründungsansprüche hinsichtlich der Umweltpolitik erhebt, hat die Fokussierung auf die Restriktionen erhebliche Konsequenzen: Mit dem Einsatz verhaltensinduzierender Instrumente wird ein mehr oder weniger enger umweltpolitischer Ordnungsrahmen geschaffen, innerhalb dessen die anderen Akteure ihr Verhalten anpassen können. Damit dieses Anpassungsverhalten im Sinne der Umweltpolitik auch erfolgt, muß der Staat als Träger der Umweltpolitik deutlich machen, „daß letztlich nur die Änderung des individuellen Verhaltens entscheidend zur Verbesserung unserer Umwelt beitragen kann" (Pätzold/Mussel, 1996, S. 95). Dies ist nur durch Förderung des Umweltbewußtseins möglich. Insbesondere sprechen zwei Argumente für die Bildung und Veränderung von Umweltpräferenzen:

1. Die Gefahr, daß hinsichtlich des Umweltverhaltens die bestehende intrinsische Motivation durch den ausschließlichen Einsatz ökonomischer Umweltschutzanreize (extrinsische Motivation) zerstört werden kann (vgl. Frey, 1992).

2. Ein hinreichendes Umweltbewußtsein ermöglicht überhaupt erst die intendierten Effizienzwirkungen umweltpolitischer Instrumente und ist außerdem

eine notwendige Voraussetzung für die Verbesserung ihrer politischen Durchsetzungsfähigkeit.

Die ökonomiefixierte Betrachtung mit ihrer Fokussierung auf Restriktionen übersieht „das mangelnde Umweltbewußtsein und das unzureichende Gefühl des einzelnen für seine Verantwortung für die Umwelt" als eine „zentrale Ursache für Umweltschäden" (Altmann, 1997, S. 83).

- Ein effizienter Einsatz umweltpolitischer Instrumente ist nur dann möglich, wenn die „wahren Präferenzen" offenbart werden bzw. ermittelt werden können. Eine entsprechende Präferenzoffenbarung ist jedoch gleichbedeutend mit einem Verzicht auf strategische Vorteile des einzelnen, die nur dann möglich sind, wenn sich auch die anderen Individuen kooperativ verhalten. Damit rückt die Frage in den Mittelpunkt, „welche Bedingungen erfüllt sein müssen, damit kooperatives Verhalten entstehen kann" (Weimann, 1991, S. 197). Ohne eine hinreichende Lösung dieses Kooperationsproblems sind auch die erhofften Effizienzwirkungen (Kosten- und Innovationseffizienz) umweltpolitischer Instrumente nicht realisierbar. Das Kooperationsproblem wird vom umweltökonomischen Ansatz ebenfalls ausgeblendet und bleibt ungelöst. Dennoch wird die Lösung des Kooperationsproblems in der umweltökonomischen Argumentation unterstellt, weil sie für die intendierten Effizienzwirkungen unverzichtbar ist: Ohne Kooperation keine Effizienz! Umweltpolitisch stellt somit die Lösung des Kooperationsproblems eine „erhebliche ordnungspolitische Herausforderung" dar, „einen Rahmen für das politische System zu schaffen, in dem die ‚wahren' Präferenzen der Bürger, also ihre Vorstellungen von Nachhaltigkeit im politischen Prozeß ermittelt und durchgesetzt werden" (Gerken/Renner, 1996, S. 12). Eine Offenbarung der wahren Präferenzen bzw. deren Ermittlung erfordert wiederum ein entsprechendes Umweltbewußtsein und somit eine ausreichende intrinsische Motivation.

Insgesamt werden Wahrnehmung und Betrachtung des Umweltproblems und ihrer Lösung durch die ökonomiefixierte Perspektive des umweltökonomischen Ansatzes stark eingeengt. Die umweltökonomische Argumentation ist nicht problemorientiert, sondern theoriefixiert, weil nur eine einzige Perspektive, nämlich die ökonomische Perspektive, als ‚theoretische Brille' verwendet wird. Da die ökonomiefixierte Betrachtung mit der Pareto-Effizienz bzw. der Kosten- und Innovationseffizienz auch das Ziel bzw. das Ergebnis vorgibt, ist der umweltökonomische Ansatz auch ergebnisfixiert. Das hat beträchtliche Auswirkungen auf den Umgang mit Kooperation: Da wir davon ausgehen, daß Umweltprobleme Kooperationsprobleme sind, kann das theoretische Problemlösungspotential des umweltökonomischen Ansatzes nur als sehr unzureichend bewertet werden, weil sowohl die unverzichtbare Voraussetzung für Kooperationen (systematische Berücksichtigung von Präferenzen) als auch die Lösung des Kooperationsproblems selbst vollkommen ausgeblendet werden. Während auf der theoretisch-konzeptionellen Ebene Kooperation keine Rolle spielt, gibt es bei den verhaltensinduzierenden Instrumenten auf der Umsetzungsebene durchaus Ansatzpunkte für strategische Kooperationen: Indem Wahlmöglichkeiten für die Emittenten eingeräumt werden, sind diese Instrumente bezüglich der Emittenten (aber nicht unbedingt für andere Akteure) marktkonform. Allerdings bleiben diese strategischen Kooperationen nur auf die politische Umsetzungsebene beschränkt und erstrecken sich nicht auf die politische Entscheidungsvorbereitung (s.o.).

3.2. Strategisch-kooperative Umweltpolitik

Das Kooperationsprinzip ist neben dem Verursacher- und Vorsorgeprinzip das grundlegende Prinzip zur Durchsetzung der Umweltpolitik in Deutschland. Die Bundesregierung versteht darunter „die Mitverantwortlichkeit und Mitwirkung der Betroffenen von umweltbeeinträchtigenden wirtschaftlichen und sonstigen Aktivitäten ... und die Beteiligung bei geplanten und durchzuführenden umweltschützenden Maßnahmen" (Wicke, 1991, S. 58). Sie erhofft sich durch die Beteiligung der Bevölkerung eine Aufklärung derselben und eine Hilfestellung für die umweltpolitischen Zielsetzungen der Entscheidungsträger (vgl. ebd., S. 43 u. S. 58ff.). Praktiziert wird das Kooperationsprinzip allerdings vorwiegend als ein politisches Verfahrensprinzip, an dem gesellschaftliche Gruppen beteiligt werden (können), ohne aber den Grundsatz der Regierungsverantwortlichkeit in Frage zu stellen (vgl. Knoepfel, 1994, S. 71). Insofern ist es bereits von Beginn an sehr stark ziel- und ergebnisorientiert. Insgesamt führte diese Kooperationsform dazu, daß „wir derzeit in der Bundesrepublik eine immense Zunahme von Verwaltungsgerichtsverfahren" (Griefahn, 1994, S. 54) erleben, die eine Verlagerung von politischen Entscheidungen auf die Gerichte bedeuten. Auch mit aus diesem Grund sind „in der deutschen Genehmigungsgesetzgebung in jüngster Zeit erhebliche Einschränkungen zu Lasten von Bürgerbeteiligungen gemacht worden" (ebd., S. 56). Diese Entwicklung deutet unseres Erachtens auf zwei wichtige Aspekte praktizierter Kooperationen hin: (1) auf eine von der Umweltpolitik nur begrenzt verstandene Kooperation, die sich lediglich auf die Beteiligung an der Umsetzung von politischen Entscheidungen bezieht und (2) auf ein zwar vorhandenes Umweltbewußtsein, das auch mobilisiert werden kann, welches sich jedoch stark auf das „NIMBY"-Phänomen[5] konzentriert.

Ein differenzierter Blick auf die praktizierten Kooperationsarten legt den Schluß nahe, daß interessenorientierte und somit ergebnisfixierte Verhaltensweisen dominieren, die als strategisch-kooperativ charakterisiert werden können. Empirische Untersuchungen belegen, daß freiwillige Abkommen bzw. Branchenselbstverpflichtungen in „keiner der Fälle ... freiwillig in dem Sinne zustande gekommen [sind], daß beide Seiten das Problem erkannt haben und eine gemeinsame Lösung anstrebten" (Steger, 1994, S. 106). Denn ausschließlich aufgrund eines öffentlichen Problemlösungsdrucks sahen sich die Umweltbehörden zum Handeln gedrängt. Da jedoch der umweltpolitische Entscheidungsprozeß bestimmte Zeit in Anspruch nahm, beugten die Unternehmen der unsicheren Zukunft durch einen geordneten Rückzug i.S. dieser Selbstverpflichtungen zugunsten der eigenen Rechtssicherheit und eventuell strengerer Vorgaben vor (vgl. ebd.). Ob die Vereinbarungsziele nachfolgend überhaupt angestrebt oder erreicht werden, ist natürlich abhängig von deren Verbindlichkeit und Überprüfbarkeit (vgl. Mohr, 1994, S. 94ff.). Besonders deutlich wird die strategische Kooperation bei wechselseitig vorliegenden informationellen Abhängigkeiten (vgl. Knoepfel, 1994, S. 65f.), wenn die Verwaltung Informationen von Seiten der Unternehmen benötigen, die letztere wiederum im eigenen Interesse gerne zu geben bereit sind. Ein Beispiel liefert der Brandschutz. Zudem lassen sich Beispiele aufzeigen, bei denen diese Informationsvorsprünge strategisch genutzt werden, wie z.B. bereits bei den Verhandlungsprozessen um die Auflagenhöhe gemäß dem 'Stand-der-Technik' beschrieben wurde.

Eine Alternative bietet der „kooperative Diskurs" von Renn/Webler, in dem eine konsensuale Kooperation angestrebt wird (vgl. hierzu Abschnitt 4.2). Doch wird auch hier darauf aufmerksam gemacht, daß, falls dieses Verfahren häufig angewendet wird, die Agierenden den Prozeß verstehen und ihre Verhaltensweisen entsprechend strategisch ausrichten (vgl. Eichenberger, 1996, S. 225ff. und Oberholzer-Gee u.a., 1996, S. 245ff.).

Gegenüber anderen Steuerungsmechanismen bildet „Kooperation" eher die Ausnahme. Zum einen ist wettbewerbliches, also eigen- bzw. organisationsinteressiertes Handeln Basis unseres Wirtschaftssystems und zum anderen ist der Umwelt- ein Konfliktbereich mit einem hohen gewachsenen Problemlösungsdruck behaftet. Aufgrund dessen führt dies eher zu einem konfrontativen Verhalten, bei dem die Suche nach opportunistischen Vorteilen dominiert und die Sachinteressen in den Hintergrund gedrängt werden (vgl. Steger, 1994, S. 106ff.). Des weiteren läßt sich eine fehlende Kooperationsbereitschaft erkennen, die u.a. ihren Grund in der zunehmenden Kommerzialisierung des gesellschaftlichen Lebens findet, in dem individuell-rationale Kosten-Nutzen-Überlegungen vorherrschend sind (vgl. Weimann, 1991, S. 75ff.). Zwar können auch diese zu einem kollektiv-rationalen Ergebnis führen, wie die Computerturniere von Axelrod (vgl. 1997) mit der siegreichen 'Tit for Tat' - Strategie gezeigt haben, doch ist dies abhängig vom ersten Schritt, nämlich kooperativ zu beginnen. Wenn jedoch das Wettbewerbsprinzip allgegenwärtig ist, Konfrontationen die Erfahrungen prägen und die „Nicht-Kooperation" dominant ist, bedarf es neuer ergänzender Steuerungsmechanismen, um das Kooperationsprinzip zur Geltung zu bringen.

4. Konsensual-kooperative Umweltpolitik

Die bisherigen Ausführungen haben deutlich gemacht, daß sowohl die traditionelle Umweltökonomik als auch die praktizierte Umweltpolitik verbesserter und ergänzender Problemlösungspotentiale bedürfen, wobei generell gesellschaftliche Effizienzgewinne nur über eine wahre Präferenzoffenbarung der Bürger als realisierbar erscheinen (vgl. auch Weimann, 1991, S. 195ff.). Dementsprechend kann festgestellt werden, daß „das Funktionieren unserer Gesellschaft ... somit viel mehr eine Frage der Organisation als des Wettbewerbs" (Bürgenmeier, 1995, S. 71) ist. In unserem Sinn heißt dies, daß die Politik wesentlich stärker 'von unten' organisiert werden muß als dies in Form der Auflagenpolitik praktiziert wird. Gerade in dieser Umorientierung wird zunehmend eine wesentliche Verbesserung der Potentialnutzung gesehen: „Die Besinnung von Individuen, Gruppen und Organisationen auf sich selbst, d.h. auf die eigenen Handlungsmöglichkeiten, Lernpotentiale und Entwicklungsfähigkeiten scheint mir das wesentlich revolutionäre Arsenal für den erfolgreichen Einstieg in das nächste Jahrhundert zu sein" (Pfriem, 1998, S. 125f.), denn weder der Markt noch der Staat helfen wirklich weiter, sondern Kommunikation und Kooperation der ökonomischen Akteure an der vielbeschworenen Basis, d.h. auch allgemeine weltanschauliche und parteipolitische Selbstverortungen müssen zurückgestellt werden gegenüber einer verständigungsorientierten Kommunikation über die gesellschaftliche Zukunft (vgl. ebd., S. 127).

Wie bereits einleitend kurz ausgeführt, verstehen wir unter der „Kooperation" eine mitverantwortende und mitwirkende Interaktion zwischen Subjekten, die die Merkmale „gegenseitige Akzeptanz", „Freiwilligkeit" und „andauernde Interaktion" umfaßt. Dabei wird der konsensualen Kooperation selbst ein Eigenwert zugeschrieben, d.h. sie hat keinen Mittelcharakter, wodurch eine zu verfolgende (konsensuale) Zielsetzung erst aus der Kooperation selbst erwächst. Sie ist insofern problemorientiert, erfolgt mittels Erwägen von Alternativen und ist ergebnisoffen. Diese Begriffsbestimmung wollen wir aus Gründen der besseren Verständlichkeit näher konkretisieren:

- 'Mitverantwortend' und 'mitwirkend' sind Begriffe, die auf die notwendigen Bedingungen des Koordinationsprozesses und die Nachhaltigkeit des Prozeßergebnisses hinweisen. Eine Kooperation kann insofern als ein motivations- und demokratieförderndes Prinzip aufgefaßt werden.
- Die Merkmale 'gegenseitige Akzeptanz', 'Freiwilligkeit' und 'andauernde Interaktion' stellen notwendige Bedingungen für die Beteiligung am Koordinationsprozeß dar. Sobald die Mitwirkung überwiegend durch irgendeine Form von Zwang erreicht wurde, die geäußerten Argumente als Präferenzoffenbarung (oder Interessensäußerung) nicht verstanden oder akzeptiert werden und insofern kein einheitliches Problembewußtsein und keine gleichberechtigte Einwirkungschance besteht, ist eine erfolgreiche Kooperation in Frage gestellt.
- Der Eigenwert einer solchen Kooperation liegt – unabhängig vom Ergebnis – darin begründet, daß (1) mittels der Interaktionen ein fundierteres und gemeinsames Problembewußtsein, eine wahrscheinlichere Verständigungsbereitschaft und eine differenziertere Einschätzung der Problemlösungskonzeptionen ermöglicht wird, daß (2) eine sachgerechtere Problemorientierung erfolgt und daß sich (3) ein verbessertes und nachhaltigeres Problemlösungspotential nutzen läßt.
- Die Ergebnisoffenheit trägt diesem Eigenwert Rechnung, denn unabhängig von der Art des Kooperationsergebnisses wird es sich nachhaltiger implementieren lassen, da die Mitwirkenden dieses Ergebnis verantwortend mittragen und es als das gesellschaftlich effizienteste erachten. Voraussetzung dafür sind jedoch verbindliche und überprüfbare Vereinbarungen. Ergebnisoffenheit meint in diesem Zusammenhang, daß zwar ein gemeinsames Interesse an der Zielerreichung „Problemlösung" vorliegt, jedoch weder theorie- noch interessenfixiert eine spezielle Problemlösungskonzeption von Beginn an favorisiert und strategisch durchgesetzt wird.

4.1 Der Weg zur konsensualen Kooperation: Alternativenerwägende Problemlösungsorientierung

Eine „konsensuale Kooperation" zeichnet sich vor allem durch ihre „Ergebnisoffenheit" aus. Wie läßt sich Ergebnisoffenheit methodisch als Forschungsorientierung realisieren? Der „strategischen Kooperation" liegt als wissenschaftliche Problemlösungsorientierung eine Theorie- und Ergebnisfixiertheit zugrunde, indem ausschließlich im Rahmen des umweltökonomischen Ansatzes das vorgegebene Ziel (Pareto- bzw. Kosteneffizienz) argumentativ realisiert wird. Als Konsequenz dieser theorienmonistischen Problemlösungsorientierung ergeben sich eingeengte Wahrnehmungs- und Betrachtungsperspektiven sowie die Verwendung des ungelösten Kooperationsproblems, dessen Lösung jedoch als unverzichtbare Voraussetzung für die intendierten Effizienzwirkungen angesehen werden muß. Für die Realisierung einer „konsensualen Kooperation" bedarf es daher einer anderen methodischen Problemlösungsorientierung. Wir sind der Auffassung, daß eine „alternativenerwägende Problemlösungsorientierung" die Ergebnisoffenheit für umweltpolitische Diskurse im Sinne „konsensualer Kooperationen" ermöglicht.

Eine alternativenerwägende Problemlösungsorientierung ist nicht theorienmonistisch, sondern theorienpluralistisch: Nicht die ‚einzig richtige' Theorie wird als Problemlösung herangezogen, sondern eine systematische Suche und Konstruktion theoretischer Alternativen und ihre sachgerechte Ausarbeitung steht hier im Mittelpunkt. Die alternativenerwägende Problemlösungsorientierung vollzieht sich insbesondere auf zwei Ebenen:

- Auf der Erwägungsebene geht es zunächst um die Analyse der Problemsituation: Nach Festlegung der Problemstellung erfolgt eine systematische Suche und Konstruktion unterschiedlicher Theorien als Problemlösungen, insbesondere unter Nutzung des vorhandenen sozialwissenschaftlichen Theorienspektrums. Diese Theorienpluralität wird dann auf „Alternativität" hin analysiert, d.h. ob und inwiefern umwelttheoretische Ansätze (z.B. umweltökonomischer Ansatz, Bioeconomics, evolutorische Ansätze) gleiche Problemstellungen und gleiche Gegenstandsbezüge aufweisen, jedoch ungleiche Problemlösungen repräsentieren. Nur unter diesen Voraussetzungen sind Problemlösungen „alternativ".

- Im Mittelpunkt der Bewertungsebene steht die komparative Bewertung alternativer, umwelttheoretischer Problemlösungen. Diese Bewertung erfolgt aufgrund eines Vergleichs ihrer Problemlösungspotentiale: Jede Theorie als Problemlösung beinhaltet hinsichtlich ihres Gegenstandsbereiches eine Analyse der Ursache-Wirkungsbeziehungen. Dies ist die Grundlage für die Erklärungsleistungen der jeweiligen Problemlösung. D.h. es werden Antworten auf folgende Fragen erwartet: Was geschieht, wenn man diese oder jene Maßnahme ergreifen würde? Unter welchen Bedingungen läßt sich eine bestimmte Wirkung erzielen? Mit welche „externen Effekten" ist zu rechnen und wie lassen diese sich vermeiden (negative) oder fördern (positive Netzwerkeffekte)? Usw. Problemlösungspotentiale lassen sich danach unterscheiden, ob und inwiefern Fragen dieser Art von den jeweiligen Problemlösungen hinreichend beantwortet werden können. Erst ein Vergleich alternativer Problemlösungen ermöglicht überhaupt eine Bewertung hinsichtlich ihrer Stärken und Schwächen bzw. ihrer Vor- und Nachteile. So werden z.B. die Einseitigkeiten und ungeklärten Probleme des umweltökonomischen Ansatzes erst im Lichte alternativer Problemlösungen sichtbar und beurteilbar. Eine komparative Bewertung von Problemlösungen ist umso aussagekräftiger, je mehr alternative Problemlösungen in den Erwägungs- und Vergleichsprozeß mit einbezogen werden. Eine solche Bewertung umwelttheoretischer Problemlösungen beinhaltet jedoch noch keine Entscheidung über die Auswahl von Problemlösungen auf der umweltpolitischen Ebene, weil politische Auswahlentscheidungen sich nicht aus Erkenntnissen allein ableiten lassen (vgl. Albert, 1984, S. 188). Damit realisiert die alternativenerwägende Problemlösungsorientierung die Ergebnisoffenheit für den umweltpolitischen Diskurs im Sinne einer „konsensualen Kooperation".

Ein systematischer Zusammenhang zwischen Erwägen und Kooperation wird dann sichtbar, wenn der theoretische Pluralismus des wissenschaftlichen Diskurses in einen politischen Pluralismus des umweltpolitischen Diskurses transferiert werden kann. Ein solcher Transfer des wissenschaftlichen Problemlösungsverhaltens insbesondere in politische Bereiche müsse „institutionell ermöglicht und gestützt werden, durch institutionell wirksame Garantien der Gedankenfreiheit, der Freiheit der Kommunikation, der Diskussion und Publikation sowie der Erprobung neuer Lebensmöglichkeiten" (Albert, 1984, S. 198). Für einen umweltpolitischen Diskurs im Sinne einer „konsensualen Kooperation" bedeutet dies folgendes:

- Umweltpolitische Entscheidungen werden nicht nur von Experten (Wissenschaftlern, Umweltpolitikern, Unternehmern usw.) getroffen, sondern auch von denjenigen, die sowohl von den Umweltproblemen als auch von zu treffenden Entscheidungen betroffen sind. Im Rahmen dieser ‚Gemeinschaft' erfolgt dann die Festlegung von Abstimmungsmodalitäten und Entscheidungsregeln. Auf dieser Grundlage werden die Auswahlkriterien bestimmt, um zwischen den als relevant erachteten alternativen Problemlösungen entscheiden zu können. Die Legitimität des gesamten umweltpolitischen Diskurses wird dadurch erhöht.

- Hinsichtlich der Verantwortbarkeit der zu treffenden Entscheidung gilt: Je mehr alternative Problemlösungen bei der umweltpolitischen Entscheidungsfindung herangezogen werden, desto verantwortbarer wird die umweltpolitische Entscheidung.

- Ziel der „konsensualen Kooperation" ist es, die Ergebnisoffenheit des umwelttheoretischen Diskurses durch verantwortbare Entscheidungen zu schließen, wobei jede getroffene Entscheidung prinzipiell als revidierbar angesehen wird. Auf diese Weise erlangen die getroffenen umweltpolitischen Entscheidungen nicht nur eine Marktkonformität, sondern eine Gesellschaftskonformität.

4.2. Die konsensuale Kooperation: Chancen und Grenzen

Worin liegen die Möglichkeiten und Grenzen einer verstärkten Berücksichtigung der konsensualen Kooperation im Bereich der Umweltpolitik? Eine alternativenerwägende Problemlösungsorientierung setzt eine intensive verständigungsorientierte Kommunikation aller Beteiligten voraus. Sowohl auf der Erwägungs- als auch auf der Bewertungsebene ist eine wahrhaftige Offenbarung der Präferenzen unerläßlich. Nur dadurch kann das doppelte Informationsproblem (vgl. Weimann, 1991, S. 195f.) gemildert – die Prinzipale (dezentrale) und Agenten (zentralisierte Informationen) treten in einen Prozeß der gegenseitigen Informationsvermittlung ein – und eine höhere gesellschaftliche Effizienz erzielt werden. Ein umweltpolitischer Diskurs i.S. der konsensualen Kooperation würde darüber hinaus die politisch-demokratische Kultur fördern und das Subsidiaritätsprinzip[6] mit neuem Leben erfüllen. Letztendlich kann eine auf diesem Weg gemeinsam erzielte Problemlösung wesentlich schneller, kostengünstiger und wirksamer erreicht werden und somit zu einer lebensfähigeren und lebenswerteren Zukunft (vgl. Renn/Webler, 1995, S. 234) beitragen.

Welche Anforderungen müssen jedoch erfüllt sein, damit sich diese positiven (Netzwerk-) Effekte realisieren lassen? Wesentliche Voraussetzungen sind eine gemeinsame Problemerkenntnis und ein entsprechendes Problembewußtsein bei den potentiell beteiligten Subjekten, verbunden mit einem hinreichend starken Interesse an einer Problemlösung (vgl. dazu z.B. Mohr, 1991, S. 101 und Steger, 1994, S. 104f.). Unmittelbar damit zusammen hängen weitere motivationale Aspekte, denn eine solche Kooperation erfordert zudem den generellen Willen zur Verständigung, ein vertrauensvolles Miteinander und die Akzeptanz von veränderten umweltpolitischen Entscheidungsprozessen, die mit Kompetenzverschiebungen verbunden sein könnten.

Erste Beispiele und Erfahrungen i.S. dieser konsensualen Kooperation liegen bereits vor. In den letzten Jahren sind speziell im Bereich der Umweltpolitik Versuche unternommen worden, mit Hilfe der (konsensualen) Kooperation gesellschaftliche Effizienzgewinne zu realisieren. Methodisch ist insbesondere der „kooperative Diskurs" von Ortwin Renn und Thomas Webler zu nennen. Diskurse haben in ihrer Auffassung die Funktion, Konflikte zwischen unterschiedlichen Positionen über die Zumutbarkeit von Risiken zu schlichten und zu einem fairen und kompetenten Kompromiß beizutragen (vgl. Renn/Webler, 1995, S. 232). Zielorientiert beabsichtigen Renn/Webler eine vorausschauende Umweltpolitik i.S. einer kompetenten Problemlösung und der gerechten Verteilung von Lasten und Pflichten zu erreichen (vgl. Renn/Webler, 1994, S. 11f.). Für sie steht das Entscheidungsverfahren im Vordergrund, verbunden mit der Frage, wie man kompetent und fair zu kollektiv verbindlichen Normen gelangt. Dabei gingen sie in ihrem Drei-Stufen-Modell zunächst davon aus, daß komplexe Entscheidungsprozesse auch eine komplexe Struktur der Beteiligung erfordern. Die drei Stufen werden charakterisiert durch (1) die Werteerhebung, d.h. möglichst unterschiedliche Interessengruppen erarbeiten mit Hilfe von Mediationsverfahren ein umfassendes Wertegerüst, das als Kriterienkatalog für die weitere Bewertung der Planungsoptionen dient, (2) der Faktenermittlung, d.h. die Beschreibung der erwartbaren Auswirkungen der verschiedenen Optionen durch Experten und (3) dem Abwägen von Handlungsalternativen durch Planungszellen. Allerdings ist die Umsetzung dieses Modells, das verschiedene Verfahren miteinander verbindet und bereits praktiziert wurde, nur unter bestimmten Voraussetzungen und Regeln erfolgsversprechend. Entscheidend sind der Wille zur Verständigung bei allen Akteuren und sogenannte Diskursregeln, die die Grundbedingungen der kommunikativen Rationalität wiederspiegeln. Zu ihnen gehören eine streng egalitäre Position aller Akteure, eine Toleranz gegenüber allen Aussagen und die Einigung auf gemeinsame Regeln zur Einlösung von Gültigkeitsansprüchen. Ein kooperatives Entscheidungsverfahren basiert insofern ausschließlich auf eine wahrhaftige, offene, vorbehaltlose und kompetente Kommunikation zwischen allen beteiligten Akteuren hinsichtlich einer adäquaten und realisierbaren Problemlösung. Kooperative Diskurse sind aufgrund dessen ein erforderlicher und auch gangbarer Weg der Entscheidungsfindung (vgl. Renn/ Webler, 1995, S. 232).

Des weiteren wurden unter der Führung der früheren niedersächsischen Umweltministerin Monika Griefahn Erfahrungen mit der Anwendung der Kooperation gesammelt (vgl. Griefahn, 1994, S. 53-63). Sie wiesen recht unterschiedliche methodische Vorgehensweisen und Ergebnisse auf. Zu ihrem Fazit gehört, daß (1) Kooperation für alle Beteiligten ein neuartiges Verfahren bedeutet, das entsprechend mit Unsicherheiten behaftet ist, daß man (2), „wenn kein Vertrauen existiert, keine konsensuale Lösung finden" (vgl. ebd., S. 55) kann, daß (3) es nicht nur um Strukturen geht, „nicht nur um Spielregeln und nicht nur um Geschäftsordnungen. Es geht auch um die handelnden Personen und die Akzeptanz von Institutionen. Schließlich geht es auch um den gemeinsamen Willen, zu einem tragfähigen Ergebnis zu kommen." (ebd., S. 62f.) In diesem Zusammenhang spricht sie auch von der dominanten Rolle der Führer für eine erfolgreiche Kooperation. Und letztendlich, daß (4) zwischen der Theorie und Praxis des kooperativen Verwaltungshandeln noch eine weit auseinander klaffende Lücke besteht.

Unabhängig von diesem Erfahrungswissen existieren Restriktionen, von denen ein erfolgsversprechender Kooperationsprozeß abhängt. Zum einen muß die räumliche Dimension genannt werden. Zwar wird auf allen föderativen Ebenen nach neuen Verfahren zur Problemlösung gesucht, eine Kooperation läßt sich jedoch bei örtlichen Konflikten wesentlich leichter erreichen. Dies hat primär seine Ursache in der erhöhten Betroffenheit, somit dem stärkeren Problembewußtsein aller potentiell Beteiligten und dem damit verbundenem höheren individuell spürbaren Nutzen einer Problemlösung. Zum anderen kann die jeweilige Konfliktbehaftung (aktuelles Konfrontationsniveau der Interessen), das allgemeine wirtschaftspolitische Klima (Wachstumsschwäche und Arbeitslosigkeit) und der Kooperationsaufwand (zeitlich und monetär) restriktiv wirken. Letztendlich fehlt es im Bereich der Umweltpolitik auch noch an einem Mechanismus zur Etablierung eines Kooperationsprozesses, denn weder existieren umfangreiche, verallgemeinerungswürdige Erfahrungen, normative Vorgaben, ausgereifte methodische Konzepte, noch eine generelle Kooperationsbereitschaft.

5. Ausblick: Implementierung von Kooperation als zentrale Aufgabe

Zusammenfassend lassen sich folgende Ergebnisse unserer Betrachtungen feststellen: Zum einen existiert eine einhellige Unzufriedenheit der Bürger mit der praktizierten Umweltpolitik, in der eindeutig die Auflagenpolitik dominiert. Diese ist grundsätzlich reaktiv und nicht aktiv-gestaltend. Zum anderen weist eine theoriefixierte Orientierung der Umweltökonomik genau dieser Umweltpolitik die größtmöglichen Effizienzverluste nach. Eine Begründung dieser Diskrepanz liegt u.a. in dem umfassenden Vorteilsgeflecht, das mit dem Begriff „Politikversagen" charakterisiert werden kann. Dieser Begriff ist in unserem Verständnis allerdings wesentlich breiter zu verstehen, denn er beinhaltet institutionelle und individuelle „Fehlorientierungen" aller am umweltpolitischen Entscheidungsprozeß beteiligten Subjekte.

Ziel unseres Beitrags war die Entwicklung der These, daß das Problemlösungspotential der Umweltpolitik durch das Ausmaß an Kooperation bestimmt wird. Kooperation ermöglicht nicht nur eine bessere Ausschöpfung des Problemlösungspotentials, sondern kann dieses auch erheblich erweitern. Kooperation ist für eine nachhaltige Lösung von Umweltproblemen eine notwendige Voraussetzung. Vor diesem Hintergrund mußten wir feststellen, daß Kooperation als grundlegendes umweltökonomisches Prinzip nur relativ selten, und wenn, dann grundsätzlich nur strategisch angewandt wird. Aufgrund einer mangelnden intrinsischen Motivation bleibt das Kooperationsproblem zudem weiterhin noch ungelöst.

Die Chancen, die mit dem ergänzendem Koordinationsmechanismus der konsensualen Kooperation verbunden sind, drängen allerdings eine verstärkte Implementation auf und rechtfertigen intensive Bemühungen zur Reduzierung der Umsetzungsschwierigkeiten. Unser Beitrag hat deutlich gemacht, daß mit der konsensualen Kooperation im Umweltbereich umfassende und weitreichende Wirkungen zu erzielen wären: eine erhöhte gesellschaftliche (soziale, ökonomische, ökologische u. politische) Effizienz aufgrund einer alternativenabwägenden Problemorientierung durch eine breite Beteiligung und entsprechender Präferenzoffenbarung bei einer allseitigen Informationsvermittlung in einem (ergebnis-) offenen, fairen und kompetenten Prozeß der Umweltpolitik zu Gunsten einer umweltgerechteren und demokratiefreundlicheren Gestaltung unserer Lebenswelt.

Sicherlich ist unsere Problemstellung nur als ein erster Schritt zu verstehen, denn um die Restriktionen für eine verbesserte Nutzung des Problemlösungspotentials mit Hilfe des (konsensualen) Kooperationsprinzips abzubauen, bedarf es einer grundlegend veränderten Auffassung aller Beteiligten vom umweltpolitischen Entscheidungsprozeß. Wie in diesem Sinn ein umfassendes Vorteilsgeflecht aufzubauen und zu erzielen wäre, ist ein Problembereich, dessen Lösung nun in den Mittelpunkt rückt.

Anmerkungen

[1] Leipert spitzt diese Auffassung thesenartig wie folgt zu: „Bezogen auf das Verhältnis Ökonomie-Ökologie zeichnen sich die klassischen institutionellen Bedingungen der Industriegesellschaft durch eine Privilegierung des ökonomischen Wachstumsinteresses zu Lasten des Interesses am Naturerhalt aus" (Leipert, 1992, S. 173).

[2] Mit dem Begriff „Problemlösung" lehnen wir uns an Hans Albert an, der einerseits „Theorien" als „Lösungen bestimmter Probleme der Erkenntnis" auffaßt (vgl. 1984, S. 185), andererseits „soziale Ordnungen, institutionelle Vorkehrungen und politische Maßnahmen" als „soziale" bzw. „politische Problemlösungen" betrachtet (vgl. 1984, S. 189).

[3] Steger spricht in diesem Zusammenhang davon, daß die Umweltpolitik grundsätzlich mehr die Getriebene als die Treibende war (vgl. 1994, S. 106).

[4] Die Pareto-Effizienz beinhaltet stets Kosteneffizienz: ein bestimmtes umweltpolitisches Ziel (z.B. Umweltstandard) wird mit einem geringst möglichen Kostenaufwand realisiert. Der Umkehrschluß (Kosteneffizienz beinhaltet Pareto-Effizienz) gilt nicht notwendigerweise.

[5] „Not in my backyard" oder zu deutsch das „St. Florians-Prinzip", wonach zwar grundsätzlich die Einführung von neuen (umwelt-) technischen Anlagen akzeptiert wird, diese jedoch nicht nur sinkt, sondern sich in Widerstände kanalisieren, wenn sie in der unmittelbaren Umgebung etabliert werden sollen.

[6] „Prinzip der Gliederung und kooperierenden Koordination der Gesellschaft" (Koslowski, 1998, S. 20).

Literatur

Albert, Hans: Aufklärung und Steuerung. Gesellschaft, Wissenschaft und Politik in der Perspektive des kritischen Rationalismus; in: Ders.: Kritische Vernunft und menschliche Praxis, Stuttgart 1984, S. 180 – 210.

Altmann, Jörn: Umweltpolitik. Daten, Fakten, Konzepte für die Praxis, Stuttgart 1997.

Axelrod, Robert: Die Evolution der Kooperation, 4. Auflage, München 1997.

Bürgenmeier, Beat: Die Wirtschaftswissenschaft auf der Suche nach einer sozio-ökonomischen Synthese: Neue Ansätze im Umweltschutz, in: Eberhard K. Seifert und Birger P. Priddat (Hrsg.): Neuorientierungen in der ökonomischen Theorie: Zur moralischen, institutionellen und evolutorischen Dimension des Wirtschaftens, Marburg 1995, S. 55 - 72.

Cansier, Dieter: Umweltökonomie, Stuttgart, Jena 1993.

Eichenberger, Reiner: Licht und Schatten des Diskurses. Bemerkungen zur diskursiven Lösung von Konflikten, in: Analyse & Kritik, Jg. 18, Heft 2, 1996, S. 208 - 224.

Frey, Bruno S.: Tertium datur: Pricing, Regulation and Intrinsic Motivation; in: Kyklos 45, 1992, S. 161 - 184.

Gerken, Lüder und Renner, Andreas: Nachhaltige Entwicklung unter dem Primat der Bürgersouveränität; in: Zeitschrift für angewandte Umweltforschung, Jg. 9, 1996, Heft 1, S. 9 - 14.

Griefahn, Monika: Bürgerbeteiligungen – Lösungsansätze für regionale Interessenkonflikte; in: oikos (Hrsg.): Kooperationen für die Umwelt. Im Dialog zum Handeln, Chur/Zürich 1994, S. 53 - 63.

Homann, Karl/Blome-Drees, Franz: Wirtschafts- und Unternehmensethik, Göttingen 1992.

Knoepfel, Peter: Chancen und Grenzen des Kooperationsprinzips in der Umweltpolitik; in: oikos (Hrsg.): Kooperationen für die Umwelt. Im Dialog zum Handeln, Chur/Zürich 1994, S. 65 - 92.

Koslowski, Peter: Mitgestalten – Verantwortung leben, in: Roland Koch (Hrsg.): Aktive Bürgergesellschaft: mitgestalten, mitverantworten, München 1988, S. 17 - 25.

Leipert, Christian: Die normative Begünstigung wirtschaftlichen Wachstums durch institutionelle Bedingungen der Marktwirtschaft und ihre Folgen – Das Beispiel Umwelt, in: Bernd Bievert u. Martin Held (Hrsg.): Evolutorische Ökonomik. Neuerungen, Normen, Institutionen, Frankfurt/M. 1992, S. 167 - 188.

Luckenbach, Helga: Markt- und Staatsversagen. Ursachen und wirtschaftspolitische Gegenmaßnahmen; in: WiSt, 1991, Heft 5, S. 225 - 230.

Mohr, Arthur: Komplementarität und Synergien für den Umweltschutz: Kooperation aus der Sicht der Behörden; in: oikos (Hrsg.): Kooperationen für die Umwelt. Im Dialog zum Handeln, Chur/Zürich 1994, S. 93 - 101.

Oberholzer-Gee, Fehr, Vautravers-Busenhart, Isabelle, Falk, Armin u. de Spindler, Jürg: Diskursverfahren: Liebe auf den zweiten Blick?, in: Analyse & Kritik, Jg. 18, Heft 2, 1996, S. 245 - 264.

Pätzold, Jürgen/ Mussel, Gerhard: Umweltpolitik, Berlin 1996.

Pfriem, Reinhard: Sozialökologische Politik durch dezentrale Akteure; in: Büscher, Martin (Hrsg.): Markt als Schicksal? Zur Kritik und Überwindung neoliberaler Wirtschafts- und Gesellschaftspolitik, Bochum 1998, S. 121 - 129.

Renn, Ortwin und Webler, Thomas: Konfliktbewältigung durch Kooperationen in der Umweltpolitik – Theoretische Grundlagen und Handlungsvorschläge; in: oikos (Hrsg.): Kooperationen für die Umwelt. Im Dialog zum Handeln, Chur/Zürich 1994, S. 11 - 52.

Renn, Ortwin und Webler, Thomas: Der kooperative Diskurs: Theorie und praktische Erfahrungen mit einem Deponieprojekt im Kanton Aargau, in: Knoepfel, Peter (Hrsg.): Lösung von Umweltkonflikten durch Verhandlungen. Beispiele aus dem In- und Ausland; Basel und Frankfurt/M. 1995, S. 191 – 244.

Renn, Ortwin: Möglichkeiten und Grenzen diskursiver Verfahren bei umweltrelevanten Planungen, in: Adelheid Biesecker und Klaus Grenzdörfer (Hrsg.): Kooperation, Netzwerk, Selbstorganisation. Elemente demokratischen Wirtschaftens, Pfaffenweiler 1996, S. 161 – 197.

Renn, Ortwin und Webler, Thomas: Der kooperative Diskurs: Grundkonzeption und Fallbeispiel, in: Analyse & Kritik, Jg. 18, Heft 2, 1996, S. 175 – 207.

Renn, Ortwin: Diskurse als Element einer nachhaltigen Wirtschaftsstruktur; in: Büscher, Martin (Hrsg.): Markt als Schicksal? Zur Kritik und Überwindung neoliberaler Wirtschafts- und Gesellschaftspolitik, Bochum 1998, S. 89 – 97.

Steger, Ulrich: Unternehmen am Verhandlungstisch – Neue Strategien im Umweltschutz; in: oikos (Hrsg.): Kooperationen für die Umwelt. Im Dialog zum Handeln, Chur/Zürich 1994, S. 103 – 111.

Weimann, Joachim: Umweltökonomik. Eine theorieorientierte Einführung, 2., verbesserte Auflage, Berlin/Heidelberg/New York u.a. 1991.

Wicke, Lutz: Umweltökonomie und Umweltpolitik, München 1991.

Multilateraler erkenntnistheoretischer Realismus

Werner Loh

1. Der Zusammenhang zwischen Erwägung und Problembereich

Geht man von dem Problem aus, ob es mindestens ein Etwas gebe, was nicht der Erfassung eines zu Beweisen fähigen Wesens angehöre, und sucht in der Literatur nach Klärungshilfe, dann wird bald deutlich, dass diese Literatur nicht nur nicht bewältigbar ist, sondern dass es auch keinen anhand von Regeln ausgewiesenen Forschungsstand gibt. Ohne solche Regeln hat man keine Maßstäbe für Verbesserungen, die als reflexive Regeln auch begründen lassen könnten, dass keine Verbesserung möglich sei.

Eine Regel könnte lauten: *Versuche den Bereich zu bestimmen, worauf das jeweilige Problem zu beziehen ist.*

Karl R. Popper (1979: 73) hat den Ausdruck "Idealismus" in den 1930er Jahren in dem Sinne verstanden, dass er eine Auffassung bezeichne, nach der "die Welt, die Dinge, [...] nur in meiner Vorstellung" existieren; dagegen seien für den »Realismus« "die Welt, die Dinge [...] nicht nur meine Vorstellungen, sondern sie existieren unabhängig von meinen Vorstellungen". In späteren Texten wird "Idealismus" anders verstanden: "Der Idealismus behauptet in seiner einfachsten Form: Die Welt [...] ist bloß mein Traum" (Popper 1984: 38, z. B. auch: 41, 44, 65). Welcher Idealist hat behauptet, die Welt ist bloß mein Traum? In dem Zusammenhang des zitierten Textes wird u.a. auch George Berkeley erwähnt, der sich wider den Realismus gestellt habe. Aber Berkeley hat Träume von der Wirklichkeit deutlich abgehoben: Sollten Träume "auch zufällig noch so lebhaft und natürlich sein, so sind sie doch dadurch, daß sie nicht einheitlich mit den vorhergehenden und folgenden Ereignissen unseres

Lebens verbunden sind, vom Wirklichen leicht zu unterscheiden" (Georg Berkeley 1980: 105). Für einen Realisten wie Popper mag die Auffassung, Dinge seien nur in der Vorstellung, durch Zuordnung zu Träumen verständlicher werden. Aber gehören Träume noch zu der Problemlage des Streites zwischen Idealisten und Realisten?

Je nach Problembereich sind unterschiedliche Alternativen zu erwägen. Eine zu erwägende Alternative zu »Dinge existieren nur in meiner Vorstellung« mag die Überlegung sein »Es gibt Dinge, die nicht in meiner Vorstellung existieren«. Das Verhältnis Vorstellung/Ding ist demnach hier der Problembereich. Wenn man den Problembereich erweitert und Träume hinzuzieht, dann ist zu fragen, was diese Erweiterung mit dem ersten Bereich noch zu tun hat. Was begründet also diese Erweiterung? Die Gründe wären anzugeben. Ohne Gründe könnte man den Bereich, je nach Belieben, erweitern und z. B. Dichtungen, Halluzinationen, Wahn hinzuziehen. Jede derartige Bereichserweiterung führt zu unterschiedlichen Erwägungen.

Um ein Problem zu bewältigen, ist es günstig, Alternativen zu erwägen und zu bewerten. *Je weniger aber der Problembereich geklärt ist, umso eher besteht die Möglichkeit, eine Vielfalt zu erwägen, die nicht aus Alternativen besteht,* was die Klärung der Problemlage behindert. Diese Lage wird dann besonders deutlich, wenn man unter der Vielfalt an Positionen, die der Idealismus/Realismus-Problemlage zugerechnet wird, diejenigen Alternativen ausmachen möchte, welche grundlegender sind als andere. In einer Skizze der »Typen des Realismus« von Hans Lenk (1995) sind u. a. folgende Unterscheidungen zu finden: Direkter und indirekter Realismus, wobei der naive Realismus ein direkter Realismus sei (37) wie ebenso Common-sense-Realismus (38), relativer Realismus (38) und Neuer Realismus (39); dagegen seien Abbildrealismus (41), Darstellungsrealismus (41), Kritischer Realismus (43), transzendentalidealistischer Realismus (45), hypothetischer Realismus (57), Als-ob-Realismus (60) usw. usf. Varianten des indirekten Realismus. *Welche Positionen sind selbst Varianten von Varianten und welche sind alternativ?* Oder kann man in dieser Weise gar nicht unterscheiden, weil die Positionen selbst nicht unter diesem Gesichtspunkt entwickelt worden sind? Aber wie ist dann hier überhaupt noch mit verantwortbaren Gründen zu entscheiden? Wenn Popper (1984: 38/39) meinte, weder Idealismus noch Realismus seien widerlegbar, dann ist zu fragen, ob es daran liegen könnte, dass es schon an einer Klärung des Zusammenhanges von Problembereich und zu erwägenden Alternativen mangelt.

2. Falscher Beweis
durch Verändern des vorausgesetzten Problembereichs

Ein Entscheidungsverfahren als Problembewältigungsverfahren[1] lässt sich verbessern, wenn man sowohl das Erwägen von Alternativen als auch die Gründe für die Bewertung der Alternativen verbessern kann. Es liegt somit ein *Meta-Entscheidungsproblem* vor: wie ist zu entscheiden, um möglichst gut entscheiden zu können. Rudolf Carnap hat bestritten, dass für das Idealismus-Realismus-Problem sich sachliche Gründe für eine wissenschaftliche Problembewältigung angeben lassen. Demnach wäre es illusionär, eine Verbesserung der Entscheidungslage anzustreben.

Rudolf Carnap (1966) meinte, dass das Idealismus-Realismus-Problem keinen wissenschaftlichen Sinn habe, da die "Thesen keinen Inhalt haben, gar keine Aussagen sind" (61). Carnap charakterisierte zunächst auf folgende Weise die Positionen, um sodann die hier interessierende Bewertungsfrage zu stellen:

"Unter der *These des Realismus* seien die folgenden beiden Teilthesen verstanden: 1. die mich umgebenden, wahrgenommenen, körperlichen Dinge sind nicht nur Inhalt meiner Wahrnehmung, sondern sie existieren außerdem an sich (»*Realität der Außenwelt*«); 2. die Körper der anderen Menschen zeigen nicht nur die und die wahrnehmbaren Reaktionen ähnlich denen meines Körpers, sondern die anderen Menschen haben außerdem auch Bewußtsein (»*Realität des Fremdpsychischen*«). Als *These des Idealismus* seien die entsprechenden Gegenbehauptungen bezeichnet, (von denen jedoch die zweite nur von einer bestimmten, radikalen Richtung des Idealismus, dem Solipsismus, aufgestellt wird): 1. real ist nicht die Außenwelt selbst, sondern nur die Wahrnehmungen oder Vorstellungen von ihr (»*Nichtrealität der Außenwelt*«); 2. real sind nur meine eigenen Bewußtseinsvorgänge, die sog. Bewußtseinsvorgänge der Anderen sind bloße Konstruktionen oder gar Fiktionen (»*Nichtrealität des Fremdpsychischen*«).
Hier soll nun *nicht die Frage* gestellt werden, *welche der beiden Thesen recht hat*. (Dabei wäre auch noch die Gültigkeit der Teilthesen zu unterscheiden.) Es soll vielmehr die tieferliegende Frage aufgeworfen werden, *ob die genannten Thesen überhaupt einen wissenschaftlichen Sinn haben*, ob sie überhaupt einen Inhalt haben, zu dem die Wissenschaft dann zustimmend oder ablehnend Stellung nehmen könnte. Diese tieferliegende Frage müßte zunächst bejaht werden, bevor jene Frage nach Gültigkeit oder Ungültigkeit der Thesen überhaupt gestellt werden könnte." (Rudolf Carnap 1966: 60/61).[2]

Hier sollen allein die zu erwägenden Thesen "körperliche[n] Dinge sind nicht nur Inhalt meiner Wahrnehmung, sondern sie existieren außerdem an sich (»*Realität der Außenwelt*«)" und "real ist nicht die Außenwelt selbst, sondern nur die Wahrnehmungen oder Vorstellungen von ihr (»*Nichtrealität der Außenwelt*«)" bedacht werden, weil das Problem des Fremdpsychischen schon ein Spezialproblem ist. Der Bereich, auf den die zu erwägenden Thesen des Idealismus-Realismus-Problems bezogen sind, ist nach Carnap das *Verhältnis* der Wahrnehmung (bzw. Vorstellung) zur Außenwelt.

Seine Meta-Entscheidung, dass keine sachhaltigen Gründe vorliegen, um zwischen Idealismus und Realismus wissenschaftlich entscheiden zu können, legte Carnap mit folgender Argumentation dar:

"Wenn zwei Geographen, ein Realist und ein Idealist, ausgeschickt werden, um die Frage zu entscheiden, ob ein an einer bestimmten Stelle in Afrika vermuteter Berg nur legendär sei oder wirklich existiere, so kommen sie beide zu dem gleichen (positiven oder negativen) Ergebnis. Denn für den Begriff der Wirklichkeit in diesem Sinne – wir wollen ihn als »*empirische Wirklichkeit*« bezeichnen, – liegen in Physik und Geographie bestimmte Kriterien vor, die unabhängig von dem philosophischen Standpunkt des Forschers eindeutig zu einem bestimmten Ergebnis führen. Und nicht nur über die *Existenz* des Berges werden die beiden Geographen bei genügender Untersuchung zu übereinstimmendem Ergebnis kommen, sondern auch bei jeder Frage nach der *Beschaffenheit* des Berges, nach Lage, Gestalt, Höhe usw. *In allen empirischen Fragen herrscht Einigkeit.* [...]
Der Gegensatz zwischen den beiden Forschern tritt erst auf, wenn sie nicht mehr als Geographen sprechen, sondern als Philosophen, wenn sie die übereinstimmend gefundenen, empirischen Ergebnisse philosophisch interpretieren. Dann sagt der Realist:»diesem von uns gemeinsam festgestellten Berg kommen nicht nur die gefundenen geographischen Eigenschaften zu, sondern er ist außerdem auch real« oder (bei einer anderen, der »phänomenalistischen« Spielart des Realismus):»dem gefundenen Berg liegt etwas Reales, selbst Unerkennbares zugrunde.« Der Idealist dagegen sagt:»im Gegenteil; der Berg selbst ist nicht real, real sind nur unsere (oder, bei einer anderen, der »solipsistischen« Spielart des Idealismus: »nur meine«) Wahrnehmungen und sonstigen Bewußtseinsvorgänge.« Diese Divergenz zwischen den beiden Forschern liegt nicht auf empirischem Gebiete; denn im Empirischen sind ja beide völlig einig. *Die beiden Thesen*, die hier einander widerstreiten, liegen jenseits der Erfahrung und sind daher *nicht sachhaltig* [...]." (Rudolf Carnap 1966: 62/63)

Carnap verallgemeinerte nun diese Argumentation:

"Wie es mit dem Berge steht, so auch mit der Außenwelt überhaupt. Da uns die Sachhaltigkeit als das Kriterium der sinnvollen Aussagen gilt, so *kann weder die These des Realismus von der Realität der Außenwelt, noch die des Idealismus von der Nichtrealität der Außenwelt als wissenschaftlich sinnvoll anerkannt werden*. Das besagt nicht: die beiden Thesen seien falsch; sondern: sie haben überhaupt keinen Sinn, in Bezug auf den die Frage, ob wahr oder falsch, gestellt werden könnte." (Rudolf Carnap 1966: 63/64)

Carnap hat den Realismus durch die oben schon zitierte These charakterisiert: "die mich umgebenden, wahrgenommenen, körperlichen Dinge sind nicht nur Inhalt meiner Wahrnehmung, sondern sie existieren außerdem an sich (»*Realität der Außenwelt«)*". In dieser These geht es thematisch nicht allein um die "wahrgenommenen, körperlichen Dinge". Vielmehr werden sie in ein Verhältnis gesetzt zur Wahrnehmung (bzw. Vorstellung). Die Dinge existierten an sich und seien nicht bloß Inhalt der Wahrnehmung. Diese Verhältnisangabe werde in der These des Idealismus negiert. Demnach besteht der Sachverhalt, um den es hier gehen müsste, in dem *Verhältnis* zwischen körperlichen Dingen und der Wahrnehmung (bzw. Vorstellung). Dieser Sachverhalt kommt aber in Carnaps Argumentation nicht zur Sprache, die die fehlende Sachhaltigkeit darlegen soll, obgleich dieser Sachverhalt nach Carnaps eigener Charakterisierung das Idealismus-Realismus-Problem ausmacht.

Statt also das für das Idealismus-Realismus-Problem konstitutive Verhältnis in seiner Argumentation zu behandeln, etwa als wissenschaftlich nicht sachhaltig auszuweisen, hob Carnap bloß eine Komponente dieses Verhältnisses hervor, – den Berg in Afrika als ein körperliches Ding. Die Problemlage von Idealismus und Realismus ist aber damit insofern verlassen worden, als nicht mehr das Verhältnis thematischer Problembereich ist. Es liegt eine *Themaverfehlung* durch *Problemverschiebung* vor – *eine Verschiebung von der Relation zu einem Relatum.* An seiner eigenen Voraussetzung gemessen, ist also die Argumentation von Carnap falsch. Wollte man das Verhältnis selbst thematisieren, wäre zunächst zu klären, wie weit von den jeweils unterschiedlich aufgefassten Relata des Verhältnisses abstrahiert werden kann: Ist es z. B. erforderlich, von »Wahrnehmung« oder von »körperlichen Dingen« auszugehen?

Carnaps Argumentation, das Idealismus-Realismus-Problem sei nicht sachhaltig, ist zwar wegen der Problemverschiebung falsch, aber es bleibt zu prüfen, ob das Verhältnis zwischen körperlichen Dingen und ihrer Wahrnehmung unter der Problemlage der Idealismus-Realismus-Kontroverse klärungsförderlich behandelbar ist. Einen Ansatz für eine derartige Erörterung kann man den folgenden Ausführungen von Joseph Petzoldt entnehmen:

"Es stehe ein Beobachter *A* vor einem blühenden Apfelbaum und beschreibe uns, was er sieht. Seine Beschreibung stimme mit unseren eigenen Beobachtungen überein. Er wende sich ab und gebe an, daß er von dem Baume nichts mehr wahrnehme. Auf unsere eigene Wahrnehmung des Baumes hat das nicht den geringsten Einfluß. Der Baum fährt für uns fort zu existieren und ist in seinem Dasein für uns von der Wahrnehmung des *A* unabhängig. [...]" (Joseph Petzoldt 1924: 184)

Petzoldt hat eine leicht überprüfbare und reproduzierbare Situation dargestellt, in der ein Etwas als ein körperliches Ding (Apfelbaum) im Verhältnis zu einem wahrnehmend-erfassenden Wesen (Person *A*) untersucht wird. Einmal nimmt dieses Wesen das Etwas wahr und das andere Mal nicht, obgleich für die Person, die *A* im Verhältnis zu dem Apfelbaum untersucht, der Apfelbaum weiterhin existiert. Es kommt hier zunächst nicht darauf an, inwieweit Petzoldts – ja noch weitergehende – Argumentation den Streit zwischen Realisten und Idealisten angemessen erörtern lässt, sondern allein darauf, dass das Thema nicht, wie bei Carnap, verfehlt wird, sondern Problembereich bleibt. Von Carnap hätte der Streit, ob der Apfelbaum unabhängig von *A* existiere, dadurch als Scheinproblem hingestellt werden müssen, dass man unter Missachtung des Verhältnisses zur Wahrnehmung allein Einigkeit über den Apfelbaum erreiche.

3. Bewertungsgründe für die zu erwägenden Alternativen: das Widerspruchsproblem

Wenn zwischen Realisten und Idealisten strittig ist, ob ein Etwas als unerfasstes Etwas existiere oder nicht, dann erfordert eine argumentative *Bewertung* dieser Alternativen *Gründe*. Ob diese hinreichen, wäre in einer reflexiven Problemlage zu erörtern. Ein Beweis für die eine oder andere zu erwägende These sollte also versuchen, möglichst hinreichende Gründe anzugeben. Wie also müsste ein Beweis beschaffen sein, damit er möglichst gute Gründe liefert?

Der Bereich, auf den die zu erwägenden Alternativen zu beziehen sind, ist das Verhältnis zwischen Etwassen, wie z. B. körperliche Dinge, und deren Erfassung, wie z. B. mittels Wahrnehmung. Existiert das Etwas auch ohne seine Erfassung? Das müsste erfasst werden. Ein Beweis müsste demnach selbst erfassen. Die Erfassung des Berges in Afrika oder die Erfassung des Apfelbaumes haben jeweils nicht zum thematischen Problembereich das Verhältnis der Erfassung zu ihrem Gegenstand.

Wenn aber das Verhältnis Erfassung/Etwas selbst im Beweis erfasst werden muss, dann wiederholt sich die Problemlage des Idealismus/Realismus-Problems für den Beweis selbst: Das Verhältnis Erfassung/Etwas wird selbst zu einem Etwas, das in einem Verhältnis zu seiner Erfassung steht.

In dem Beispiel von Petzoldt wird das Verhältnis von der wahrnehmenden Person *A* zu dem Apfelbaum als der primäre Problembereich von einer weiteren – der beweisenden – Person erfasst. Wie steht es aber um die Erfassung dieser weiteren Person (*B*)? Für diese Person *B* ist ihr Verhältnis zu dem erfassten Verhältnis zwischen der erfassenden Person A und dem Apfelbaum ungeklärt. Auf den Beweisweg selbst, nämlich der Erfassung des Verhältnisses Apfelbaum/Person A durch die Person B, trifft das Idealismus-Realismus-Problem auch zu. Wenn das Verhältnis – Apfelbaum/erfassende Person A – nur in der Erfassung von B bestünde, dann würde es der realistischen Position nichts nützen, für das Verhältnis Apfelbaum/erfassende Person A eine realistische Position plausibel machen zu können, denn sie wäre in einer idealistischen Position aufhebbar. Diese Problemlage besteht auch, wenn man das eigene Erfassungsverhältnis zu den körperlichen Dingen reflektiert. Dieses mögliche Aufhebungsverhältnis bleibt so lange unbemerkt, wie man nicht die jeweils beweisen-sollende Erfassung selbst reflektierend erfasst. Diese selbstreferentielle Problemlage hat besonders George Berkeley thematisiert:

"Indem aber der Geist von sich selbst dabei keine Notiz nimmt, so täuscht er sich mit der Vorstellung, er könne Körper denken [conceive] und denke Körper, die ungedacht [unthought] vom Geist oder außerhalb des Geistes existieren, obschon sie doch zugleich auch von ihm vorgestellt [apprehended] werden oder in ihm existieren." (George Berkeley 1964: 37)

Berkeley war sich bewusst, dass dies dem alltäglichen Verständnis widersinnig sei: Äpfel, Tische usw. existieren für dieses Verständnis auch unabhängig von ihm. Berkeley (1964) meinte: "Ist z. B. beobachtet worden, daß eine gewisse Farbe, Geschmacksempfindung, Geruchsempfindung, Gestalt und Festigkeit vereint auftreten, so werden sie für ein bestimmtes Ding gehalten, welches durch den Namen *Apfel* bezeichnet wird." (25) Sagt man also z. B.: "der Tisch, an dem ich schreibe, existiert, so heißt das: ich sehe und fühle ihn" (26). Dem Alltagsverständnis widerstrebt diese Meinung; der Tisch existiert doch wohl auch, wenn man ihn nicht sieht und fühlt. Diesem Bedenken versuchte Berkeley zu begegnen: "wäre ich außerhalb meiner Studierstube, so könnte ich seine Existenz in dem Sinne aussagen, daß ich, wenn ich in meiner Studierstube wäre, ihn perzipieren könnte, oder daß irgend ein anderer Geist ihn gegenwärtig perzipiert." (26) Berkeley kam zu der These: "Das Sein (*esse*) solcher Dinge ist Perzipiertwerden (*percipi*). Es ist nicht möglich, daß sie irgend eine Existenz außerhalb der Geister oder denkenden Wesen haben, von denen sie perzipiert werden." (26/27)

Berkeley (1964: 27) meinte, dass "jeder, der den Mut hat", das verbreitete Verständnis "in Zweifel zu ziehen, finden" werde, "daß es einen offenbaren Widerspruch in sich schließt":

Um zu erweisen, "daß die Objekte eures Denkens außerhalb des Geistes existieren [...], müßtet ihr vorstellen [conceive], daß sie existieren, ohne daß sie vorgestellt werden oder an sie gedacht wird, was ein offenbarer Widerspruch ist. Wenn wir das Äußerste versuchen, um die Existenz äußerer Körper zu denken, so betrachten wir doch immer nur unsere eigenen Ideen." (George Berkeley 1964: 37)

Der Widerspruch besteht nach Berkeley nicht in der Annahme, dass Objekte nicht einem Geiste angehören. Sondern erst dann, wenn man diese Annahme erweisen wollte, müsste man das jeweilige Objekt vorstellend *erfassen*, wodurch man es nur als Erfassung habe. Man müsste also demnach ein Objekt zugleich vorstellend erfassen und nicht erfassen können, damit seine Existenz außerhalb des Geistes erwiesen werden könne. Das aber sei widerspruchsvoll.³

Das Widerspruchsargument ist je nach konzeptuellem Kontext in verschiedenen Varianten über Jahrhunderte hinweg wiederholt worden. Drei Beispiele mögen hier genügen, um einen Eindruck zu vermitteln:

Johann Gottlieb Fichte veröffentlichte 1801 in seinem »sonnenklaren Bericht« folgende Darlegung:

"Sage mir und besinne dich wohl, ehe du mir antwortest: tritt denn ein Ding ein in dich, und kommt in dir und für dich vor, ausser durch und mit dem Bewusstseyn desselben zugleich? Kann sonach in dir und für dich je das Ding von deinem Bewusstseyn des Dinges, und das Bewusstseyn [...] je vom Dinge geschieden seyn? Kannst du das Ding ohne sein Bewusstseyn, oder ein durchaus bestimmtes Bewusstseyn ohne sein Ding denken? [...]; und geht dir nicht dein Denken gar aus, wenn du es anders denken willst?" (Johann Gottlieb Fichte 1971: 400)

»Vorstellung«, »Denken«, »Bewusstsein« usw. könnte man mit dem Ausdruck "Erfassung" und »Ding«, »Körper«, »Objekt« usw. mit "Etwas" zunächst angeben. Fichtes Argumentation ließe sich somit umformulieren: Es geht einem das Denken aus, wenn man Etwas erfassen möchte, ohne es zu erfassen. Auch Wilhelm Schuppe meinte in seiner »Logik« von 1878, dass es ein Widerspruch sei, ein unerfasstes Etwas (Sein als Objekt) anzunehmen, da es dann allemal erfasst (bewusst/gedacht) sei:

"[...], so ist nun einfach auf die Tatsache hinzuweisen, dass alles Sein, welches Objekt des Denkens werden kann, immer schon seinem Begriffe nach Bewusstseinsinhalt ist, und als solcher also im bewussten Ich, und dass ein Sein, welches mit der Bestimmung versehen wird, dass es nicht oder noch nicht Bewusstseinsinhalt ist, eine contradictio in se ist, ein undenkbarer Gedanke, wenn man also nicht in naiver Weise vergisst, dass auch dieses Sein gedacht wird und dass der Inhalt dieses Begriffes aus Bewusstseinsinhalten besteht, ein inhaltsloser Laut." (Wilhelm Schuppe 1878: 69; vgl. auch 1878: 34)[4]

Lorenz B. Puntel schrieb über 100 Jahre später in seinem Buch »Grundlagen einer Theorie der Wahrheit«, dass es widersprüchlich sei, eine *Welt* (Etwasse) unabhängig von ihrer begrifflichen Komponente (Erfassung) anzunehmen:

"[...] sagen, daß eine solche Welt ein widersprüchliches Konstrukt ist: Einerseits wird *Welt* als etwas angenommen, das von jeder begrifflichen Komponente unabhängig ist (sein soll); andererseits aber wird von *Welt* gesprochen bzw. auf *Welt* Bezug genommen, was in vielfältiger Weise begriffliche Elemente einschließt. Nicht nur Begriffe bzw. Attribute wie „Unabhängigkeit" werden der *Welt* zugeschrieben; auch *Welt selbst* wird dabei als eine so und so bestimmte, d. h. von einem bestimmten Begriffsschema her konzipierte Entität aufgefaßt, wie z. B.: *Welt* als Totalität der Objekte, der Tatsachen usw." (Lorenz Bruno Puntel 1990: 272; vgl.: 138)

Allen derartigen Argumenten ist trotz unterschiedlicher Formulierung gemeinsam, dass es nicht möglich sei, ein Etwas, das nicht Bestandteil einer Erfassung sei, als ein auch unerfasstes Etwas zu beweisen, weil dieses Etwas dann erfasst sein müsse; *es sei widersprüchlich, ein Etwas unerfasst erfasst zu haben*. Es ist "ein erstaunlich einfacher Gedanke", schrieb Willy Freytag (1902: 73), die "Wucht des Gedankens ist eine ungeheure, sein Einfluss unendlich". Der Widerspruchsbeweis ist nachvollziehbar. Doch es mag zur Vorsicht mahnen, dass der Gedanke eines Etwasses, das nicht erfasst wird, nicht nur für sich widerspruchsfrei ist, sondern noch dazu empirisch überprüft werden kann, wie die oben dargelegte Argumentation von Petzoldt plausibel macht. Der Widerspruchsnachweis ist demnach selbst als Problem zu behandeln.

Wenn das Verhältnis Erfassung/Etwas für einen Beweis selbst erfasst werden muss, und darauf machte Berkeley aufmerksam: "Indem aber der Geist von sich selbst dabei keine Notiz nimmt, ..." (s. o.), dann ist reflektierend zu erwägen, ob demselben Verhältnis bzw. der gleichen Erfassung des Etwasses zugleich auch der Beweis aufzubürden ist oder ob eine Alternative hierzu reflektierend zu erwägen ist. Eine Metaebene ist also explizit reflektierend einzunehmen, um diese Metaproblemlage bewältigen zu können. Die Erwägung dieser Metaebene ist eine andere Erwägung als diejenige Erwägung, welche der primären Problemlage des Idealismus-Realismus-Problems angehört. In dieser Metaerwägung gilt es zu erwägen, wie die Beweisgrundlage beschaffen sein müsste, um die Erwägung der primären Problemlage – Idealismus oder Realismus – mit Gründen bewerten zu können.

4. Unilateralität versus Multilateralität

Carnap hat das Verhältnis zwischen dem Etwas, dem Berg in Afrika, und seiner Erfassung bei seiner Argumention, dass das Idealismus-Realismus-Problem nicht wissenschaftlich sachhaltig sei, nicht thematisiert. Diese Reflexionsvermeidung ermöglichte seine Argumentation. Bei den Widerspruchsnachweisen wird dagegen das Verhältnis zwischen Erfassung und Etwas reflektiert. Aber diese Reflexion wird nicht selbst als Beweismittel benutzt. Vielmehr weist diese Reflexion derselben Erfassung, die ein Etwas erfasst, die Nicht-Erfassung dieses Etwasses zu, was zu dem bekannten Widerspruch führt. Erfassung eines Etwasses und Nicht-Erfassung dieses Etwasses erfassen aber nicht das Verhältnis Erfassung/Etwas.

Ein Beweis für oder gegen den Idealismus bzw. Realismus müsste aber gerade dieses Verhältnis erfassen. Die Erfassung des Verhältnisses Erfassung/Etwas müsste Bestandteil des Beweises sein, weil sonst das Idealismus-Realismus-Problem gar nicht Thema wäre. Berkeleys oben zitierter Vorwurf der Reflexionslosigkeit – der Geist nehme von sich nicht Notiz und bemerke daher nicht den Widerspruch – ist insofern eine *Falle, als die Reflexion dazu dient, die Reflexion für den Beweis als Beweismittel selbst nicht zu nutzen.* Indem der Geist von sich Notiz nimmt, beachtet er das Verhältnis Erfassung/Etwas, untersucht aber nicht, wie ein Beweis beschaffen sein müsste. Denn sonst hätte die Reflexion doppelt zu reflektieren, indem sie reflektierte, dass eine Reflexion das Verhältnis Erfassung/Etwas zu erfassen habe. Stattdessen kommt die Reflexion ohne diese *beweiskonstitutive Reflexion* aus und führt zu der Annahme, eine Erfassung müsse zugleich Etwas erfassen und nicht erfassen, wenn es Etwas gäbe, das nicht der Erfassung angehöre. *Die den Beweis konstituierende Erfassung darf demnach nicht diejenige Erfassung sein, deren Verhältnis zu einem Etwas erfasst werden soll. Denn die Erfassung dieses Etwasses erfasst nicht das Verhältnis dieser Erfassung zu diesem Etwas.*

Der Widerspruch ließe sich auflösen, indem man zwei Erfassungen zu dem Etwas zuließe. Wenn *A* z. B. das eine Auge schlösse und das andere öffnete und danach umgekehrt, dann könnte *A* den Baum zugleich erfassen und nicht erfassen, und das auch noch abwechselnd. Jedoch würde hierdurch nicht das Verhältnis Erfassung/Etwas selbst erfasst. Es würde also nicht genügen, mehrere Erfassungen zuzulassen, um dem Widerspruch zu entgehen. Es reicht also nicht hin, mehrere Erfassungen zu erwägen. Aber diese Erwägung macht zumindest deutlich, dass durch mehrere Erfassungen kein Widerspruch konstruierbar ist. *Zur Minimalgrundlage eines Beweises gehört, dass als Bestandteil des Be-*

weises das Verhältnis Erfassung/Etwas selbst erfasst wird. Hier liegen auch mehrere Erfassungen vor. Aber es könnte sein, dass trotz der Erfüllung dieser Beweisgrundlage Widersprüche konstruierbar sind.

Das Verhältnis einer Erfassung zu einem Etwas soll "*unilateral*" und die Erfassung des Verhältnisses Erfassung/Etwas "*multilateral*" genannt werden. Unilaterale Behandlungen des Idealismus-Realismus-Problems führen zu Widersprüchen und erfüllen nicht die minimale Beweisgrundlage, welche Gründe für eine Entscheidung liefern könnte.

Nun hat Petzoldt in seinem Apfelbaum-Beispiel eine Erfassungskonstellation schon bedacht, in der die Erfassung bzw. Nichterfassung des Apfelbaumes durch A selbst eigens von B erfasst wird. Aber gerade diese multilaterale Konstellation wurde oben zum Anlass genommen zu erörtern, wie es um die Erfassung von B bestellt sei. Könnte es sein, dass beide Auffassungen, Idealismus und Realismus, je nach Perspektive, berechtigt sind?[5] Allerdings ist die minimale Beweisgrundlage für die Erfassung, die von B ausgeht, selbst nicht erfüllt, wenn man für diese das Idealismus-Realismus-Problem stellte. Also wäre für die Erfassung, die von B ausgeht, selbst eine eigene Erfassung notwendig, um eine multilaterale Konstellation zu erhalten. Wie steht es dann aber um diese zusätzliche Erfassung? Für diese bestünde selbst nun keine multilaterale Konstellation. Wäre somit die realistisch gemeinte Position von Petzoldt letztlich doch nicht beweisbar, weil es immer eine jeweils letzte Erfassung gibt, die selbst (noch) nicht erfasst ist? *Zwar wäre die jeweils letzte Schicht, idealisiert gedacht, immer durch eine Reflexion multilateral einholbar, aber diese müsste selbst wieder erst noch eingeholt werden, usw. usf. Es ist eine problematische Beweislage, die auf der jeweils letzten Ebene instabil ist.*

Petzoldt ist auf eine solche Iterationsproblematik nicht eingegangen. Dies war für ihn auch nicht erforderlich, weil er das Ergebnis für A auf B rückbezogen hat:

"Setzen wir nun voraus, daß der Beobachter A uns prinzipiell durchaus gleicht, daß er ein empfindender und denkender Mensch ist wie wir, daß wir dem Baum gegenüber in prinzipiell der gleichen Lage sind wie er, dann nehmen wir zugleich auch die Unabhängigkeit der Existenz des Baumes von unserer eigenen Wahrnehmung an: so gut der Baum zu existieren fortfuhr, als jener A sich abwandte, genau so gut existiert er weiter, wenn wir selbst uns abwenden. Leugnen oder bezweifeln wir aber diese Unabhängigkeit, so leugnen oder bezweifeln wir auch die Existenz anderer Menschen. Ehe wir uns dazu entschlössen, müßte sich gar keine Möglichkeit ausfindig machen lassen, die Dinge, auch wenn wir sie nicht mehr wahrnehmen, fortexistierend zu denken." (Joseph Petzoldt 1924)

Wenn (ich bzw.) *B* nur denkt, *A* zu gleichen, dann wird allein das Verhältnis von *A* zu dem Baum vergleichend übernommen. In den Vergleich geht also nur ein unilaterales Verhältnis ein. Petzoldt hätte die gesamte Beweissituation beachten müssen, um eine multilaterale Konstellation auch für *B* zu erhalten. Auch wird ein Beweis nicht durchgeführt, dass der Baum weiterexistiert, wenn (ich bzw.) *B* den Baum nicht mehr erfasst. Vielmehr wird die Unabhängigkeit vergleichend unterstellt, vorausgesetzt, von *B* nur gedacht und nicht bewiesen. Petzoldt nutzte also eine multilaterale Beweiskonstellation für den Unabhängigkeitsbeweis *für A*, ohne explizit herauszuarbeiten, dass die Multilateralität Bedingung der Möglichkeit des Beweises ist. Die idealistische Beweislage für den Widerspruchsnachweis ist somit nicht verlassen. Wohl aber hat Petzoldt einen ersten Schritt zu deren Aufhebung gemacht, indem er das Beweis*ergebnis* für *A* auf *B* rückbezogen hat, *ohne den Beweis für B selbst zu wiederholen*.

5. Die multilaterale Beweisgrundlage

Das Ausgangsproblem ist die Frage, ob es Etwas gebe, das nicht der Erfassung eines beweisfähigen Wesens angehöre. Die Problemlage ist so beschaffen, dass es weder auf die Art der Etwasse (Bäume, Berge usw.) noch auf die Art der Erfassungen (Bewusstsein, Wahrnehmung usw.) ankommt. Es handelt sich allein um das Verhältnis zwischen Erfassung und Etwas.

Für das Ausgangsproblem sind zwei grundlegende Möglichkeiten zu erwägen. Etwas ist Bestandteil der Erfassung oder nicht. Beide Möglichkeiten sind widerspruchsfrei zu behaupten. Wie sind die beiden zu erwägenden Möglichkeiten mit Gründen zu bewerten? Wie also ist zu beweisen, welche der zu erwägenden Alternativen zutrifft? Oder ist ein Beweis eines beweisfähigen Wesens für diese Problemlage nicht möglich?

Die Beweislage erfordert, dass für die zu erwägenden Alternativen Gemeinsamkeiten bestehen. Die grundlegende Gemeinsamkeit liegt darin, dass überhaupt ein Beweisanspruch erhoben wird. Auch muss für die Realisationsbereiche eine Gemeinsamkeit bestehen. Apfelbäume, Berge, Schreibtische sind sowohl für die eine als auch für die andere Alternative Etwasse, die identifizierbar sind. Schließlich sind auch Gemeinsamkeiten vorauszusetzen, dass nicht nur verlässlich erinnert wird, dass man etwas erfasst hat und nun nicht mehr (bzw. umgekehrt), sondern auch in welchem Erfassungsbereich (sehend, tastend usw.). Keine Gemeinsamkeit besteht hinsichtlich der Alternativität: Gibt es (mindestens) ein Etwas, das unerfasst ist oder nicht?

Der Beweis muss das Verhältnis zwischen Etwas und Erfassung selbst erfassen. Die Beweiserfassung ist nicht diejenige Erfassung, deren Verhältnis zu einem Etwas durch den Beweis erfasst wird. Wäre sie dieselbe Erfassung, würde sie nicht das Verhältnis Erfassung/Etwas erfassen. Ein solcher Beweis ist durchführbar. Es ist reproduzierbar beweisbar, dass Etwas nicht einer Erfassung angehört. Sozial ist beweisbar, dass ein Etwas, wie ein Apfelbaum, auch dann existiert, wenn man (B) den Apfelbaum noch sieht, obgleich sein erfassender Betrachter (A) ihn nicht mehr sieht. Individuell ist beweisbar, dass meine gerade noch die Kugel erfassende rechte Hand diese nun nicht mehr erfasst, wobei aber die linke Hand diese – der rechten Hand entnommene – Kugel erfasst.

Dieser Beweis ist multilateral und hat als Bestandteil Reflexion. Der Beweis muss koordiniert werden. Das multilaterale Reflexionsverhältnis des Beweises ist für diese Koordination zu erfassen. Das Reflexionsverhältnis des Beweises ist somit selbst nochmals zu reflektieren. Es besteht eine *Koordinationsreflexion*, die ein multilaterales Reflexionsverhältnis reflektiert.

Die Fähigkeit zur Koordinationsreflexion ermöglicht, die bisherige Beweislage zu problematisieren. Denn das Ausgangsproblem, ob es etwas gebe, was nicht der Erfassung eines beweisfähigen Wesens angehöre, ist auf die Beweiserfassung selbst übertragbar: Ist das Verhältnis Erfassung/Etwas als Gesamtheit, als ein somit neues Etwas, nun selbst Bestandteil der Beweiserfassung oder nicht? Die Entscheidung, welche der zu erwägenden Alternativen der Ausgangsproblemlage zutrifft, kann also für die Beweiserfassung wiederholt werden. Das, womit zu beweisen ist, ist selbst gleichermaßen erst noch zu beweisen. Die Ausgangsproblemlage als primäre Problemlage ist somit wiederholbar. Die Beweislage hat sich für die Koordinationsreflexion somit zu einem *Iterationsproblem des Beweisens* entwickelt.

Welche Alternativen lassen sich erwägen, wenn man das Iterationsproblem möglichst gut bewältigen möchte? Abstrakt lassen sich zwei Alternativen erwägen: Entweder man führt immer neue Erfassungsebenen reflektierend ein oder aber man führt keine neuen Erfassungsebenen ein.

Führt man neue Erfassungsebenen reflektierend ein, dann ist die die Beweislage unabschließbar, denn für jede weitere Erfassung ergibt sich erneut die Beweislast.

Auch ein bloßer Abbruch der Iteration in dem Sinne, dass man die letzte Erfassung unbewiesen lässt, führt zu keiner Klärung, welche von den zu erwägenden Alternativen zutreffen mag. Denn lässt man sich allein auf die bewiesene Erfassung ein, dann scheint der Realismus begründet zu sein. Hebt man andererseits den Beweis selbst mit seiner Erfassung hervor, dann neigt sich die Begründung dem Idealismus zu, wenn man Widerspruchsfreiheit als Kriterium nutzt.

Doch es gibt noch eine weitere Möglichkeit, die Iteration abzubrechen. Wenn zwar für das Beweismittel noch nichts bewiesen ist, dann ist zunächst wenigstens für die zu beweisende Erfassung bewiesen, dass für sie ein Etwas zu existieren vermag, wenn das Etwas unerfasst ist, sei es z. B. der Apfelbaum oder die Kugel. Warum sollte sich das *Beweisverhältnis* nicht *umkehren* lassen, und das beliebig oft und reproduzierbar?

Eine Erfassung, für die bewiesen worden ist, dass ein Etwas zu existieren vermag, auch wenn sie dieses Etwas nicht erfasst, könnte nach diesem Beweis selbst zum Beweismittel werden, um für das noch unbewiesene Beweismittel selbst zu beweisen, dass für dieses Beweismittel Etwas zu existieren vermag, wenn es dieses nicht erfasst.

Wenn (ich meine bzw.) *B* meint, bewiesen zu haben, dass der Apfelbaum auch dann besteht, wenn *A* ihn nicht erfasst, dann lässt sich die Beweislage umkehren. *Ohne diese Umkehrung ist in diesem Stadium unter den zu erwägenden Alternativen des Ausgangsproblems noch nichts entschieden.* Sowohl Idealismus als auch Realismus haben noch eine Chance. Als Idealist könnte (ich bzw.) *B* immer noch annehmen, die Person *A* sei mit ihrem unerfassten Apfelbaum bloß Bestandteil der eigenen Erfassung. Voraussetzung für die Umkehrbarkeit ist allerdings, dass für das kommende Stadium das schon erreichte Beweisergebnis beibehalten wird: Das Beweisergebnis, dass für die Person *A* ein Etwas existiert, das nicht ihrer Erfassung angehört, muss weiterhin gelten. Zu dem Beweis gehört, dass man die erfassten Fähigkeiten der erfassten Person *A* unterstellt, ein Etwas – wie den Apfelbaum – zu erfassen und auch feststellen zu können, dass sie das Etwas nicht erfasst, gleichgültig, ob man (potentieller) Idealist oder (potentieller) Realist ist.

In der Umkehrung beweist *A* nun für (mich bzw.) die Person *B*, dass für (meine bzw.) deren Erfassung des Apfelbaumes dieser auch dann existiert, wenn (ich bzw.) *B* ihn nicht erfasst, wobei nun für die Erfassung von *A* schon bewiesen worden ist, dass dieses Etwas, etwa der Apfelbaum, auch dann besteht, wenn er von *A* nicht erfasst wird. Wenn also *A* (mir bzw.) der Person *B* sagt, dass der Apfelbaum existiert, obgleich (ich bzw.) *B* ihn nicht sehe, dann muss (ich bzw.) *B*, unter der Voraussetzung, dass diese Feststellung von *A* für (mich bzw.) *B* Gültigkeit hat, akzeptieren, dass für (mich bzw.) *B* ein Etwas existiert, das nicht (meiner bzw.) ihrer Erfassung angehört. Es wird also widerspruchsfrei erfasst, dass es ein Etwas gibt, was nicht erfasst ist. Damit ist die Basis für einen widerspruchsfreien Beweis für den Realismus gegeben. Der Idealismus ist widerlegbar:

Der Beweis erfordert eine multilaterale Erfassungskonstellation und Umkehrbarkeit (*Reversibilität*) der Erfassungsrelationen.

Es genügt schon, für *ein* Etwas zu beweisen, dass es nicht der Erfassung eines beweisfähigen Wesens angehört. Der Beweis ist nun weiter auszubauen. Einmal kann man die Umkehrung umkehren. Man beginnt erneut den Beweis, nun aber mit einer Erfassung, für die schon bewiesen ist, dass für sie auch ein Etwas zu existieren vermag, was sie nicht erfasst. Der Beweis erreicht ein Reversibilitätsstadium, das ihn stabilisiert. Die Instabilität der unabgeschlossenen Iteration ist somit beseitigt. Zum anderen sind weitere Personen hinzuziehbar.

Das multilateral-reversible Beweisverfahren lässt sich auch auf eine andere Weise realisieren, indem man die multilaterale Konstellation nicht über Personen verteilt, sondern allein von einem Ich bewältigen lässt.

Wenn ich mit der einen, etwa der rechten Hand eine Kugel erfasse und zugleich mit der anderen, etwa der linken Hand auch diese Kugel zusammen mit dieser rechten Hand erfasse, um sodann dieser rechten Hand die Kugel zu entnehmen, dann weiß ich, dass die Kugel existiert, obgleich die rechte Hand sie nicht mehr erfasst. Ich weiß, dass ein Etwas zu existieren vermag, auch wenn dieses Etwas nicht (mehr) erfasst wird – von der rechten Hand. Nun kehre ich das multilaterale Verhältnis um: Mit der rechten Hand erfasse ich die linke Hand samt der Kugel und entnehme mit der rechten Hand der linken Hand die Kugel. Nun weiß ich, dass die Kugel existiert, obgleich die linke Hand sie nicht mehr erfasst. Hätte ich nur die Hände und kein Etwas, wie die Kugel, dann könnte ich zwar feststellen, dass beide Hände einander erfassen und nicht erfassen können und insofern gegenseitig unerfasst existieren. Aber ich hätte nicht die Möglichkeit, eine Hand der anderen zu übergeben, und hierbei diese übergebene Hand nicht mehr als Erfassende zu erfassen. Denn in der Reflexionserfassung erfasse ich fortwährend als gesundes Wesen meine Hände als erfassungsfähig, sodass hier nicht bewiesen werden kann, dass diese Erfassungen durch die Hände nicht Bestandteil des beweisfähigen Wesens sind. Will man also beweisen, dass es etwas gibt, was gänzlich unerfasst sein kann, dann braucht man ein Etwas, das für *jede* der multilateralen Erfassungen auch einmal unerfasst zu sein vermag.

6. Unilateralisierung und Arten des unilateralen Realismus

Berkeley (1964: 27) legte dar, es sei "eine auffallend verbreitete Meinung, daß Häuser, Berge, Flüsse, mit einem Wort, alle sinnlichen Objekte eine natürliche oder reale Existenz haben, die von ihrem Perzipiertwerden durch den Verstand verschieden ist". Und Berkeley (1964: 27) führte aus, wie oben schon zitiert worden ist, dass jeder, der den "Mut" habe, diese Meinung in "Zweifel zu ziehen" ("find in his heart to call it in question"), finden werde, dass diese Meinung "einen offenbaren Widerspruch in sich schließt". Nach David Hume widerstreitet hier ein Naturinstinkt philosophischer Überlegung:

"So besteht der erste philosophische Einwurf gegen die Aussage der Sinne oder die Annahme einer äußeren Existenz darin, daß solche Annahme, wenn sie sich auf den Naturinstinkt stützt, der Vernunft widerstreitet, und wenn sie sich auf die Vernunft beruft, dem Naturinstinkt widerstreitet und doch gleichzeitig keine Evidenz für die Vernunft besitzt, die einen unparteiischen Forscher zu überzeugen taugte" (David Hume 1964: 181/182).

Wie kommt es, dass man zunächst annimmt, die Etwasse, wie Häuser, Berge usw., existierten auch unerfasst, um dann durch die philosophische Reflexion derart verunsichert zu werden, dass man, wie Berkeley, diese Annahme sogar gänzlich aufgibt oder, wie Hume, eine Ambivalenz auszuhalten hat? Mit Hilfe des oben entwickelten Beweisverfahrens ist folgende Erklärung zu erwägen, der allerdings weitere zur Seite gestellt werden müssten.

Hat man für Erfassungen reversibel bewiesen, dass ein Etwas nicht diesen Erfassungen angehört, dann ist dieser Befund von dem Bereich aus weiter verarbeitbar, der das Beweisverfahren insgesamt koordiniert (Koordinationsreflexion).[6]

Die Reversibilität der multilateralen Beweislagen kann *implizit* werden, wenn man die vielen Etwasse, die nicht der Erfassung eines beweisfähigen Wesens angehören, in einem *Modell* dieser Etwasse repräsentiert. Wenn ich den Apfelbaum oder die Kugel als unabhängig von mir existierend annehme, dann reflektiere ich, dass ich mich in einem Verhältnis zu dem Apfelbaum oder der Kugel befinde, die ich erfassen mag oder nicht. Aber diese Reflexion ist nicht die Reflexion, die ein multilaterales Beweisverhältnis konstituiert. Wenn die Unabhängigkeit bewiesen worden ist, braucht dieser Beweis nicht fortwährend erneut geführt zu werden. Das Wissen um die Unabhängigkeit wird in diesem Modell integriert. Hierdurch wird das Verhältnis zwischen dem Modell bzw. der Erfassung jeweiliger unabhängiger Etwasse unilateral: *Ein* Bewusstsein, *ein* Ich, *ein* Wahrnehmungsbereich usw. wird einem Gegenstandsbereich, einem Objektbereich, der Welt usw. gegenübergestellt. Das Implizitwerden der reversiblen Beweislagen und der Aufbau von Modellen unabhängiger Etwasse geht mit einer *Unilateralisierung* einher. Diese Konzeption wäre entwicklungspsychologisch hinsichtlich Mensch und Tier zu überprüfen.

Am deutlichsten kommt die Unilateralität in der Einstellung des »*naiven Realismus*« zum Ausdruck. In der Literatur findet man verschiedene Versionen dessen, was "naiver Realismus" genannt wird. Rudolf Eisler unterstellte eine etwas »rigide« Einstellung:

"Der naive Realismus zweifelt nicht, dass die Dinge so beschaffen sind, wie er sie wahrnimmt, einfach deshalb, weil ihm Komplexe von Wahrnehmungsinhalten selbst die Dinge sind. Ferner achtet der „naive" Mensch nicht auf den Umstand, dass die Qualitäten, die er den Dingen als Eigenschaften zuschreibt, abhängig sind von einem erlebenden Subjekte. Dieser Abhängigkeit wird er sich, und auch dann nicht begrifflich, nur bewusst, wenn er die Sinnesqualitäten als E m p f i n d u n g s i n h a l t e erlebt. Dann hat er aber schon in den Qualitätenkomplexen Dinge sehen gelernt, und so glaubt er notwendig, seine Empfindungen seien Wirkungen dieser Dinge auf sein Ich. Er bezieht z. B. die Gehörsempfindung auf den tönenden Gegenstand, d. h. jene scheint ihm von diesem, einem Komplex von Farben und Tastqualitäten in bestimmter räumlicher Form, auszugehen. Hat er eine Farbempfindung als solche, so bezieht er diese wiederum auf einen tastbaren Gegenstand, der auch farbig ist, wenn er keine Farbenempfindung in jemandem auslöst. Gegenstand und Wahrnehmungsinhalt gelten dem naiven Realismus als eins; darum, weil sich ersterer zunächst aus Inhalten zusammensetzt, die auch Empfindungsinhalte werden können, hat das Ding die Qualitäten der Sinneswahrnehmung selbst." (Rudolf Eisler 1901: 45/46)

Hans Albert verstand unter "naivem Realismus" eine etwas moderatere Haltung. Nach seinem Sprachverständnis kann ein naiver Realist seiner Wahrnehmung kritisch gegenüber sein und sogar zugestehen, dass man das Gegebene interpretiere:

"Die einfachste Auffassung vom Charakter der Erkenntnis ist der *naive Realismus*, eine Auffassung, derzufolge die Wirklichkeit im großen und ganzen so beschaffen ist, wie sie uns in unseren Wahrnehmungen erscheint. Nach ihr ist der wolkenlose Himmel tatsächlich blau, das Wasser eines Gebirgsbaches eiskalt, der Zucker süß und das Essen mehr oder weniger schmackhaft. Die Sinnesqualitäten werden hier also als Eigenschaften bestimmter Objekte aufgefaßt [...]. Dabei werden allerdings üblicherweise gewisse Korrekturen angebracht, weil man Erfahrungen über die Wirkung ungünstiger Situationen auf die Wahrnehmung gemacht hat. Auch hier gibt es also schon eine gewisse Kritik der Wahrnehmung auf Grund von Erfahrungen. Und der Tatsache, daß jede Wahrnehmung schon selbst eine Interpretation des „Gegebenen" enthält, wird auch im naiven Realismus schon Rechnung getragen [...], so daß auch er schon eine erkenntniskritische Auffassung ist." (Hans Albert 1987: 45)

Beiden zitierten Verwendungen des Ausdrucks "Naiver Realismus" ist gemeinsam, dass die Weise der Erfassung auch den Etwassen selbst zukommen soll: "hat das Ding die Qualitäten der Sinneswahrnehmung selbst" (Eisler) – "Wirklichkeit im großen und ganzen so beschaffen ist, wie sie uns in unseren Wahrnehmungen erscheint" (Albert). Das sind unilaterale Verhältnisse. Solange man das Verhältnis Erfassung/Etwas allein unilateral bezogen behandelt und Realist ist, besteht keine andere Möglichkeit, als die Erfassungskomponenten den Dingen selbst zuzurechnen. Denn es gibt nur – wegen der unilateralen Behandlung dieser Problemlage – allein den Bezug der Erfassung auf ein Etwas. Entweder also man meint, ein Etwas zu erkennen, das nicht der Erfassung angehört, dann muss man unilateral dem Etwas eine Weise der Erfassung selbst zurechnen, da ansonsten das Etwas nicht erfassbar zu sein scheint, wodurch die realistische Position verlassen würde.

Nun wird der naive Realismus abgegrenzt von einem »*kritischen Realismus*«. Eisler formulierte:

"Indem die Abhängigkeit der Sinnesqualitäten vom erlebenden Ich erkannt und das Objektsein der Dinge von ihrem Sein an und für sich unterschieden wird, entsteht aus dem naiven der k r i t i s c h e Realismus, nicht ohne dass Zwischenstufen durchlaufen werden, wo zwischen „sekundären" und „primären" Qualitäten unterschieden wird, welche letztere allein den Dingen als Eigenschaften zukommen sollen, während die ersteren bloss subjektiv seien. Der kritische Realismus stellt die naive Weltansicht nicht auf den Kopf, er muss ihre Grundvoraussicht, dass die Wahrnehmungsobjekte Dinge ausser uns bedeuten, anerkennen." (Rudolf Eisler 1901: 46/47)

Der kritische Realismus bleibt innerhalb des Rahmens der Unilateralität. Seine kritische Haltung kommt allein dadurch zum Ausdruck, dass er versucht Erfassungsweisen auszusondern, von denen er annimmt, dass sie nicht dem Etwas angehören. Das kann bis zu dem Extrem reichen, dass man nur noch meint, von einem Etwas ausgehen zu dürfen, das nicht der Erfassung angehört, alles andere sei allein subjektiv.

Nach Hans Alberts Auffassung nutzt der kritische Realismus die Fortschritte der Einzelwissenschaften:

"Aber schon im griechischen Denken – nämlich bei den Vorsokratikern – ist an die Stelle des naiven ein *kritischer Realismus* getreten, der unter anderem die Subjektivität der Sinnesqualitäten durchschaut und sich bemüht hat, die Erkenntnis von ihren subjektiven Beschränkungen zu befreien [...]. Dieser kritische Realismus hat sich dann die Fortschritte der Einzelwissenschaften zunutze gemacht, deren Erkenntnisprogramme weitgehend durch ihn mitbestimmt waren." (Hans Albert 1987: 45/46)

Wenn sich der kritische Realismus mit dem verbindet, was "Wissenschaft" genannt wird, dann könnte man ihn auch *"wissenschaftlichen Realismus"* nennen. In diesem Sinne grenzte z. B. Eduard Study ihn von einem »naiven Realismus« ab:

"Der wissenschaftliche Realist unterscheidet sich vom naiven vor allem darin, daß er an dessen Leichtgläubigkeit nicht teilnimmt." (Eduard Study 1923: 43)

Wenn man also z. B. meint, Physik würde im Unterschied zum naiven Realismus die äußere Wirklichkeit angemessener erfassen oder letztlich, wie sie an sich sei, dann bleibt man innerhalb des unilateralen Rahmens. Das macht es verständlich, wenn man eine solche Auffassung immer noch als dem naiven Realismus verwandt einschätzt:

"Wir haben ebenfalls keinen Grund für die Annahme, die äußere Wirklichkeit erscheine uns in der Erfahrung so, wie sie an sich ist. Ein solcher naiver Realismus wird zwar heute nicht angenommen, wohl aber, daß die Physik die Welt so darstellt, wie sie ist. Das ist nur ein naiver Realismus auf höherer Stufe." (Franz von Kutschera 1990: 253/254; vgl. auch Robert Reininger 1970: 113 ff)

7. Unilateraler Allmachtsrealismus: Kant

Unilateral ist der Realismus empirisch nicht beweisbar. Will man ihn beweisen, führt dies zu Widersprüchen. Es gibt nun verschiedene Bewältigungsstrategien. Carnap wollte die Problemlage als nicht sachhaltig darlegen. Popper hat Traum als Alternative bedacht und ist auf das Widerspruchsproblem nicht eingegangen. Man kann auch Widersprüchlichkeit explizit zulassen. Hans Vaihinger meinte:

"Wer einen weiteren Blick hat, [...] findet vielleicht, daß die Widersprüche [...] nur das notwendige Gegenstück zu dem antinomischen Charakter der Wirklichkeit selbst sind. Ein Philosoph, der eben nur Eine Seite an der Wirklichkeit ins Auge faßt, kann bei der theoretischen Bearbeitung eben dieser einen Seite leicht ohne Widersprüche auskommen." (Hans Vaihinger 1921: 163/164)

In diesem Sinne interpretierte Vaihinger auch Kant:

"Im philosophischen Denken ist die Gleichung 2=1 nicht erlaubt. E n t w e d e r also wollen wir annehmen: Vorstellung und Ding im Raume, o d e r: blosse Vorstellungen; (entweder: die Aussenwelt n o c h a u s s e r der Wahrnehmung, oder: die Aussenwelt n u r a l s Wahrnehmung) – aber Beides zugleich geht nicht an. Diese beiden diametral entgegengesetzten Darstellungen finden sich, was man bis jetzt seltsamer Weise nicht bemerkt hat, i n d e m T e x t d e r e r s t e n A u f l a g e u n m i t t e l b a r i n d e m s e l b e n A b s c h n i t t e n e b e n e i n a n d e r.
Dieses Resultat kann diejenigen nicht überraschen, welche durch genaues und unbefangenes Eindringen in die Kantischen Schriften die Ueberzeugung gewonnen haben, dass die „Kritik der reinen Vernunft" zugleich das genialste und das widerspruchsvollste Werk der gesammten Literatur ist." (Hans Vaihinger 1884: 135/136)

Die Kant-Forschung hat es bisher nicht dazu gebracht, einen verlässlichen Forschungsstand zu erarbeiten, auf dem man aufbauen könnte (vgl. Werner Loh 1992). Ich will hier eine Interpretationsvariante darlegen, die mir plausibel erscheint und die in der Literatur bisher nicht diskutiert worden ist, die aber aus folgendem Grund hier entwickelt wird: Anhand dieser Interpretationsvariante lässt sich zu allen mir bekannten anderen Versionen des unilateralen Realismus eine prinzipiell andere Alternative verdeutlichen. Da dies die alleinige Aufgabe der folgenden Erörterung ist, soll diese Interpretationsvariante hier nicht ausführlich anhand der Texte Kants plausibel gemacht werden (weitere Darlegungen in: Loh 1990, 1991, 1992). Meine Textbezüge betreffen die Akademieausgabe und ansonsten zitiere ich nach verbreitetem Brauch.[7]

Die folgende Interpretationsvariante geht von zwei grundlegenden Annahmen aus, die der Kritischen Philosophie Kants zurechenbar sind:

1. Kant hat das Widerspruchsproblem nicht, wie Berkeley, als Problem einer Erfassung, die zugleich ein Etwas erfassen und nicht erfassen müsse, formuliert, sondern er wendete die Problemlage anders: Wenn Erfassung eben Erfassung ist, dann müssten ja, wenn man die Dinge erfassen wollte, wie sie an sich seien, Erfassungskomponenten (Vorstellungen) außerhalb des erfassenden Wesens sein:

"Wenn ich von Gegenständen in Zeit und Raum rede, so rede ich nicht von Dingen an sich selbst, darum weil ich von diesen nichts weiß, sondern nur von Dingen in der Erscheinung, d.

i. von der Erfahrung als einer besondern Erkenntnißart der Objecte, die dem Menschen allein vergönnt ist. Was ich nun im Raume oder in der Zeit denke, von dem muß ich nicht sagen: daß es an sich selbst, auch ohne diesen meinen Gedanken, im Raume und der Zeit sei; denn da würde ich mir selbst widersprechen, weil Raum und Zeit sammt den Erscheinungen in ihnen nichts an sich selbst und außer meinen Vorstellungen Existirendes, sondern selbst nur Vorstellungsarten sind, und es offenbar widersprechend ist, zu sagen, daß eine bloße Vorstellungsart auch außer unserer Vorstellung existire." (4: 341/342)

Diese *Problemlage* Kants ist noch in der Ablehnung naiv realistisch: Es wird die Möglichkeit für Menschen abgelehnt, für sie könnten ihre Vorstellungen hinsichtlich der Erfassung von Dingen auch außerhalb ihrer Vorstellungen sein. Die Problemlage bezog Kant explizit auf Menschen. Aber nicht nur das, sondern er formulierte so, als ob hier Menschen unvermögend seien ("die dem Menschen allein vergönnt ist"). War für Kant nur menschliche Erkenntnisfähigkeit in einer Weise beschränkt, dass sie unfähig ist, die Dinge an sich selbst zu erfassen? Gab es für Kant andere Wesen, die Dinge an sich selbst zu erkennen vermögen?

2. Kant hat Wesen danach unterschieden, inwieweit sie Dinge erfassen können. In dem vorangehenden Zitat klingt das schon an ("allein vergönnt"). Kant hat menschliche Erkenntnis abgehoben von tierischer Vorstellung von einem Etwas und göttlicher. "Die Thiere k e n n e n auch Gegenstände, aber sie e r k e n n e n sie nicht." (9: 65) Für Gott dagegen sei durch seine nichtsinnliche Anschauung das Dasein des Objektes der Anschauung gegeben (B 72); Gott bringe also die Dinge seiner Vorstellung entsprechend hervor:

"Hierauf, daß Gott das ens entium, das independente Urwesen ist, gründet sich alle seine Erkenntniß. Denn wäre Gott nicht die Ursache der Dinge; so könnte er sie entweder gar nicht erkennen, weil nichts in seiner Natur wäre, das ihm von den Dingen, die außer ihm sind, Kenntniß verschaffen könnte; oder die Dinge müßten auf ihn einen Einfluß haben, wodurch sie ihm ein Merkmal ihres Daseyns geben würden. Dann müßte aber Gott eine sinnliche Erkenntniß von ihnen haben, folglich passibilis seyn, welches aber seiner Independenz als eines entis originarii widerspricht. Soll daher Gott die Dinge ohne Sinnlichkeit erkennen; so kann er sie nicht anders erkennen, als indem er sich seiner selbst, als der Ursache von allen, bewußt ist. Und folglich ist die göttliche Erkenntniß aller Dinge keine andere, als diejenige Erkenntniß, die Gott von sich selbst hat, als eine wirksame Kraft." (28.2.2: 1054)

In der Kritik der reinen Vernunft ist zu lesen:

"Denn wollte ich mir einen Verstand denken, der selbst anschauete (wie etwa einen göttlichen, der nicht gegebene Gegenstände sich vorstellte, sondern durch dessen Vorstellung die Gegenstände selbst zugleich gegeben oder hervorgebracht würden) [...]" (*KrV* B 145)

Wenn ein Wesen die Fähigkeit hat, die Gegenstände seinen Vorstellungen gemäß hervorzubringen, dann braucht dieses Wesen keine Rezeptivität. Rezeptivität verbürgt nicht, dass man die Dinge an sich erkennt. Wohl aber verbürgt die außerordentliche Fähigkeit Gottes, die Dinge seinen Vorstellungen gemäß hervorzubringen, dass dann die Dinge auch so beschaffen sind, wie Gott sich diese vorstellt. In einer Reflexion – vielleicht um 1770 – heißt es bündig: "Gott ist Urheber der Dinge an sich" (17: 429). Und in der »Religionslehre Pölitz«, aus der ich oben schon zitiert habe, findet sich folgende, Kant zugeschriebene Äußerung – vermutlich aus den 1780er Jahren:

"Gott erkennet alle Dinge, indem er sich selbst, den Grund aller Möglichkeiten, erkennet; das nannte man theologia archetypa oder exemplaris, wovon wir schon oben geredet haben. Gott erkennet also nicht empirisch, weil dies dem unabhängigen Urwesen widerspricht. – Wir Menschen erkennen äußerst wenig a priori, und haben beinahe alle unsere Erkenntniß den Sinnen zu verdanken. Durch die Erfahrung erkennen wir nur die Erscheinungen, den mundum phaenomenon oder sensibilem, nicht den mundum noumenon oder intelligibilem, nicht die Dinge, wie sie a n s i c h s e l b s t sind. [...] Gott erkennet alle Dinge, wie sie a n s i c h s e l b s t sind, d. h. a priori, unmittelbar durch die Anschauung des Verstandes; denn er ist das Wesen aller Wesen, in welchem [...] alle Möglichkeit ihren Grund hat." (28.2.2: 1052).

Gottes Allmacht ermöglicht ihm, ohne rezeptive Erfassung die Dinge an sich selbst zu erkennen. Die Dinge sind so, wie Gott sie sich vorstellt. *Das ist naiver Realismus als Allmachts-Realismus.* Dieser naive Realismus hat sogar die Naivität der Reflexionslosigkeit:

"Die Attention, die Abstraktion, die Reflexion, die Comparation sind alles nur Hülfsmittel eines diskursiven Verstandes; sie können also von Gott nicht gedacht werden; denn Gott hat keine conceptus, sondern lauter intuitus, wodurch sein Verstand alle Gegenstände, wie sie an sich selbst sind, unmittelbar erkennet" (28.2.2: 1052/1053).

Ein solcher Allmachtsrealismus als naiver Realismus war für Kant – nach der hier dargelegten Interpretationsversion – das Maß, mit dem er menschliches Erkennen bedachte:

"Der Idealismus besteht in der Behauptung, daß es keine andere als denkende Wesen gebe, die übrige Dinge, die wir in der Anschauung wahrzunehmen glauben, wären nur Vorstellungen in den denkenden Wesen, denen in der That kein außerhalb diesen befindlicher Gegenstand correspondirte. Ich dagegen sage: es sind uns Dinge als außer uns befindliche Gegenstände unserer Sinne gegeben, allein von dem, was sie an sich selbst sein mögen, wissen wir nichts, sondern kennen nur ihre Erscheinungen, d. i. die Vorstellungen, die sie in uns wirken, indem sie unsere Sinne afficiren." (4: 288/289)

Da es sich bei solchen Textstellen thematisch um menschliche Vermögen handelt, kommt in ihnen der Gottesbezug explizit nicht vor, wohl aber durch die Depravationsfeststellung ("wissen wir nichts", "nur"), wobei auch der Hinweis auf das Afficiren ebenfalls eine Depravation ist: Menschen sind keine Urwesen, sind nicht allmächtig, sondern auch in ihrem Erkennen abhängig. Macht man den impliziten Bezug explizit, dann wird deutlich, dass hier eine bemerkenswerte Verbindung von naivem und kritischem Realismus stattfindet, sofern man sie nicht gleichsetzt: Der naive Realismus als Allmachtsrealismus bietet die Grundlage, eine Haltung des kritischen Realismus für den Menschen einzunehmen:

"Daß man unbeschadet der wirklichen Existenz äußerer Dinge von einer Menge ihrer Prädicate sagen könne: sie gehörten nicht zu diesen Dingen an sich selbst, sondern nur zu ihren Erscheinungen und hätten außer unserer Vorstellung keine Existenz, ist etwas, was schon lange vor L o c k e s Zeiten, am meisten aber nach diesen allgemein angenommen und zugestanden ist. Dahin gehören die Wärme, die Farbe, der Geschmack etc. Daß ich aber noch über diese aus wichtigen Ursachen die übrigen Qualitäten der Körper, die man primarias nennt, die Ausdehnung, den Ort und überhaupt den Raum mit allem, was ihm anhängig ist (Undurchdringlichkeit oder Materialität, Gestalt etc.), auch mit zu bloßen Erscheinungen zähle, dawider kann man nicht den mindesten Grund der Unzulässigkeit anführen; und so wenig wie der, so die Farben nicht als Eigenschaften, die dem Object an sich selbst, sondern nur den Sinn des Sehens als Modificationen anhängen, will gelten lassen, darum ein Idealist heißen kann: so wenig kann mein Lehrbegriff idealistisch heißen, blos deshalb weil ich finde, daß noch mehr, j a a l l e E i g e n s c h a f t e n , d i e d i e A n s c h a u u n g e i n e s K ö r p e r s a u s m a c h e n , blos zu seiner Erscheinung gehören; denn die Existenz des Dinges, was erscheint, wird dadurch nicht wie beim wirklichen Idealism aufgehoben, sondern nur gezeigt, daß wir es, wie es an sich selbst sei, durch Sinne gar nicht erkennen können." (4: 289)

Folgt man solchen Ausführungen allein und beachtet nicht Kants Erkenntnistheologie, mag man ihn als kritischen Realisten einschätzen. Doch dann ergeben sich diejenigen Problemlagen, die schon zu Lebzeiten Kants dazu führten, das Konzept eines Dinges an sich für widersprüchlich und eigentlich überflüssig einzuschätzen, wodurch man sich seine Kritische Philosophie idealistisch orientiert anverwandelte (vgl. statt anderer Hans Vaihinger 1970: 35 ff).

Zu dieser Problemlage kommt noch eine Sprachgebung von Kant hinzu, die in die Irre führen kann. Glaubt man der expliziten Feststellung Kants, er sei kein Idealist, dann mag es verwundern, dass er seine Position trotzdem als "transzendentalen Idealismus" und die Gegenposition als "transzendentalen Realismus" bezeichnete.[8] Die Bezeichnung wird – entsprechend der hier dargelegten Interpretationsversion – dann eher nachvollziehbar, wenn man die doppelte Perspektive beachtet, die seiner Erkenntniskonzeption zugrunde liegt. Bezieht man sich allein auf den Menschen, dann ist die Annahme eines Dinges an sich selbst überflüssig, da es für den Menschen nicht zu erkennen ist, was schon Hume so einschätzte:

"Beraubt man aber die Materie aller ihrer faßbaren Eigenschaften erster sowohl wie zweiter Ordnung, so vernichtet man sie eigentlich und behält nur ein gewisses unbekanntes, unerklärliches E t w a s zurück als Ursache unserer Auffassungen, einen so unvollkommenen Begriff, daß kein Skeptiker ihn des Streites wert erachten wird." (David Hume 1964: 182)

Man könnte entsprechend der theologischen Perspektive Kants entgegenhalten, dass dieses Etwas nur für perfekte Erkenntnis existiere. Umso deutlicher wird nun der Kontrast, wenn man die humane Perspektive im Sinne Kants, nach der hier eingenommenen Interpretationsvariante, einnimmt: Das Ding an sich ist für Menschen unerkennbar: Würden Menschen *allein* die Quellen der sinnlichen Anschauung nutzen, müssten sie Idealisten sein. Idealismus wäre insofern Gottlosigkeit. In dem Konzept eines »transzendentalen Idealismus« hat Kant sowohl die göttlich Perspektive als auch die menschliche verknüpft. Der transzendentale Idealismus gibt ein Unvermögen des Menschen im Kontrast zu dem göttlichen Vermögen an. Der transzendentale Idealismus ist insofern Ausdruck einer Bescheidenheit im Bewusstsein um Gottes Allmacht. Der transzendentale Realist meint anmaßend, die Dinge an sich selbst räumlich und zeitlich erkennen zu können:

"Wir haben in der transcendentalen Ästhetik hinreichend bewiesen: daß alles, was im Raume oder der Zeit angeschauet wird, mithin alle Gegenstände einer uns möglichen Erfahrung nichts als Erscheinungen, d. i. bloße Vorstellungen, sind, die so, wie sie vorgestellt werden, als ausgedehnte Wesen oder Reihen von Veränderungen, außer unseren Gedanken keine an sich gegründete Existenz haben. Diesen Lehrbegriff nenne ich den t r a n s c e n d e n t a l e n I d e a l i s m [...]. Der Realist in transcendentaler Bedeutung macht aus diesen Modifikationen unserer Sinnlichkeit an sich subsistirende Dinge und daher b l o ß e V o r s t e l l u n g e n zu Sachen an sich selbst." (A 490/491 – B 518/519)

Die Kritik der reinen Vernunft ist zwar auf den Menschen bezogen, aber dies unter fortlaufender, häufig impliziter konzeptueller Berücksichtigung der gedachten Fähigkeiten Gottes. Insofern ist also der »transzendentale Idealismus« eine Verherrlichung des mittels der Vernunft gedachten Gottes, vor dessen Ideal das Unvermögen der Menschen deutlich wird, nämlich nicht allmächtig Dinge außer sich dadurch zu erkennen, dass man sie den Vorstellungen entsprechend zu erzeugen vermag, ohne rezeptiv von diesen abhängig zu sein.[9]

8. Analogischer naiver Realismus?

Ein wie auch immer kritisch eingeschränkter naiver Realismus unterstellt, dass die Etwasse so sind, wie sie erfasst werden. Wenn aber ein Etwas unterschiedlich erfasst wird, entsteht das Problem, welche der Erfassungen das wiedergibt, wie das Etwas an sich ist. Die Problemlage mag – wie schon in der europäischen Antike – zur Skepsis führen:

"Wenn aber dieselben Dinge entsprechend der Verschiedenheit der Lebewesen ungleichartig erscheinen, dann werden wir zwar imstande sein zu sagen, wie der zugrundeliegende Gegenstand von uns angesehen wird, wie er aber seiner Natur nach ist, darüber werden wir uns zurückhalten." (Sextus Empiricus 1985: 107)

Oder man meint, eine Erfassung gegen die andere ausspielen zu können, etwa indem man – wie z. B. John Locke – zwischen primären und sekundären Qualitäten unterscheidet, was aber auch schon in der Antike seine Vorläufer hat (Demokrit):

"14. Was ich bezüglich der Farben und Gerüche gesagt habe, läßt sich auch auf Geschmacksarten, Töne und andere ähnliche sinnlich wahrnehmbare Qualitäten anwenden; sie sind, gleichviel welche Realität wir ihnen irrtümlicherweise zuschreiben, in Wahrheit in den Objekten selbst nichts anderes als Kräfte, um verschiedenartige Sensationen in uns zu erzeugen, und hängen von den primären Qualitäten, nämlich von Größe, Gestalt, Beschaffenheit und Bewegung der Teilchen, ab [...].
15. Hieraus ergibt sich, wie mir scheint, ohne weiteres der Schluß, daß die Ideen der primären Qualitäten der Körper Ebenbilder der letzteren sind und daß ihre Urbilder in den Körpern selbst real existieren, während die durch die sekundären Qualitäten in uns erzeugten Ideen mit den Körpern überhaupt keine Ähnlichkeit aufweisen. In den Körpern selbst existiert nichts, was unsern Ideen gliche. Sie sind in den Körpern, die wir nach ihnen benennen, lediglich eine Kraft, jene Sensationen in uns zu erzeugen." (John Locke 1968: 150)

Nun gibt es die Überlegung, dass der naive Realismus – wie immer auch kritisch eingeschränkt – widersprüchlich sei, auch wenn man damit nicht in der Tradition Berkeleys für den Idealismus argumentieren möchte:

"So gewiß wir der Welt Existenz unabhängig von und vor jedem Bewußtsein zuschreiben müssen, so wenig darf die Frage nach den Qualitäten dieser unabhängigen Welt gestellt werden, denn das hieße ja fragen, wie sie sich unserem Bewußtsein darstellen würde, wenn sie keinem Bewußtsein gegenüberstünde; es würde also der Fehler einer *contradictio in adjecto* gemacht. Die Welt vorstellen oder sie denken bedeutet eben, sie mit Qualitäten vorstellen oder denken, während die Frage nach der Welt an sich ausdrücklich von allen sinnlichen Qualitäten absieht." (Joseph Petzoldt 1924: 201)

Hiermit ist nicht das Kant'sche Ding an sich in seiner theologischen Fundierung gemeint: "Nicht einmal für eine allmächtige und allwissende Gottheit könnte es das Problem der Welt an sich geben" (Joseph Petzoldt 1924: 201). Wenn man Etwas erfasst und auch reflexiv erfasst, dass das Etwas nicht dem erfassenden Wesen angehört, dann folgt aus dieser Reflexion, dass die Erfassung nicht das erfasste Etwas ist. Demnach kann man die Existenz von Steinen, Pflanzen und Tieren feststellen, ohne hiermit behaupten zu wollen, so wie man diese Steine, Pflanzen und Tiere erfasse, seien diese auch an sich beschaffen. Die Feststellung (intentio recta) "Das dort ist eine Katze und sie existiert unabhängig von meiner Erfassung" ist also begründet aufrechtzuerhalten ohne die zusätzliche Unterstellung, hiermit habe man zugleich auch die Katze an sich erfasst.[10] *Realistische Existenzfeststellung und An-sich-Behauptung sind demnach deutlich auseinanderzuhalten.* Das mag zwar einleuchtend sein, aber folgt hieraus ein Widerspruch, wenn man dennoch als Realist Etwassen, die nicht den jeweils eigenen Erfassungen angehören, Qualitäten in einer dem naiven Realismus ähnlichen Weise zurechnete?

Zunächst ist zu fragen: Wie steht es um die Erfassung selbst? Muss sie selbst wiederum erfasst werden? Wenn das der Fall sein sollte, wäre diese Erfassung der Erfassung selbst zu erfassen, und das endlos; eine Erfassung wäre nicht möglich. Die Roterfassung der Rose wäre für sich nicht möglich, weil jede Erfassung selbst wieder erfasst sein müsste. Nun werden aber fortwährend Erfassungen beendet. Demnach hat man mit solchen Erfassungen einen Abschluss. Dann aber hätte man mit diesen derartig abgeschlossenen Erfassungen selbst »Dinge an sich« als Etwasse, deren Qualität man *un*erfasst *hat*, was nicht damit zu verwechseln ist, dass diese Etwasse in Erfassungsrelationen zu anderen Etwassen stehen.

Friedrich Paulsen vertrat die Auffassung, dass Menschen mit ihrem Seelenleben zugleich Dinge an sich erkennen würden:

"[...] e r k e n n e n w i r u n s e r e i g e n e s I n n e r e, w i e e s a n s i c h i s t? [...]: sicherlich, e s i s t i m B e w u ß t s e i n, w i e e s a n s i c h i s t. Gefühle, Bestrebungen, Vorstellungen, Gedanken werden erlebt, vorgestellt, gedacht, wie sie an sich sind: ihr Sein ist ja nichts anderes als ihr Erlebt- und Gedachtwerden. Ist nun die Seele nichts anderes als das Seelenleben selbst, bleibt hinter ihm kein dunkles, undurchdringliches Seelenatom als Rückstand, so werden wir also sagen: die Unterscheidung von Erscheinung und Ding an sich hat hier überhaupt keinen Sinn." (Friedrich Paulsen 1920: 394/395)

Man braucht nicht der Aktualitätskonzeption ("Seele nichts anderes als das Seelenleben selbst") und dem Identitätstheorem (Sein und erkannt werden fallen hier in eins zusammen) von Paulsen zu folgen, um dennoch von solchen Überlegungen aus zu der Erwägung überzugehen, ob es sinnvoll sei, dass man mit dem Erleben, mit dem Bewusstsein usw. zugleich auch ein Etwas hat/ist, das zur Qualitätsbestimmung eines Etwasses (Dinges) an sich hinreicht. Wenn man dies einmal annimmt, dann ist für einen Realisten der nächste Schritt zu erwägen: Sind Etwasse in ihrer Qualität zu erfassen, auch wenn sie nicht dieser Erfassung angehören, z. B. wenn man anderen Menschen solche Etwasse zurechnete?

Paulsen (1920: 400) meinte, mit Hilfe des "analogischen Schließens" über den Menschen hinaus verallgemeinern zu können:

"es liegt kein Grund vor, das, was in gleicher Weise uns als Erscheinung gegeben ist, grundsätzlich ungleich zu behandeln, oder also einige Körper als die sichtbaren Träger eines Seelenlebens, andere dagegen als bloße Körper ohne alles Innenleben anzusehen. Nur nimmt natürlich die Deutbarkeit der Körperwelt in dem Maße ab, als die körperlichen Vorgänge an Ähnlichkeit mit den Vorgängen meines leiblichen Lebens verlieren. [...] in der niederen Tierwelt reicht die Analogie nur noch aus, um die gröbsten Umrisse eines Innenlebens erkennen zu lassen. In der Pflanzenwelt läßt die Fähigkeit des Verstehens noch mehr nach; und in der unorganischen verschwindet endlich auch der letzte Schimmer; die Körperwelt hört hier ganz auf, ein uns entzifferbares Symbol eines Innenlebens zu sein." (Friedrich Paulsen 1920: 401/402)

Diese Auffassung kommt dem nahe, was zuweilen "Panpsychismus"[11] genannt wird, wobei allerdings das »Pan« bei Paulsen unergründlich bleibt. Ein naiver Realismus scheint somit keineswegs logisch unmöglich zu sein; vielmehr ist zu erwägen, ob ein analogisierend verfahrender und eingeschränkter naiver Realismus hinreichend Gründe für sich hat, gleichgültig, ob man einem Panpsychismus oder anderen, in ähnlicher Weise verwendbaren Konzepten folgt (z. B. Epiphänomenalismus oder Supervenienz-Konzeption).[12]

Wenn man dem naiven Realismus zumindest analogisierend eine gewissen Berechtigung zuerkennen würde, folgte dann hieraus, dass es nur eine zutreffende Erfassung geben könne? Müsste man z. B. die Rotempfindung, die man bei einem anderen Menschen unterstellt, mit Hilfe der eigenen Rotempfindung analogisierend erfassen wollen, um eine zutreffende Erfassung zu erreichen? Doch eine solche Zuordnung in der analogisierenden Erfassung mit Hilfe von Gleichartigem besteht schon nicht bei der Erfassung der Rotempfindung selbst. Vergleicht man etwa zwei Rotempfindungen angesichts von Rosenblüten, dann sind die vergleichenden Gedanken selbst keine Rotempfindungen.[13] Ein anderes Beispiel: Wer weiß, was es heißt, einen gedanklichen Faden zu verlieren, und dieses gelegentlich bemerkt, hat eine Vorstellung (bzw. reflektierend einen Begriff) davon, die (bzw. der) nicht das Faden-Verlieren selbst ist. Die Erfassung, die zutreffend sein mag, kann demnach ungleich dem Etwas sein, auf das sie zutrifft.

9. Bedingungen für einen Forschungsstand

Das eingangs gestellte Problem, ob es ein Etwas gebe, was nicht der Erfassung eines zu Beweisen fähigen Wesens angehöre, ist den dargelegten Überlegungen nach lösbar. Ein reproduzierbar multilaterales und reversibles Beweisverfahren ermöglicht dies. Angesichts der immer noch strittigen Problemlage soll hier zum Schluß reflektiert werden, unter welchen Bedingungen die Behauptung gilt, dass die zu erwägende realistische Alternative mit Gründen positiv und damit die idealistische negativ zu bewerten ist.

Eine für die Problemlage grundlegende *Voraussetzung* ist die Annahme, dass man nur solche Argumentationen zu berücksichtigen braucht, die von *beweisfähigen Wesen* herrühren oder diesen unterstellt werden. Zum Beispiel hat Gerhard Vollmer, um die Unmöglichkeit der Beweisbarkeit des Idealismus wie auch des Realismus darlegen zu können, eine solipsistische Position konstruiert. Wenn aber nach Vollmer (1993: 178) ich mich als ein solcher Solipsist "aller Behauptungen enthalten" muss, "die meine gegenwärtigen Gedanken überschreiten", dann ist ein solcher "Solipsismus in diesem Sinne nicht widerlegbar", aber nicht, weil er "widerspruchsfrei, zirkelfrei" sei, sondern weil er nicht einmal hinreichend Widersprüche zu (re-)konstruieren vermag oder gar zu Zirkeln fähig wäre, die Erinnerungen erfordern. Ein solcher Solipsismus gleicht eher einem gedächtnislosen Tier. Das Idealismus-Realismus-Problem ist nur dann ein Problem, wenn für beide Positionen gemeinsame Grundfähigkeiten angenommen werden, wie z. B. Erinnerungsfähigkeit, die Fähigkeit, verschiedene Wachzustände zu unterscheiden, die Fähigkeit, identifizieren zu können, seien es Bäume, Berge oder Schreibtische usw. usf. Traditionell wollen Idealisten Realisten widerlegen und damit die Beweisvirtuosität von Realisten übertrumpfen: Der Widerspruchsnachweis in der Tradition Berkeleys ist ein solches Übertrumpfungsargument (s. o.: "Indem aber der Geist von sich selbst dabei keine Notiz nimmt ..."). Hume wollte die realistische Position sogar als Ausdruck eines Naturinstinktes auffassen und die Vernunft neige zum Idealismus.

Eine Beweisführung erfordert die *Klärung des Problembereiches. Hiervon hängt ab, welche Alternativen für eine Problembewältigung zu erwägen sind.* Stellt man, wie Popper (s. o.), der realistischen Position die idealistische als eine Traumposition gegenüber, dann fügt man dem einen Problembereich – dem Verhältnis von einem Etwas zu der Erfassung eines beweisfähigen Wesens – einen weiteren hinzu. Dagegen wäre nichts einzuwenden, wenn die Hinzufügung nicht als Bestandteil des Ausgangsproblembereichs behandelt würde. (Es wäre analogisch so, als wollte man zu dem Problembereich, was Menschen trinken können, hinzufügen, dazu gehöre auch schlafen.) Es ist eine interessante Frage, wie Realisten und Idealisten das Traumproblem erörtern (s. o. z. B. Berkeley), aber es ist ein zusätzlicher Problembereich, der nicht mit dem Bereich, der Thema ist, vermischt werden sollte. Je weniger der Problembereich geklärt ist, umso mehr wird das adäquate Erwägen beeinträchtigt.

Eine Geltungsbedingung für die Beweisführung ist die ausdrückliche Angabe des Problembereiches und auch die Kontrolle, dass man bei der Beweisführung diesen Problembereich beibehält. Wie wenig das selbstverständlich ist, macht die Argumentation von Carnap deutlich (s. o.). Obgleich er das Verhältnis Erfassung/Etwas in seiner Formulierung zum Ausgang seiner Überlegungen nahm, schränkte er hinsichtlich der Argumentation diesen Bereich auf eine Komponente des Verhältnisses – das Etwas (Berg in Afrika) – ein, um die wissenschaftliche Sinnlosigkeit des Idealismus/Realismus-Problems dartun zu können.

Ohne eine Klärung des Ausgangsproblembereiches ist kein Forschungsstand zu erreichen. Die Klärungsaufgabe ist selbst als eine reflexive Problemlage zu dem Ausgangsproblem mit seinem Bereich zu entwickeln. Hierfür sind die Referenzen auseinanderzuhalten, wie dies am Erwägen verdeutlicht werden kann: Die Frage, welche Alternativen für das Ausgangsproblem zu erwägen seien, ist eine andere Frage als die, welche Positionen noch zu der Menge der zu erwägenden Alternativen des Ausgangsproblems gehören und welche nicht. Ein einfaches Beispiel soll dies veranschaulichen: Fragt man nach den kürzesten Wegen von A nach B (Ausgangsfrage), dann ist reflexiv zu erwägen, welche Wege in die nähere Wahl zu ziehen sind; man scheidet aus bestimmten Gründen gewisse Möglichkeiten aus, andere berücksichtigt man nach einigen Überlegungen dann doch usw. usf. Hier wird reflexiv erwogen, welche Wege zu den zu erwägenden Wegen für das Ausgangsproblem gehören sollen. Angenommen, man habe nun die Wege c, d und e in die Erwägung des Ausgangsproblems integriert, mit Gründen bewertet, dass d der kürzeste sei und 'd' als Lösung gesetzt; dann *gilt* diese Lösung nur hinsichtlich der Erwägung und Bewertung. Die negativ bewerteten

Wege c und e sind als zu erwägende Möglichkeiten zu bewahren, damit man die Geltung von 'd' begründen kann.[14] Das »Falsche« ist auf der Erwägungsebene nicht zu eliminieren.

Besonders bei strittigen Problemlagen kann es förderlich sein, die reflexive Problemlage mit als Geltungsbedingung zu bewahren. Die reflexive Ebene erzeugt wichtige Forschungsaufgaben (vgl. Werner Loh 1995): Was gehört zu den jeweils zu erwägenden Alternativen dazu? Gibt es Regeln, um die zu erwägenden Alternativen zu bestimmen? Ist es möglich, vollständig alle zu erwägenden Alternativen anzugeben? Gibt es verschiedene Arten von Vollständigkeit?

Hat man für das Idealismus/Realismus-Problem das Verhältnis Erfassung/Etwas als Bereich bestimmt, dann sind nur zwei Möglichkeiten zu erwägen. Gibt es mindestens ein Etwas, das nicht der Erfassung eines beweisfähigen Wesens angehört oder nicht? Führt man den Gedanken konsequent durch, dass es kein Etwas gebe, das nicht einem beweisfähigen Wesen angehört, dann führt dies zum Solipsismus: Das beweisfähige Wesen kann nur behaupten, alles, was für es ist, ist nur in seiner Erfassung. Der Solipsismus ist demnach die grundlegende Alternative zu jeglicher realistischen Position. In der Literatur findet man aber die Bemerkung, dass der Solipsismus so absurd sei, dass er nicht zu berücksichtigen sei: So definierte z. B. Franz von Kutschera (1982: 219) "Solipsismus" wie folgt: "Die Wirklichkeit besteht nur aus mir selbst und meinen Ideen", wobei er ihn als "konsequent" einschätzte; dann wäre er eigentlich besonders zu berücksichtigen. Kutschera meinte aber einem "ersten Blick" vertrauen zu dürfen, um diese konsequente Position aus der Erörterung und damit auch der näheren Erwägung ausschließen zu können: "Die These des Solipsismus ist aber schon auf den ersten Blick absurd" (219).

Eine Erwägung als Geltungsbedingung ist möglichst unabhängig von der Bewertung aufzubauen. Insbesondere wenn man Regeln für den Aufbau von zu erwägenden Alternativen hat, etwa kombinatorische, wird deutlich, dass Erwägungen nicht von den eigenen Vorlieben abhängig zu machen sind. Die Geltungsbedingung würde hierdurch gemindert.

Die für das Idealismus/Realismus-Problem grundlegenden zu erwägenden Alternativen sind sehr einfach. Dies kann dazu verführen, diese Ebene zu überspringen und zu den zahlreichen, konkreter zu bestimmenden Alternativen überzugehen. Michael Devitt umschrieb das, was er einen "schwachen Realismus" nannte, wie folgt:

"The very weakest [...] realism is completely unspecific about what exists; it requires only that *something* does. When the independence dimension is added this 'weak realism' amounts simply to the claim that something exists objectively independently of the mental." (Michael Devitt 1984: 15)

Devitt (1984) meinte nun: "This doctrine is so weak as to be uninteresting" (22); interessant seien erst konkreter bestimmte Formen wie "common-sense" oder "scientific" Realismus (22). Wenn man aber die grundlegenden zu erwägenden Alternativen nicht für eine Klärung interessant genug findet, dann begibt man sich der Möglichkeit, dementsprechende grundlegende Beweisführungen für oder wider eine Position zu finden. Devitt ging von der Richtigkeit des Realismus ohne eine grundlegende Beweisführung aus ("I have always been a realist about the external world" (VII)). Von solcher Beweisführung hängt aber ab, mit welchen Gründen man Arten des Realismus unterscheiden möchte. Der in dieser Arbeit vorgestellten Beweisführung gemäß müsste man als primäre Alternativen innerhalb der realistischen Position den unilateralen von dem multilateralen Realismus unterscheiden. Diese Differenzierung setzt also an dem primären Bereich an, an dem Verhältnis zwischen einem Etwas und dessen Erfassung und nicht an der Art der Erfassung selbst bzw. dem erfassten Etwas (den je nach Wissensstand angenommenen: Geistern, Körpern, Zahlen usw. usf.).

Ohne Klärung des Problembereiches und der zugehörigen grundlegenden Erwägung, welche Alternativen zutreffen mögen, ist keine Geltungsbedingung für einen Forschungsstand zu erarbeiten, der zu verbessern wäre. Es wäre also vordringlich zu diskutieren, wie ein Forschungsstand zu erreichen ist. Strebt man keinen Forschungsstand an, kann sich je nach historischem Wissen und Bezugsgruppen eine Vielfalt von Positionen bilden, die sich allein der fehlenden Bemühungen um einen Forschungsstand verdankt. Das mag schließlich zu der Konfusion führen, selber nicht mehr zu wissen, was man meint:

"So whether I am still, to some extent an "internal realist" is, I guess, as unclear as how much I was including under that unhappy label." (Hilary Putnam 1994: 463 Anm. 41)

Die Bewertung mit ihren Gründen ist eine weitere Geltungsbedingung für die gesetzte Lösung. Welche Gründe für die Bewertung zu setzen sind, ist selbst reflexiv zu erwägen und zu bewerten. Es ist z. B. reflexiv zu erwägen, ob man Widersprüchlichkeit vermeiden möchte oder sie zulässt, etwa weil man, wie Vaihinger, annimmt, hierdurch die Wirklichkeit angemessener zu erfassen (s. o.). Ist man für Widerspruchsfreiheit von Problem*lösungen*, dann ist es vordringlich, den Widerspruchsnachweis in der Tradition Berkeleys aufzuklären. Hierfür ist es erforderlich, reflexiv die Gründe für die Bewertung mit dem Problembereich und den zu erwägenden Alternativen zu koordinieren: Das Beweismittel darf nicht mit dem zu beweisenden Verhältnis konfundiert werden, wie dies in der Tradition des Widerspruchsnachweises von Berkeley geschehen ist, weil sonst das zu beweisende Verhältnis nicht Beweisthema mehr ist (s. o.).

Strebt man also einen Forschungsstand an, dann sind Geltungsbedingungen zu erarbeiten, um überhaupt Ansätze dafür zu finden, was vielleicht zu verbessern ist. Doch hierfür ist eine reflexive Ebene einzunehmen, die man selbst erarbeiten muss und die nicht mitgegeben ist. Sie eröffnet einen reflexiven Forschungsstand, für den die bisherige Wissensgeschichte, die "wissenschaftlich" genannt wird, weder Orientierungen noch institutionelle Bedingungen hervorgebracht hat. Vernunft ist insofern noch kaum entwickelt. Nicht nur die Idealismus/Realismus-Problemlage bietet für diese These reiches Material, sondern auch andere Gebiete, etwa der logisch-mathematische Grundlagenstreit (vgl. Werner Loh 1980: Kap. I), aber auch die Institutionalisierungsformen der Wissensgewinnung und Wissenstradierung, denn es wird nicht das Erwägen von qualitativen Alternativen als eine Geltungsbedingung mit dem zugehörigen Forschungsaufwand gefördert. Welche Folgen dieses niedrige Anspruchsniveau an Wahrhaftigkeit hat, wäre zu erforschen. Vielleicht lebten viele bisherige (Sub-)Kulturen von solchen Anspruchsniveaus.

Anmerkungen

1 Für mich überschneiden sich die Bereiche »Entscheidung« und »Problemlösung« stark. Das liegt in der Tendenz, die Werner Kirsch (1978: 7) feststellte: "Dabei zeichnet sich die Tendenz ab, die Termini "Entscheidungsfindung" und "Problemlösung" weitgehend synonym zu verwenden."

2 Es ist bemerkenswert, wie auch Martin Heidegger (1967: 206) die Problemlage zurückwies: "Das »Realitätsproblem« im Sinne der Frage, ob eine Außenwelt vorhanden und ob sie beweisbar sei, erweist sich als ein unmögliches, nicht weil es in der Konsequenz zu unaustragbaren Aporien führt, sondern weil das Seiende selbst, das in diesem Problem im Thema steht, eine solche Fragestellung gleichsam ablehnt."

3 Die Problemlage wird nicht beseitigt, wenn man Berkeley eine ungenügende Psychologie vorhält, weil er Denken so behandelt habe als sei es nichts anderes als Empfindung oder Vorstellung: "Das Denken wird behandelt, als wenn es nichts anderes als eine Empfindung oder Vorstellung wäre. [...] Die hier besprochene logische Schwierigkeit entspringt also im Grunde nur aus einer ungenügenden Psychologie." (Oswald Külpe 1912: 83) Külpes umfangreiches Werk leidet – wie andere Arbeiten

auch – darunter, dass die Problemlage nicht mit Hilfe systematischer Erwägung von Alternativen aufgebaut worden ist. Vielmehr ist es von vorneherein als Verteidigung des Realismus angelegt (vgl. das Vorwort und die Einleitung des ersten Bandes, aus dem hier zitiert worden ist).

4 Oswald Külpe ist einer der wenigen, der das Widerspruchsproblem eingehender erörtert hat. Aber er unterstellt immer schon die Richtigkeit der realistischen Position, wodurch er sich auf die Alternative nicht einzulassen braucht: "S c h u p p e hat das Erkennen und Denken von seinem Objekt ausdrücklich geschieden. Der Gegenstand des Denkens braucht kein Gedanke zu sein. Aber er muß ein Bewußtseinsinhalt sein. Etwas zu denken, was nicht Bewußtseinsinhalt wäre, ist für ihn eine unmögliche Aufgabe, ein offenkundiger Widerspruch. Aber auch dieser Erweiterung des logischen Einwandes müssen wir entgegenhalten, daß sie der Eigenart des Denkens nicht gerecht wird. Das Denken an den Kirschbaum in meinem Garten macht ihn ebensowenig zum Bewußtseinsinhalt, wie zum Gedanken. E t w a s d e n k e n u n d d a s G e d a c h t e i m B e w u ß t s e i n h a b e n, i s t d u r c h a u s n i c h t d a s s e l b e. Die einfachste Überlegung dessen, was wir meinen, wenn wir unser Denken auf sogenannte außenweltliche Gegenstände richten, zeigt uns sofort, daß unsere Intention dabei keine Bewußtseinsinhalte meint." (Oswald Külpe 1912: 85/86) Aber wer "zeigt"? – Es genügt nicht festzustellen (zu erfassen): "Der Gegenstand des Denkens braucht kein Gedanke zu sein", wie z. B. der Apfelbaum hinsichtlich des Verhältnisses zu der Person A, wenn diese Feststellung selbst allemal in ihrem Verhältnis zu dem festgestellten Verhältnis reflektiert werden muss, sofern man gute Gründe finden möchte.

5 Vgl. die Konzeption einer komplementären Einstellung bei Gottfried Gabriel 1993: 190.

6 Insbesondere ist es nun sinnvoll, zusätzlich zu erfassen, inwiefern die Erfassung zusammen mit dem Etwas, die Erfassung nicht (weil etwa betäubt) oder das Etwas nicht sowie beide nicht zu existieren vermögen und insofern *unabhängig* voneinander sind. Die Unabhängigkeitsfeststellung geht über die Feststellung hinaus, ein Etwas sei nicht Bestandteil einer Erfassung. (Zur Bestimmung von "Unabhängigkeit" vgl. Werner Loh 1993: § 6.)

7 Die arabischen Ziffern vor den Doppelpunkten verweisen auf die Bände der Akademie-Ausgabe: I. Kant: *Kant's gesammelte Schriften*; Bde. 1-22 hg. von der Preußischen Akademie der Wissenschaften, Berlin 1910 ff.; Bd. 23 hg. von der Deutschen Akademie der Wissenschaften, Berlin 1956; Bde. 24-28 hg. von der Akademie der Wissenschaften in Göttingen, Berlin 1966 ff. Auf die *Kritik der reinen Vernunft* wird mittels "*KrV*" verwiesen; die Texte werden wie üblich mit Hilfe von "A" oder "B" der ersten bzw. der zweiten Auflage zugeordnet. Die *KrV* wird nur mittels der Angaben "A" und "B" zitiert.

8 Kant hat selbst in einer Anmerkung der zweiten Auflage der *KrV* darauf aufmerksam gemacht, dass hier Verständnisschwierigkeiten enstehen könnten. Seine Bemerkung hilft allerdings denjenigen wenig, die Kants Multiperspektivität (Tier/Mensch/Gott) nicht beachten: "Ich habe ihn auch sonst bisweilen den f o r m a l e n Idealism genannt, um ihn von dem m a t e r i a l e n, d. i. dem gemeinen, der die Existenz äußerer Dinge selbst bezweifelt oder leugnet, zu unterscheiden. In manchen Fällen scheint es rathsam zu sein, sich lieber dieser als der obgenannten Ausdrücke zu bedienen, um alle Mißdeutungen zu verhüten." (B 519)

9 Insofern die Kritische Philosophie am Ideal eines Gottes orientiert ist, der nicht rezeptiv sei, ist sie eine Todesphilosophie, weil zum Leben wesentlich auch Rezeptivität gehört.

10 Eine multilaterale doppelte Feststellung wie "Diese Rose dort ist rot" und "Diese Rose dort ist

rot" ist weder tautologisch, noch kann die eine Feststellung für die andere ein Wahrheitsträger bzw. Wahrmacher sein.

11 Vgl. statt anderer Helmut Hildebrandt 1989. – Bei der Diskussion dieser Problemlage kommt immer wieder das Raumproblem zur Sprache. Auch für mich sind meine mentalen Prozesse und Zustände nicht räumlich; ein Urteil steht für mich nicht in einem räumlichen Abstand von einem anderen: "bewußtes Erleben ist aber unkörperlich – es gibt dort nichts, was bewegt werden könnte wie der Bimetallstreifen in einem Thermostat" (Hubert Rohracher 1968). Dagegen ist zu bedenken: Wenn ein Blinder keine Farben sieht, dann würde man auch nicht folgern, man könne überhaupt keine Farben sehen. Wenn wir Menschen Mentales nicht räumlich erfassen, dann ist hier ebenso nicht zu folgern, dass Mentales nicht räumlich erfassbar sein könnte (vgl. Bettina Blanck 1994: 77 f). Solche Überlegungen sprengen dasjenige dominant gewordene naturwissenschaftliche Verständnis, dessen Vehikel die Unterscheidung in primäre und sekundäre Qualitäten war. Es wäre in ein Verständnis, das Mentales auch räumlich zu konzipieren ermöglicht, aufzuheben – als eine zu erwägende Alternative.

12 Diese Auffassung ist auch unabhängig davon, inwiefern Qualia zu gleichen Quellen verschieden sein könnten, also ein Wesen nicht bloß intramodal statt rot gelb sieht (invertierte Qualia), sondern – spekulierend weitergehend – statt der Töne Farben wahrnimmt.

13 "So kann ich auch ein Gefühl der Lust oder Unlust, eine Empfindung süß oder blau, eine Vorstellung Baum oder Schlüssel denken, ohne damit Gefühle, Empfindungen und Vorstellungen selbst zu Gedanken machen zu müssen." (Oswald Külpe 1912: 83)

14 Auf der Erwägungsebene sind demnach sich widersprechende Möglichkeiten zu integrieren. Eine erst noch zu entwickelnde Erwägungslogik hätte dies zu berücksichtigen.

Literatur

Albert, Hans: Kritik der reinen Erkenntnislehre. Tübingen 1987

Berkeley, George: Eine Abhandlung über die Prinzipien der menschlichen Erkenntnis. Hamburg 1964

Berkeley, George: Drei Dialoge zwischen Hylas und Philonous. Hamburg 1980

Blanck, Bettina: Ansätze für eine systematische, Alternativen abwägende Erörterung des psychophysischen Problems. In: Frank Benseler, Bettina Blanck, Rainer Greshoff, Werner Loh: Alternativer Umgang mit Alternativen. Opladen 1994

Carnap, Rudolf: Scheinprobleme in der Philosophie. Frankfurt am Main 1966

Devitt, Michael: Realism and Truth. Oxford 1984

Eisler, Rudolf: Das Bewusstsein der Aussenwelt. Leipzig 1901

Fichte, Johann Gottlieb: Fichtes Werke, Band II (hg. von Immanuel Hermann Fichte). Berlin 1971

Freytag, Willy: Der Realismus und das Transscendenzproblem. Halle a. S. 1902

Gabriel, Gottfried: Grundprobleme der Erkenntnistheorie. Paderborn usw. 1993

Heidegger, Martin: Sein und Zeit. Tübingen 1967

Hildebrandt, Helmut: Panpsychismus. In: Historisches Wörterbuch der Philosophie, Band 7: P-Q. Darmstadt 1989

Hume, David: Eine Untersuchung über den Menschlichen Verstand. Hamburg 1964

Kant, Immanuel: Kant's gesammelte Schriften. Berlin 1910 ff.

Kirsch, Werner: Die Handhabung von Entscheidungsproblemen. München 1978

Külpe, Oswald: Die Realisiserung, erster Band. Leipzig 1912

Kutschera, Franz von: Grundfragen der Erkenntnistheorie. Berlin, New York 1982

Kutschera, Franz von: Vernunft und Glaube. Berlin, New York 1990

Lenk, Hans: Interpretation und Realität. Frankfurt am Main 1995

Locke, John: Über den menschlichen Verstand, Band 1. Hamburg 1968

Loh, Werner: Kombinatorische Systemtheorie: Evolution, Geschichte und logisch-mathematischer Grundlagenstreit. Frankfurt am Main, New York 1980

Loh, Werner: War Kant naiver Realist. prima philosophia 3(1990)365-375

Loh, Werner: Alternativen und Irrtum in der Kritischen Philosophie Kants. Kant-Studien 82(1991)81-95

Loh, Werner: Kantforschungen als Beispiel für selbstverschuldeten Methodenmangel. Zeitschrift für allgemeine Wissenschaftstheorie 23(1992)105-128

Loh, Werner: Logische Konstanten als Repräsentanten von Entscheidungsverhältnissen und Ontologie. Zeitschrift für philosophische Forschung 47(1993)588-605

Loh, Werner: Erwägungsforschung und Erwägungskultur. 1995 (http://iug.uni-paderborn.de/eus/editionsgruppe/loh/texte/arbeitspapiere/arbeitspapier1.html)

Paulsen, Friedrich: Einleitung in die Philosophie. Stuttgart, Berlin 1920

Petzoldt, Joseph: Das Weltproblem vom Standpunkte des relativistischen Positivismus aus. Leipzig, Berlin 1924

Popper, Karl R.: Die beiden Grundprobleme der Erkenntnistheorie. Tübingen 1979

Popper, Karl R.: Objektive Erkenntnis. Hamburg 1984

Puntel, Lorenz B.: Grundlagen einer Theorie der Wahrheit. Berlin, New York 1990

Putnam, Hilary: Sense, Nonsense, and the Senses: An Inquiry into the Powers of the Human Mind. The Journal of Philosophy 91(1994)445-518

Reininger, Robert: Metaphysik der Wirklichkeit, dritter Teil: Wirklichkeit und Realität. München, Basel 1970

Rohracher, Hubert: Sogenannte kybernetische Prozesse im psychischen Geschehen („psychische Regelkreise"). Studium Generale 21(1968)1144-1152

Schuppe, Wilhelm: Erkenntnistheoretische Logik. Bonn 1878

Sextus Empiricus: Grundriß der pyrrhonischen Skepsis. Frankfurt am Main 1985

Study, Eduard: Die Realistische Weltansicht und die Lehre vom Raume. Erster Teil: Das Problem der Außenwelt. Braunschweig 1923

Vaihinger, Hans: Zu Kants Widerlegung des Idealismus. In: Strassburger Abhandlungen zur Philosophie. Eduard Zeller zu seinem siebenzigsten Geburtstage. Freiburg, Tübingen 1884

Vaihinger, Hans: Kants antithetische Geistesart. In: Max Oehler (Hg.): Den Manen Friedrich Nietzsches. München 1921

Vaihinger, Hans: Kommentar zu Kants Kritik der reinen Vernunft, Band 2. Aalen 1970

Vollmer, Gerhard: Wissenschaftstheorie im Einsatz. Stuttgart 1993

Erwägungsdisjunktion und klassische Aussagenlogik

Werner Loh

1. Zur Problemlage

In welchem Ausmaß man erwägen will, ist in reflexiven Entscheidungen erwägbar. Wenn man sich dafür entscheidet, bei gewissen Problemlagen nicht zu entscheiden, sondern Vorgaben zu folgen, dann erwägt man reflexiv. Erwägungslose Routinen und Gewohnheiten mögen anfänglich aus Erwägungen hervorgegangen sein. Erwägen ist ein für Menschen grundlegender Bestandteil ihrer Entscheidungsfähigkeit. Dennoch gibt es keine umfassende Forschung hierfür, obgleich zu erwägen wäre, inwiefern Wissenschaften selbst von Erwägungen leben.

Erwägungen mehrerer Lösungs*möglichkeiten* kommen in Oder-Sätzen – wie: "Es regnet oder es schneit jetzt in ...", oder: "Die Menschenrechte gelten unbedingt oder staatliche Souveränität gilt unbedingt" – zum Ausdruck.[1] Welche Weisen des Erwägens gibt es? In welchen Wissenschaften wird dies erforscht? Traditionell werden besonders in der Logik derartige Disjunktionen behandelt. Aus dem bisher nicht geklärten logisch-mathematischen Grundlagenstreit im ersten Drittel des 20. Jahrhunderts ging eine an der kalkülisierenden Mathematik orientierte Logikauffassung dominant hervor, deren Basis[2] für viele die zweiwertige (klassische) Aussagenlogik[3] ist.

In der klassischen Aussagenlogik werden »deskriptive« *Erwägungsdisjunktionen* der aussagenlogischen Disjunktion (auch "Adjunktion" genannt)[4] als Deutungen zugeordnet. Rudolf Carnap meinte, die aussagenlogische Disjunktion "entspricht ziemlich genau dem deutschen Wort „oder"" (*erste Entsprechungsthese*[5]):

"Sind zwei Sätze ‚A' und ‚B' gegeben, so wird der Satz ‚(A ∨ B)' (oder einfacher ‚A ∨ B',
wenn er als selbständiger Satz vorkommt [...]) ihre D i s j u n k t i o n genannt (auch
Alternative oder logische Summe). Wir setzen fest, daß der Disjunktionssatz dann und nur
dann wahr sein soll, wenn mindestens einer der beiden Sätze ‚A' und ‚B' wahr ist, mit anderen Worten, wenn entweder ‚A' wahr ist oder ‚B' wahr ist oder beide wahr sind. Das
Disjunktionszeichen ‚∨' entspricht ziemlich genau dem deutschen Wort „oder" in solchen
Fällen, wo dieses zwischen Sätzen steht und wo es, was meist der Fall ist, im nicht-ausschließenden Sinn gemeint ist [...]." (Rudolf Carnap 1973: 7)

Ein umgangssprachliches Beispiel von Carnap lautet: "a ist entweder ein Student oder eine weibliche Person oder auch beides, d. h. eine Studentin" (Carnap 1973: 7/8). Zu fragen ist, was meint "ziemlich genau"? Carnap hat seine umgangssprachlichen Beispiele allein *seiner* Auffassung der klassischen Aussagenlogik zugeordnet. Er hat nicht gefragt, ob es andere aussagenlogische Auffassungen gibt, für die diese Entsprechungsthese zumindest problematisch ist. Auch hat er seine aussagenlogische Position hier nicht gegenüber Alternativen zur klassischen Aussagenlogik begründet. Es fehlt – nicht nur bei Carnap – eine Darlegung erwogener Alternativen, die selbst in Oder-Sätzen auszudrücken wäre. Man muss hier mühsam sich zu erwägende Alternativen erarbeiten. Es fehlt ein *Erwägungsforschungsstand*, der über individuelle Anstrengungen hinaus über Generationen hinweg Verbesserungen ermöglichen würde. Ohne solche Erwägungsforschungsstände ist nur äußerst ungenügend zu begründen, warum man die jeweils vorherrschende Auffassung vertritt oder ablehnt. Hierdurch wird unnötigerweise Verbesserungsfähigkeit verringert, was auch zu einer Minderung des Anspruchsniveaus führen kann.

Mag auch die erste Entsprechungsthese eine gewisse Anfangsplausibilität besitzen, so ist diese Entsprechungsthese mit einem anderen Vertreter der klassischen Aussagenlogik zu problematisieren:

"[...], wer mit der Sprache der modernen Logik nicht vertraut ist, wäre vermutlich wenig geneigt, eine Wendung wie

2 · 2 = 5 *oder New York ist eine große Stadt*

als eine sinnvolle Ausdrucksweise anzusehen, und noch weniger, sie als einen wahren Satz anzuerkennen. Darüber hinaus ist der umgangssprachliche Gebrauch des Wortes „*oder*" von gewissen Faktoren psychologischer Natur abhängig. Für gewöhnlich behaupten wir eine Disjunktion zweier Sätze nur dann, wenn wir glauben, daß einer von ihnen wahr ist, aber nicht wissen welcher. Wenn wir etwa bei gewöhnlichem Tageslicht auf einen Rasen blicken, werden wir nicht auf den Gedanken kommen zu sagen, der Rasen sei grün oder blau. Denn wir sind hier in der Lage, eine einfachere und zugleich stärkere Behauptung auszusprechen, die nämlich, daß der Rasen grün ist. Manchmal nehmen wir die Äußerung einer Disjunktion sogar als implizites Eingeständnis des Sprechers, daß er nicht wisse, welches der Glieder der Disjunktion wahr ist. Und wenn wir später zu der Überzeugung gelangen, er habe doch gewußt, daß eines und sogar welches der Disjunktionsglieder falsch ist, dann sind wir geneigt, die ganze Disjunktion als einen falschen Satz anzusehen, selbst wenn kein Zweifel besteht, daß das andere Glied wahr ist. Man stelle sich etwa vor, daß einem ein Freund auf die Frage, wann er verreise, antwortet, er reise heute, morgen oder übermorgen. Sollten wir dann später erfahren, daß er zum Zeitpunkt seiner Äußerung bereits entschlossen war, am selben Tag zu reisen, so erhielten wir wahrscheinlich den Eindruck, absichtlich in die Irre geführt und belogen worden zu sein." (Alfred Tarski 1977: 35)[6]

Tarskis Bemerkung "Für gewöhnlich behaupten wir eine Disjunktion zweier Sätze nur dann, wenn wir glauben, daß einer von ihnen wahr ist, aber nicht wissen welcher" thematisiert einen Aspekt eines Erwägungs-Oders, den er als "von gewissen Faktoren psychologischer Natur abhängig" einschätzte.

Nun hat sich die an kalkülisierender Mathematik orientierte Logik des 20. Jahrhunderts in ihrer Durchsetzungsphase gerade gegen psychologische Begründungsbezüge in der Logik gewandt, wie auch Tarski hervorhob:[7]

"Als die Schöpfer der modernen Logik das Wort „oder" in ihre Überlegungen einbezogen, wollten sie, vielleicht unbewußt, seine Bedeutung vereinfachen und klarer machen. Die Bedeutung sollte frei werden von allen psychologischen Begleitumständen, insbesondere von jeglichem Wissen oder Nichtwissen. Sie erweiterten daher den Gebrauch des Wortes „oder" und entschieden sich dafür, die Disjunktion irgendzweier Sätze als ein sinnvolles Ganzes anzusehen, auch dann, wenn keinerlei Zusammenhang zwischen dem Inhalt oder der Form der beiden Sätze besteht. Und sie legten ferner fest, daß die Wahrheit einer Disjunktion - ebenso wie die einer Negation oder Konjunktion - allein abhängt von der Wahrheit ihrer Glieder." (Alfred Tarski 1977: 35/36)

Selbst dann, wenn man meint, Psychologisches sei aus der Logik herauszuhalten, bleibt zu fragen, ob in der von Tarski angegebenen Lügenproblematik auch ein logisches Verhältnis steckt. Immerhin ist eine Lüge eine sprachliche Äußerung, die im Widerspruch zum Wissen des Lügenden steht. Jedoch betrifft dieser Widerspruch allein das Verhältnis zwischen reflexivem Wissen und sprachlich geäußertem Nichtwissen und nicht ein Verhältnis innerhalb der Disjunktion. Wenn aber Disjunktionen wegen interner Widersprüche Erwägungsdisjunktionen sind und diese Widersprüche Grundlagen für Nichtwissen sind, dann wäre es vordergründig, Nichtwissen und Wissen als psychische Komponenten nicht zu beachten. Denn eine Grundlage für Nichtwissen wäre hier ein Widerspruchsverhältnis und Widerspruch ist über Differenzen in Logikauffassungen hinweg ein Grundproblem der Logik.

Für die klassische Aussagenlogik sind Beweise für ihre Widerspruchsfreiheit geführt worden. Sollten aber Erwägungsdisjunktionen sich durch Widersprüche konstituieren, dann wäre die Entsprechungsthese zu überprüfen. Denn, wenn die Entsprechung zuträfe und Erwägungsdisjunktionen widersprüchlich wären, dann müssten trotz Widerspruchsfreiheitsbeweisen analoge Widersprüche in der klassischen Aussagenlogik wiederkehren. Sollte aber die klassische Aussagenlogik widerspruchsfrei sein, dann wäre es ein Widerspruch von einem Widerspruchsverhältnis zu behaupten, es fände seine Entsprechung in einem widerspruchsfreien Gebilde.

2. Erwägungsdisjunktion als widersprüchliches Verhältnis

Nun gab es eine vielgestaltige Logik-Tradition, die Erwägungsdisjunktionen nicht aussagenlogisch, sondern entscheidungstheoretisch behandelt hat. Will man also zu möglichst gut begründeten und verantwortbaren Logik-Auffassungen gelangen, dann sind solche entscheidungstheoretischen Konzepte zu erwägen. Welche Logik-Auffassung sich dann als geeignet herausstellen mag, ist zunächst unwichtig. Denn so, wie man einen guten Weg nur im Vergleich mit Alternativen begründen und damit verantworten kann, wobei die schließlich abgelehnten erwogenen Möglichkeiten als eine *Geltungsbedingung* bewahrt werden müssen, wenn man weiterhin begründen und veranworten will, warum ein gewisser Weg ein guter sei, so sind auch verschiedene Logikkonzepte in einen Erwägungsforschungsstand einzubringen, wenn man eine Logikauffassung begründen und verantworten sowie für Verbesserungen offen bleiben will.

Oswald Külpe hat die Disjunktion dadurch charakterisiert, dass sie eine "Aussage über eine Gesamtheit von zwei oder mehreren sich ausschließenden Möglichkeiten" sei, weswegen sie in einem Entscheidungszusammenhang stehe:

"Das disjunktive Urteil" drängt hin "auf die Notwendigkeit einer Entscheidung [...]: Nur eines von den verbundenen Urteilen ist gültig, die anderen sind ungültig. „Ein Dreieck ist entweder gleichseitig oder ungleichseitig" besagt, daß kein Dreieck beides zugleich sein kann, sondern in jedem einzelnen Falle nur das eine und nicht das andere zutrifft. Somit ist das disjunktive Urteil die Aussage über eine Gesamtheit von zwei oder mehreren sich ausschließenden Möglichkeiten." (Oswald Külpe 1923: 284)

Die Möglichkeiten schließen sich deswegen aus, weil sie in einem Widerspruch zueinander stehen, der auf Entscheidung hin angelegt ist. Die Erwägungsdisjunktion gibt hier ein Stadium wieder. Aus der Entscheidung geht schließlich eines der durch diese Disjunktion verbundenen Urteile hervor. Für Külpe war es ein einfaches gültiges Urteil:

"Die Bedeutung des disjunktiven Urteils liegt demnach in der Vorbereitung des einfachen gültigen Urteils." (Oswald Külpe 1923: 285)

Der von Gottlob Frege und Edmund Husserl um 1900 bekämpfte psychologisch orientierte Logiker Benno Erdmann meinte, dass einander widersprechende Behauptungen sich sehr wohl zu einem gültigen Urteil vereinigen lassen, nur müssten sie dann als problematische behandelt werden:

"Widersprechende Behauptungen können jedoch nur unter einer Voraussetzung zu einem giltigen Urteil vereinigt werden, dann nämlich, wenn jede von ihnen als lediglich problematisch giltig bewußt ist." (Benno Erdmann 1907: 553)

Edmund Husserl hat – in seiner (nach 1900) transzendental-phänomenologischen Phase – zu dem von Külpe hervorgehobenen Entscheidungszusammenhang und dem von Erdmann explizit angegeben Widerspruchsverhältnis noch eine dritte Komponente thematisiert: Wenn eine Entscheidung für eine Möglichkeit ausgefallen sei, dann fände zumindest implizit eine Verwerfung der anderen Möglichkeiten statt:

"Antwort besagt immer: Umwandlung der jeweiligen problematischen Disjunktion gegeneinander sprechender problematischer Möglichkeiten in eine unproblematische Konjunktion zueinander stimmender und füreinander sprechender Wirklichkeiten; parallel damit in der Sphäre des ichlichen Verhaltens: Umwandlung des unliebsamen, praktisch hemmenden Zweifels in das ungehemmte und sich befriedigende, <sich> entspannende Ichverhalten, in eine Urteilsentscheidung für eine der Möglichkeiten; womit mindestens *implicite* eine negative, verwerfende Urteilsentscheidung gegen die anderen Möglichkeiten verbunden ist." (Edmund Husserl 1966: 357)

Man kann nun versuchen, unter derartigen Darlegungen von Erwägungsdisjunktionen ein gemeinsames Konzept herauszuarbeiten, um dann rekonkretisierend die unterschiedlichen Auffassungen zu rekonstruieren. Doch für diese Arbeit reicht es angesichts der fehlenden Institutionalisierung von Erwägungsforschungsständen hin, ein gemeinsames Konzept anzugeben, damit nicht nur deutlich wird, wie wichtig solche Institutionalisierung ist, sondern auch, dass ohne solche Erwägungen die klassische Aussagenlogik kaum klärungsförderlich eingeschätzt werden kann.

Die Ausführungen von Külpe, Erdmann und Husserl lassen sich zu dem Befund verdichten, dass sich das disjunktive Urteil als Erwägungsurteil[8] aus einander widersprechenden Komponenten aufbaut. In Fortführung dieses Befundes ist folgende These aufzustellen:

Disjunktive Urteile als Erwägungen sind Zusammenstellungen von einander widersprechenden Komponenten, weswegen sie auf Entscheidungen hin angelegt sind. Ist aus einer Entscheidung eine Komponente als Lösung hervorgegangen, dann sind insofern die anderen erwogenen Komponenten zumindest implizit verworfen. Der Entscheidungszusammenhang ermöglicht einen widerspruchsfreien Gebrauch von Widersprüchen.

Folgte man diesem Ergebnis, dann wäre Tarskis Zurückweisung von Nichtwissen als einer der Logik nicht angehörenden Komponente vordergründig, da er nicht erörtert hat, ob das Nichtwissen bei einer Erwägungsdisjunktion Widersprüchlichkeit zur Grundlage hat und von der Logik berücksichtigt werden müsste. Demnach wäre das Ergebnis, dass Erwägungsdisjunktionen auch entscheidungstheoretisch zu erfassen sind, mit der aussagenlogischen Erfassung zu vergleichen, um die Frage in einen Klärungsprozess einbringen zu können, inwiefern eine aussagenlogische Disjunktion mit dem "Disjunktionszeichen ‚∨' [...] ziemlich genau dem deutschen Wort „oder"" (s. o. das Carnap-Zitat) entspricht, wenn dieses eine Erwägungsdisjunktion ausdrückt. Doch für einen solchen Vergleich müssten Entscheidungskonzepte und aussagenlogische Konzepte auf einem gemeinsamen und hierfür problemadäquaten Niveau sein.

Die Angaben, die man in den Texten von Külpe, Erdmann und Husserl findet, haben nicht das kombinatorische Niveau aussagenlogischer Konzepte. Der entscheidungstheoretische Ansatz wäre also so weit auszubauen, bis ein solcher Zuordnungsgrad erreicht ist, dass eine vergleichende Überprüfung der Entsprechungsthese möglich ist. Integriert man zu diesem Zweck die Wahrheitstafeln in ein Entscheidungskonzept[9], dann läßt sich die Entsprechungsthese unter dieser Bedingung überprüfen. Als Ansatz soll folgende Darlegung Carnaps dienen:

"Wir nennen Wahrheit und Falschheit die beiden möglichen W a h r h e i t s w e r t e eines Satzes. Da jeder Satz entweder wahr oder falsch ist, so ergeben sich für zwei Sätze ‚A' und ‚B' (falls sie unabhängig voneinander sind) vier mögliche Fälle für die Wahrheitswerte: Entweder sind beide wahr, oder nur der erste, oder nur der zweite, oder keiner von beiden. Bezeichnen wir Wahrheit mit ‚W', Falschheit mit ‚F', so sind die vier Fälle: WW, WF, FW, FF. Auf Grund der [...] angegebenen Wahrheitsbedingungen für ‚$A \vee B$' ist dieser Satz in den drei ersten Fällen wahr, im vierten falsch." (Rudolf Carnap 1973: 10)

Die Wahrheitstafel für die aussagenlogische Disjunktion ist nach Carnap (1973: 11) wie folgt zu gestalten:

	A	*B*	*A* ∨ *B*
1. Zeile	W	W	W
2. Zeile	W	F	W
3. Zeile	F	W	W
4. Zeile	F	F	F

Carnap hat nun die Disjunktion mit einem meteorologischen Beispiel gedeutet:

"Angenommen, der Sinn der Sätze ‚*A*' und ‚*B*' ist dem Leser bekannt; der erstere mag etwa besagen, daß es (jetzt, in Paris) schneit, der zweite, daß es regnet. Angenommen ferner, daß ihm für das Zeichen ‚∨' keine Übersetzung, sondern nur die Wahrheitstafel [...] gegeben wird. Genügt das für ihn, um den Sinn des Satzes ‚*A* ∨ *B*' so zu verstehen, daß er erstens weiß, ob er auf Grund seiner Tatsachenkenntnis den Satz behaupten darf, und zweitens, daß er aus einer Mitteilung in der Form dieses Satzes entnehmen kann, was über die Fakten mitgeteilt wird? Das ist in der Tat der Fall. Er ersieht aus der Wahrheitstafel, daß der Satz in den ersten drei Fällen gilt, im letzten aber nicht. Daher weiß er einerseits, daß er den Satz behaupten darf, wenn er aus der Beobachtung des Wetters ersieht, daß es regnet und schneit (Fall 1); aber auch, wenn es regnet ohne zu schneien (Fall 2), und auch, wenn es schneit ohne zu regnen (Fall 3); aber nicht, wenn es weder schneit noch regnet (Fall 4). Und wenn er den Satz als Mitteilung erhält, so entnimmt er daraus – vorausgesetzt, daß er dem Sender Glauben schenkt –, daß einer der drei ersten Fälle vorliegt, nicht der letzte." (Rudolf Carnap 1973: 14/15)[10]

Für die weiteren Überlegungen ist zu beachten, dass sich die Fälle – auch bei Carnap – auf dieselbe Zeit und denselben Ort beziehen.[11] Denn sonst kann nicht definitiv Wahrheit oder Falschheit bestehen. "Es schneit oder regnet" ist auf unterschiedliche Zeiten und Orte beziehbar und kann daher – je nach Bezug – dann mal wahr und mal falsch sein (vgl. Georg H. von Wright 1979: 36 f).

Für den Aufbau einer zur aussagenlogischen Disjunktion analogen entscheidungstheoretischen Erwägungsdisjunktion genügen diese Angaben Carnaps. Hierbei soll die Tafel von Carnap verwendet, nun aber für das Entscheidungskonzept verändert werden. Die Erwägung kommt in folgender Äußerung von Carnap zum Ausdruck: "den Sinn des Satzes ‚*A* ∨ *B*'" könne man "aus der Wahrheitstafel" ersehen, nämlich "daß der Satz in den ersten drei Fällen gilt, im letzten aber nicht". Die zunächst noch *uneingeschränkte Erwägung* ist durch die Kombinatorik der vier Fälle darstellbar:

Erwägung:

	A	B
1. Zeile	W	W
2. Zeile	W	F
3. Zeile	F	W
4. Zeile	F	F

Nun sollen aber nicht alle vier Fälle möglich sein.[12] Die Erwägung ist *einge-schränkt* worden. Der letzte Fall ist ausgeschlossen und schon – im entscheidungstheoretischen Sinne – *bewertet* worden, und zwar *negativ*:

	Erwägung:		Bewertung:
	A	B	
1. Zeile	W	W	
2. Zeile	W	F	
3. Zeile	F	W	
4. Zeile	F	F	negativ

Die anderen drei Möglichkeiten sind noch *unbewertet*. Man könnte sie auch als Fragen ausdrücken. *Diese Disjunktion ist hier also eine Ganzheit aus Erwägung und Bewertung, wobei die Bewertung unabgeschlossen ist.*

Diese entscheidungstheoretisch erfasste Erwägungsdisjunktion ist der aussagenlogischen Erfassung (als einer reflexiv zu erwägenden) Alternative zuordenbar. Nur, entscheidungstheoretisch bestehen wegen der Unabgeschlossenheit *Bewertungslücken*. Diese Lücken lassen mehrere, einander widersprechende Möglichkeiten zu: Es mag sein, dass es wahr (1. u. 2. Zeile) bzw. falsch (3. Zeile) ist, dass es schneit. Die Erwägung, dass es wahr sein mag, dass es schneit, widerspricht der Erwägung, dass es falsch sein mag, dass es schneit. Entsprechende Widersprüche bestehen für die Erwägung, dass es wahr sein mag (1. u. 3. Zeile), es regne, bzw. falsch (2. Zeile) sein mag, es regne. *Die Widersprüche kommen dadurch zustande, dass dem gleichen (oder austauschbaren) bzw. demselben*[13] *Wahrheitsträger* (Aussage, Proposition usw.) „A' (bzw. „B') *alternative mögliche Wahrheitswerte zugeordnet* sind. Würde man nur die Kombinatorik der Wahrheitswerte haben und keine Wahrheitsträger „A' bzw. „B', wären keine Widersprüche feststellbar. Man könnte dann den alternativen möglichen Wahrheitswerten einer Spalte ungleiche, einander nicht ersetzbare Wahrheitsträger zuordnen.

Die Widersprüche einer Erwägungsdisjunktion wären beseitigbar, wenn von den alternativen Möglichkeiten eine positiv bewertet werden könnte, wodurch die widersprüchlichen Möglichkeiten negativ bewertbar (verwerfbar) wären. *Die Widersprüche würden hierdurch ungültig.* Die gesetzte Lösung könnte dann als einfaches Urteil lauten: "Es ist wahr, dass es schneit, aber falsch, dass es regnet", oder noch einfacher: "Es schneit, aber es regnet nicht":

	Erwägung:		Bewertung:	Lösung:
	A	B		
1. Zeile	W	W	negativ	
2. Zeile	W	F	positiv	Es schneit, aber es regnet nicht
3. Zeile	F	W	negativ	
4. Zeile	F	F	negativ	

Die Bewertungslücke ist hier nun durch Erwägung und Bewertung als Entscheidung geschlossen. Vergleicht man diese Tafel mit der der klassischen Aussagenlogik im Sinne Carnaps, dann werden Unterschiede deutlich. Würde die Tafel der Entscheidung der aussagenlogischen entsprechen, dann müssten die ersten drei Bewertungen positiv ausfallen, weil in der Wahrheitstafel rechtsspaltig dreimal der mögliche Funktionswert des Wahren ('W') symbolisiert ist. Das wäre für die Entscheidungskonzeption in mehrfacher Hinsicht widersprüchlich. Denn es würden die Widersprüche, die die Erwägung der Alternativen konstituieren, nicht nur anhand von Kriterien bestätigt, sondern sie wären auch zusammen als einander sich widersprechende Lösungen setzbar. *Die Erwägungsdisjunktion kann weder wahr noch falsch sein, sondern aus ihr können höchstens wahre oder falsche Lösungen hervorgehen.*[14] Wenn eine wahre Lösung aus einer Erwägungsdisjunktion hervorgegangen ist, dann ist die Erwägungsdisjunktion hierdurch nicht wahr geworden, sondern sie ist dann in der Erinnerung als *lösungsadäquat* einschätzbar, weil aus ihren, in einer Erwägung zusammengebrachten, einander widersprechenden Alternativen eine positiv bewertbar war.[15]

Wenn nach Carnap die aussagenlogische Disjunktion "in den ersten drei Fällen gilt, im letzten aber nicht" (s. o.), dann ist die entscheidungstheoretisch bestimmte Erwägungskomponente zuordenbar. Andererseits werden auch mögliche Lösungen angegeben: "... wenn er aus der Beobachtung des Wetters ersieht, daß es regnet und schneit (Fall 1) ..." (s. o.). Diese werden der Disjunktion eingegliedert: "Daher weiß er einerseits, daß er den Satz behaupten darf, wenn er aus der Beobachtung des Wetters ersieht, daß es regnet und schneit (Fall 1) ...". Bei Carnap können also die möglichen Wahrheitswerte und die dem vorliegenden Fall zurechenbaren Wahrheitswerte *zusammen* bestehen, denn eine aussagenlogische Disjunktion kann wahr sein (s. o.). Hingegen lösen die entscheidungstheoretisch entsprechenden Komponenten, Erwägungsdisjunktion und Lösung, einander ab. *Zu problematisieren ist nicht, dass in der Disjunktion Widersprüchliches zusammengebracht ist, sondern dass dieses Widersprüchliche auch dann noch zugelassen und nicht zurückgewiesen ist (durch Symbole für den Funktionswert des Falschen), wenn eine Lösung vorliegt.* Dieses Widerspruchsproblem wird noch verstärkt, wenn man der Annahme vieler Aussagenlogiker folgen würde[16], Wahrheit und Falschheit bestünden unabhängig von dem Wissen um sie. Denn dann würden alternative Möglichkeiten vorliegen, obgleich sie nicht bestehen können, denn die Wahrheit steht schon allemal fest.

Selbst dann, wenn diese Überlegungen plausibel sein mögen, ist, bevor man sie weiter verfolgt, zu prüfen, wieso bisher für die klassische Aussagenlogik eine Widersprüchlichkeit nicht nachgewiesen worden ist.[17] Vielmehr sind Widerspruchsfreiheitsbeweise für »Axiomatisierungen« der klassischen Aussagenlogik geführt worden. Dies legt eine Vermutung nahe, die der Plausibilität widerspricht: Es könnte sein, dass diese Plausibilität Folge einer Projektion auf die klassische Aussagenlogik ist, die von der Erwägungsdisjunktion herrührt. Das Widerspruchsproblem ist also eingehender zu untersuchen.

3. Inhomogenitätsregel
und die Widerspruchsfreiheit der klassischen Aussagenlogik

So verschieden der Ausdruck "Widerspruchsfreiheit" hinsichtlich der klassischen Aussagenlogik gebraucht wurde (s. Karel Berka/Lothar Kreiser 1983: 286 ff), den Beweisen für die Widerspruchsfreiheit ist gemeinsam, dass sie auf Variablen bezogen sind. Ein Beispiel hierfür soll näher bedacht werden:

Emil L. Post hat in seiner 1921 veröffentlichten Arbeit fünf Ausgangsformeln

(»Axiome«) angegeben, aus denen mit Hilfe von einer Einsetzungs- und Abtrennungsregel andere Formeln gewonnen werden können. Für diese Angaben stellte er nun fest, dass bei der Zuordnung von symbolisierten Wahrheitswerten zu den Variablen für die Wahrheitsträger (hier: propositions) bei jeder Zuordnung – entsprechend den Wahrheitstafeln – zu den Argumenten immer die symbolisierten Wahrheitswerte des Wahren als Funktionswerte bestehen.

"Let us denote the truth value of any proposition p by + if it is true an by − if it is false. This meaning of + and − is convenient to bear in mind as a guide to thought, but in the actual development that follows they are to be considered merely as symbols which we manipulate in a certain way. Then if we attach these two primitive truth tables to ~ and $\vee$ [...] we have a means of calculating the truth values of $\sim p$ and $q \vee p$ from those of their arguments." (Emil L. Post 1971: 267/268)

Wie eine solche Ausrechnung des Wahrheitswertes verläuft, soll an folgendem »Axiom« durchgeführt werden, wobei statt der Punktregel bei Post (1971: 267) hier eine Klammerregel benutzt wird: "$(\sim p) \vee (p \vee q)$". Ordnet man kombinatorisch die symbolisierten Wahrheitswerte zu, dann ergibt sich folgendes Bild, wenn man den Aufbau der Gesamtformel schrittweise vollzieht:

p	q	$\sim p$	$p \vee q$	$(\sim p) \vee (p \vee q)$
+	+	−	+	+
+	−	−	+	+
−	+	+	+	+
−	−	+	−	+

Es ist offensichtlich, dass bei jeder Zuordnungsmöglichkeit von symbolisierten Wahrheitswerten zu den Argumenten ‚p' und ‚q' der symbolisierte Funktionswert des Wahren der Gesamtformel zukommt. Demnach ist dieses »Axiom« für alle überhaupt möglichen derartigen Zuordnungen als wahr interpretierbar und in diesem Sinne widerspruchsfrei. Auf diese Weise sind auch die anderen Formeln und die Regeln bei Post zu behandeln.

Genügt aber eine solche Vorgehensweise, um Widerspruchsfreiheit zu beweisen? Wenn man nun Konstanten für Wahrheitsträger substituieren würde, etwa Carnaps ‚A' und ‚B' (für: "es schneit ...", "es regnet ..."), dann wäre man wieder zu der schon entwickelten Problemlage zurückgekehrt, dass alternative mögliche Wahrheitswerte zu demselben (dem gleichen bzw. austauschbaren) Wahrheitsträger mit Widersprüchen einhergehen. Demnach ist zu fragen, ob es einen

Umgang mit Variablen für Wahrheitsträger gibt, der diese Problemlage gar nicht erst entstehen lässt.

Ein Widerspruch besteht dann, wenn demselben (dem gleichen bzw. austauschbaren) Wahrheitsträger alternative (mögliche) Wahrheitswerte zugeordnet sind. Demnach müsste durch eine Regel ausgeschlossen sein, dass eine derartige Zuordnung explizit oder implizit möglich ist. Eine einfache Version einer solchen Regel könnte darin bestehen, dass man die symbolisierten alternativen Wahrheitswerte an ungleiche bzw. nicht austauschbare Wahrheitsträger bindet. In diesem Sinne ist Tarskis Vorgehen zu verstehen, der Satzfunktionen auf diese besondere Weise in Wahrheitsfunktionen überführte. "Satzfunktion" bestimmte Tarski wie folgt:

"Ein [...] Ausdruck, der Variablen enthält und nach der Ersetzung dieser Variablen durch bestimmte Konstanten zu einem Satz wird, wird *S a t z f u n k t i o n* genannt." (Alfred Tarski 1977: 19)

Eine Wahrheitsfunktion ist nun bei Tarski eine spezifische Satzfunktion:

"Wir können uns leicht davon überzeugen, daß jede in unserem Kalkül auftretende Satzfunktion eine sog. *W a h r h e i t s f u n k t i o n* ist. Damit ist gemeint, daß die Wahrheit oder Falschheit irgendeines Satzes, der aus einer Satzfunktion durch Substitution ganzer Sätze für die Variablen hervorgeht, ausschließlich von der Wahrheit oder Falschheit der substituierten Sätze abhängt." (Alfred Tarski 1977: 52)

Eine Wahrheitsfunktionen veranschaulichende Wahrheitstafel ist bei Tarski anders zu verstehen als bei Carnap. Die Zeichen "W" und "F" stehen bei Carnap *allein* für (mögliche) Wahrheitswerte. Für die Zuordnung dieser Wahrheitswerte zu den Wahrheitsträgern bzw. zu den Variablen für Wahrheitsträger verwendete Carnap (1973: 15 u. 17) den Terminus "Bewertung". Tarski nutzte für den Aufbau der Wahrheitstafeln die Zeichen *"W"* und *"F"* nicht bloß für Wahrheitswerte, sondern *zugleich auch noch* für zugehörige Wahrheitsträger und am Kopf der Tafeln sind Variablen für *beide zusammen* angegeben:

"Die Bedeutung dieser Tafeln wird sofort verständlich, wenn wir den Buchstaben „*W*" bzw. „*F*" als Abkürzung für „wahrer Satz" bzw. „falscher Satz" auffassen." (Alfred Tarski 1977: 53)

Nach Tarski (1977: 53) ist die Tafel für eine aussagenlogische Disjunktion wie folgt aufzubauen:

p	q	$p \vee q$
W	*W*	*W*
W	*F*	*W*
F	*W*	*W*
F	*F*	*F*

Die Variablen sind also bei Tarski weder nur Variablen für Wahrheitsträger noch allein Variablen für Wahrheitswerte, sondern Wahrheitsträger und Wahrheitswerte zusammen substituieren als Konstanten die Variablen. Da nach der klassischen Aussagenlogik jedem Wahrheitsträger nur einer der beiden Wahrheitswerte zukommt (Satz vom ausgeschlossenen Dritten, s. weiter unten), bestehen zu jeder Ersetzung der Variablen durch alternative Wahrheitswerte, die in der Wahrheitstafel in einer Spalte symbolisiert sind, auch ungleiche bzw. nicht austauschbare Wahrheitsträger. Eine »Disjunktion«, die auf diese Weise charakterisiert ist, eröffnet also nicht zu den beiden Wahrheitsträgern ein Spektrum an Möglichkeiten, wie dies bei der Erwägungsdisjunktion der Fall ist. *Die Erwägungsdisjunktion hat ihre Einheit auch durch die Wahrheitsträger; diese halten sich durch, trotz alternativer möglicher Wahrheitswerte.* Wenn aber die Einheit vermittelst der Wahrheitsträger fortfällt, weil alternative Wahrheitswerte mit ungleichen bzw. nicht austauschbaren Wahrheitsträgern einhergehen, dann ist zu fragen, was denn die Einheit einer solchen »Disjunktion« ausmacht. *Die Einheit einer solchen »Disjunktion« ist allein noch durch den Funktor "*$\vee$*" bestimmbar.* Die »Disjunktion« ist hierdurch auf alle erfüllenden ungleichen bzw. nicht austauschbaren Wahrheitsträger verwiesen. Im Grunde fehlt nur ein Allquantor für die erfüllenden Wahrheitsträger mit ihren Wahrheitswerten zu den Variablen: "das Vorsetzen der Allquantoren vor die als Sätze aufzufassenden Ausdrücke wird nur in Gedanken vorgenommen" (Alfred Tarski 1977: 55).

Ungleiche Wahrheitswerte sind hinsichtlich jeweiliger Argumente, ob als Variablen oder nicht, *alternativ*. In der Wahrheitstafel sind alternative (mögliche) Wahrheitswerte in derselben Spalte symbolisiert. *Beweise für die Widerspruchsfreiheit der klassischen Aussagenlogik sind dann hinreichend, wenn explizit alternative mögliche Wahrheitswerte nicht mit gleichen (bzw. austauschbaren) oder denselben Wahrheitsträgern zu verbinden sind. Es liegt dann eine Bindungsregel für die Inhomogenität vor* (kurz: "*Inhomogenitätsregel*" genannt)[18]. Die Erwägungsdisjunktion folgt einer *Homogenitätsregel*[19]: *gleiche oder dieselben Wahrheitsträger haben alternative mögliche Wahrheitswerte;*

diese Formulierung nutzt analogisch die Terminologie der klassischen Aussagenlogik, um die Entsprechungsthese leichter überprüfen zu können.

Da die Variablen einer Wahrheitsfunktion durch wahre oder falsche symbolisierte Wahrheitsträger, wie Sätzen, substituiert werden, müssen diese – wie die »Disjunktion« im Sinne Tarskis – auch wahr sein können. Insofern ist Tarski zuzustimmen, dass für seine aussagenlogische »Disjunktion« der Satz "*2 · 2 = 5 oder New York ist eine große Stadt*" wahr ist. Doch seine Meinung, die aussagenlogische »Disjunktion« würde die Erwägungsdisjunktion "vereinfachen und klarer machen" (s. o.), ist falsch, wenn die hier entwickelten Überlegungen sich über Verbesserungen hinweg als haltbar erweisen sollten.

Eine Erwägungsdisjunktion kann weder wahr noch falsch sein. Also bleibt die Aussage des Freundes eine Lüge und kann durch eine ausssagenlogische »Disjunktion« auch nicht als wahr ausgegeben werden:[20]

"Wer daher das Wort „*oder*" im Sinne der modernen Logik verwendet, wird den [...] Ausdruck

2 · 2 = 5 oder New York ist eine große Stadt

als einen sinnvollen und sogar wahren Satz ansehen, denn sein zweites Glied ist sicherlich wahr. Und wenn wir annehmen, daß der nach dem Zeitpunkt seiner Abreise befragte Freund das Wort „*oder*" in seiner strikten logischen Bedeutung nahm, so sind wir gezwungen, seine Antwort als wahr anzuerkennen, ganz unabhängig von unserer Meinung über seine mit dieser Antwort verbundenen Absichten." (Alfred Tarski 1977: 35/36)

Wenn die klassische Aussagenlogik unter der Inhomogenitätsregel widerspruchsfrei ist, kann eine inhomogene »Disjunktion« keiner Erwägungsdisjunktion entsprechen, sonst müsste sie homogen und widersprüchlich sein. Wenn also Erwägungsdisjunktionen zur Deutung inhomogener aussagenlogischer Formeln verwendet werden, dann bestehen Deutungswidersprüche, weil ein Widerspruch nicht ohne Widerspruch einer Widerspruchslosigkeit entsprechen kann.

4. Homogenitätsregel
und die Widersprüchlichkeit der klassischen Aussagenlogik

Gibt es Logiker, die hinsichtlich der klassischen Aussagenlogik der Homogenitätsregel folgen? Oben wurde schon problematisiert, inwiefern Rudolf Carnaps Auffassung der aussagenlogischen Disjunktion widersprüchlich sein könnte. Deswegen wurde die Frage verfolgt, ob die klassische Aussagenlogik widerspruchsfrei sei. Hierdurch sollte ermittelbar werden, ob diese Problematisierung Folge einer Projektion sei oder nicht. Kann man eine Wahrheitstafel, in deren Kopfzeile Wahrheitsträger symbolisiert sind, nach der Inhomogenitätsregel auffassen, weil demselben Wahrheitsträger-Symbol in der Kopfzeile alternative symbolisierte Wahrheitswerte in einer Spalte zugeordnet sind? Da die Wahrheitstafeln verschieden verwendet werden – man denke etwa an Hans Reichenbachs (1966: 27 ff) "connective" Konzeption, die die klassische Aussagenlogik verlässt –, ist es sinnvoll, nach eindeutigeren Darlegungen zu suchen. Eine solche höhere Eindeutigkeit erreicht man, wenn man Carnaps Spielraumkonzeption, die er in Anlehnung an Ludwig Wittgenstein (1964: Satz 4.463) entwickelt hat, untersucht. Carnap hat den Spielraumbegriff wie folgt eingeführt:

"Unter dem S p i e l r a u m" eines Satzes "verstehen wir die Klasse der möglichen Bewertungen, für die" der Satz "wahr ist; sie sind dargestellt durch die mit ‚W' besetzten Zeilen der Wahrheitstafel. So besteht z. B. der Spielraum von ‚$A \vee B$' [...] aus den ersten drei der vier Bewertungen, die durch die vier Zeilen der Tafel dargestellt werden." (Rudolf Carnap 1973: 15)

Ein Satz – mit Konstanten – hat bei Tarski keinen Spielraum. Man könnte im übertragenen Sinne sagen, wenn man eine Wahrheitsfunktion ohne Bezug auf Wahrheitsträger konzipierte: "Nur die Wahrheitsfunktion selbst hat einen Spielraum". Dieser Spielraum umfasste aber lauter ungleiche symbolisierte Wahrheitsträger; man könnte ihn einen "*inhomogenen Spielraum*" nennen. Der Spielraum bei Carnap dagegen ist auf dieselben oder die gleichen (bzw. austauschbaren) Wahrheitsträger bezogen. Das Spielraumkonzept von Carnap ist demnach eine Ausprägung der Homogenitätsregel (*homogener Spielraum*). Würde man der Inhomogenitätsregel folgen, könnte man *nicht* feststellen, dass ein Satz (symbolisierter Wahrheitsträger ohne Variable) umso weniger besage, je größer sein Spielraum sei. Denn ein jeweiliger Satz hat nach der Inhomogenitätsregel nicht alternative symbolisierte mögliche Wahrheitswerte. Aber solche, jeweiligen Wahrheitsträgern zurechenbare, unterschiedlich umfangreiche alternative symbolisierte mögliche Wahrheitswerte machen den Spielraum bei Carnap aus:

"Der Spielraum von ‚$A \equiv B$' besteht aus der ersten und letzten Bewertung, der von ‚$A \, . \, B$' aus der ersten Bewertung allein. Nun können wir uns leicht klarmachen, daß ein Satz um so mehr besagt, je kleiner sein Spielraum ist. Angenommen, der Sinn der Sätze ‚A' und ‚B' ist uns bekannt. Wird uns nun ‚A . B' mitgeteilt, so erfahren wir genau, welcher von den vier möglichen Fällen, die den vier Bewertungen entsprechen, wirklich zutrifft, nämlich der erste. Die Mitteilung ‚$A \equiv B$' ist unbestimmter, weil sie zwei Möglichkeiten offen läßt; ‚$A \vee B$' ist noch unbestimmter, weil drei Möglichkeiten offen gelassen werden, und nur eine einzige ausgeschlossen wird." (Rudolf Carnap 1973: 15)[21]

Da der Spielraum zu jeweiligen Wahrheitsträgern alternative mögliche Wahrheitswerte umfasst, *konstituiert er sich bei mehrzeiligen Spielräumen aus Widersprüchen*. Dies soll nun anhand der Wahrheitstafel zur Disjunktion auch veranschaulicht werden: "‚$A \vee B$' ist noch unbestimmter, weil drei Möglichkeiten offen gelassen werden, und nur eine einzige ausgeschlossen wird" (s. o.). Es sind nicht alternative Möglichkeiten, die von ungleichen Wahrheitsträgern offengelassen werden. ‚A' ist mit alternativen Wahrheitswerten innerhalb des Spielraums der Disjunktion bewertet und auch ‚B'. – Angenommen nun, es sei wahr, dass es schneit ... , und es sei falsch, dass es regnet ... . Dies ist der Fall der zweiten Zeile der zugehörigen Wahrheitstafel. Wenn dies aber der Fall ist, sind die Möglichkeiten der ersten und der dritten Zeile ausgeschlossen. Denn die alternativ bewerteten Sätze ‚A' und ‚B' beziehen sich innerhalb des Spielraums auf dieselbe Zeit und denselben Ort. Es ist also dann wahr statt falsch, dass es schneit (3. Zeile), und falsch statt wahr, dass es regnet (1. Zeile). In der folgenden Wahrheitstafel werden die Symbole der zweiten Zeile, die den der Annahme entsprechenden zutreffenden Fall ausdrücken sollen, kursiv gedruckt. Weil der Fall der zweiten Zeile zutrifft, sind die alternativen möglichen Wahrheitswerte innerhalb des Spielraums, die nun unzutreffend sind, zurückgewiesen. Diese Zurückweisung ist durch die Änderung der rechtsspaltigen Funktionswert-Symbole anzugeben. Sie sollen deswegen fett gesetzt werden; *aber eigentlich wären sie durch die Symbole für das Falsche zu ersetzen. Das, was hierdurch zurückgewiesen wird (die Argumentwerte), ist nicht zu ändern, sonst wäre es nicht mehr sinnvoll zurückweisbar*. Die oben angegebene Tafel zu Carnaps Disjunktion ist nun zu transformieren:

	A	B	$A \vee B$
1. Zeile	W	W	**W**
2. Zeile	*W*	*F*	*W*
3. Zeile	F	W	**W**
4. Zeile	F	F	F

Wegen der grundsätzlichen Bedeutung sei die Problemlage noch an der von Carnap dargelegten »Tautologie«[22] erörtert:

"Hat ein Satz den t o t a l e n S p i e l r a u m, der sämtliche möglichen Bewertungen umfaßt, wie z. B. ‚A ∨ ~A' [...], so schließt er gar keine Möglichkeit aus und besagt daher überhaupt nichts. Heißt ‚A' „Es regnet jetzt hier", so heißt ‚A ∨ ~A' „Es regnet jetzt hier oder es regnet jetzt hier nicht"; und dieser Satz ist in jedem möglichen Fall wahr, ob es nun regnet oder nicht regnet. Aus seiner Mitteilung können wir daher nichts darüber lernen, welcher Fall wirklich vorliegt. Solche Sätze, die bei allen möglichen Bewertungen für ihre Teilsätze wahr sind, heißen t a u t o l o g i s c h (oder Tautologien)." (Rudolf Carnap 1973: 15)

Die Sätze „Es regnet jetzt hier" und „Es regnet jetzt hier nicht" widersprechen einander. (Eine Tautologie mit inhomogenem Spielraum ist widerspruchsfrei, immer wahr, aber man wüsste nicht, wovon sie handelt, weil die Wahrheitsträger unbestimmt sind.) Fasst man die beiden Sätze in einer *Erwägungsdisjunktion* zusammen, dann geben die hier analogisch verwendeten Wahrheitswert-Symbole *mögliche* Wahrheitswerte an. Dass die Erwägungsdisjunktion von wahren Lösungen abgelöst werden kann, macht sie dadurch nicht selbst wahr, sondern nur lösungsadäquat. Würde sie selbst wahr sein, würde man Widersprüche als wahr anerkennen – was nicht nur aussagenlogisch unzulässig ist. Das, was bei Carnap "tautologisch" genannt wird, wäre zu übersetzen: Diese Disjunktion als uneingeschränkte Erwägung ist für jeden Fall lösungsadäquat; sie kann nicht lösungsinadäquat sein. Da sie keine Lösung für die erwogenen Wahrheitsträger ausschließt, also alles zulässt, kann man ihr nicht entnehmen, was der Fall sein bzw. nicht sein mag. Diese *unbeschränkte Lösungsadäquatheit* hat zur Grundlage die Homogenitätsregel.

Carnaps Feststellung, ‚A ∨ ~A' sei tautologisch, weil "dieser Satz [...] in jedem möglichen Fall wahr" sei, setzt die Homogenitätsregel voraus: Den symbolisiert gleichen Wahrheitsträgern (ohne Variablen) werden alternative Wahrheitswerte (und hierdurch aussagenlogisch: »Position« und »Negation«) zugeordnet. Ohne diese Zuordnung von derartigen Alternativen könnte der Satz nicht im Sinne Carnaps tautologisch sein. Der Satz ist nicht deswegen tautologisch, weil er wegen unbestimmter Angaben in jedem Falle wahr sein könnte, wie dies bei einer Aussage ohne Zeit- und Ortsangaben möglich wäre: "Es regnet oder es regnet nicht". Carnap formulierte zwar unbestimmt subjektbezogen ("jetzt hier"), aber dennoch sind eine bestimmte Zeit und ein gewisser Ort gemeint. Eine solche Tautologie ist deswegen "in jedem möglichen Fall wahr" (s. o), weil sie hinsichtlich derselben Zeit und demselben Ort die Möglichkeiten, was der Fall sein könnte, ausschöpft. Sie gibt also auch keine Disposition in dem Sinne an, dass das Wetter auch anders sein könnte; es sind widersprechende Möglichkeitsangaben[23], die nicht durch objektbezogene Modalisierungen (Verzeitlichung) entschärft sind. Nur eine Möglichkeitsangabe davon kann wahr sein und nicht die Möglichkeitenzusammenstellung in der Disjunktion selbst. Das aber meinte Carnap: "Solche Sätze, die bei allen möglichen Bewertungen für ihre Teilsätze wahr sind, heißen t a u t o l o g i s c h (oder Tautologien)" (s. o.). Eine solche Tautologie mit bestimmten Orts- und Zeitangaben erschließt nicht Möglichkeiten, die unabhängig voneinander gedacht werden können, etwa indem man andere Welten bedenkt.

Wenn also alternative mögliche Wahrheitswerte homogen an dieselben oder die gleichen (bzw. ersetzbaren) Wahrheitsträger gebunden sind, dann sind solche Bindungen, wenn sie dem symbolisierten Funktionswert des Wahren zugeordnet sind (Spielraum), mehrfach widersprüchlich: 1. die Alternativen stehen zueinander im Widerspruch. Je mehr Alternativen als Argumente dem symbolisierten Funktionswert des (möglicherweise) Wahren zugeordnet sind, umso widersprüchlicher sind derartig homogen aufgefaßte Wahrheitsfunktionen. *Homogene »Tautologien« sind maximal widersprüchliche homogene Wahrheitsfunktionen.* Homogen aufgefaßte aussagenlogische Axiome sind also die widersprüchlichsten aussagenlogischen Ausdrücke. 2. Nun sollen außerdem homogene Wahrheitsfunktionen mit alternativen symbolisierten möglichen Wahrheitswerten über diese widersprüchlichen Konstellationen hinaus, die als Möglichkeitenzusammenstellungen sinnvoll sein mögen, selbst auch noch wahr sein können. *Widersprüchlichkeit (wegen alternativer möglicher Wahrheitswerte im homogenen Spielraum) und Widerspruchsfreiheit (wegen der vorliegenden Wahrheitswerte zu den Wahrheitsträgern) bestehen für die gleichen (dieselben) Wahrheitsträger, was selbst ein Widerspruch ist, der eine solche Konstellation sinnlos macht.* Eine Homogenitätskonzeption für die klassische Aussagenlogik, wie sie in Carnaps Spielraumkonzeption vorliegt, ist also umfassend widersprüchlich.

5. Homogenität oder Inhomogenität

Die Widersprüchlichkeit einer unter Homogenitätsregel stehenden klassischen Aussagenlogik ist dann deutlich nachweisbar, wenn gänzlich ohne Variablen argumentiert werden kann.[24] Führt man Variablen für Wahrheitsträger ein, etwa „p" und „q", dann wären – ähnlich wie bei Tarski – zu alternativen Wahrheitswerten die Symbole für ungleiche (bzw. einander nicht ersetzbare) Wahrheitsträger in die Variablen einsetzbar. Man kann aber auch die Homogenitätsauffassung beibehalten. Aus „$p \vee q$" wäre durch Einsetzung „$A \vee B$" zu gewinnen und im Sinne Carnaps ein dreizeiliger Spielraum homogen zuzuordnen. Eine solche Übertragung der Homogenitätsauffassung von der Spielraumauffassung ohne Variablen auf die mit Variablen läge bei Carnap nahe. Aber es könnte auch sein, dass dann ein Wechsel von der Homogenitäts- zur Inhomogenitätsauffassung stattfindet. Carnap hat jedoch explizit parallelisiert:

"Die Satzvariablen gehören auch zu den bewertbaren Zeichen. Mögliche Werte für sie sind, wie für die Satzkonstanten, die Wahrheitswerte W und F. [...] Die Wahrheitstafeln können offenbar auch unmittelbar auf die Satzvariable als Glieder einer molekularen Formel angewendet werden." (Rudolf Carnap 1973: 25)

Wenn die Wahrheitstafeln unmittelbar auf die Variablen ebenfalls anwendbar sind, dann bleiben bei diesen analogischen Verwendungen (Carnap 1973: 17) die Spielräume an diese Variablen gebunden. Sonst hätten die jeweils eingesetzten Konstanten die jeweiligen Spielräume nicht. Bei der Substitution von Variablen durch Konstanten wird also nicht – wie bei der Booleschen Bewertung[25] – diesen nur jeweils ein alternativer Wahrheitswert zugeordnet, sondern der Spielraum bleibt erhalten. So ist nach Carnap (1973: 25), "da ‚A ∨ ~A'" tautologisch ist, "auch ‚p ∨ ~p'" tautologisch (L-wahr). Substituiert man ‚p' durch ‚A', erhält man aus ‚p ∨ ~p' ‚A ∨ ~A' – und ‚A ∨ ~A' hat den Spielraum von ‚p ∨ ~p' übernommen. Bei Tarski könnte man in ‚p ∨ ~p' nur einen *wahren Satz* oder einen *falschen Satz* einsetzen, wodurch diese »Disjunktion« aus Konstanten dann keinen homogenen Spielraum hätte.

Nun ist eine solche *explizite wahrheitsträgerbezogene* Spielraumkonzeption, wie sie Carnap dargelegt hat, in der aussagenlogischen Literatur nicht verbreitet. Sie ist aber auch meines Wissens nicht als widersprüchlich kritisiert worden; Tarski (1977: 234) hat z. B. Carnaps Buch >Einführung in die symbolische Logik< empfohlen. Dies ist ein Indiz, dass man die Widerspruchsproblematik nicht erfasst hat. Denn dann hätte man sich u. a. gegen die Behauptung wenden müssen, dass die Erwägungsdisjunktion in der klassischen Aussagenlogik eine Entsprechung fände. Gibt es für diese fehlende Thematisierung aussagenlogisch immanente Gründe?

Nur dann, wenn Wahrheitsträger und Wahrheitswerte auseinandergehalten werden, so dass sie aufeinander explizit zu beziehen sind – z. B. wie bei Carnap oder auch wie bei Tarski – besitzt man *eine* Voraussetzung, für das Widerspruchsproblem geistig *sensibel* zu werden. Wenn man sie dagegen zwar aussagenlogisch als differente Entitäten anerkennt, aber sie im faktischen aussagenlogischen Gebrauch der Formeln nur isoliert beachtet, dann ist das Widerspruchsproblem nicht mehr erfassbar. Typisch hierfür ist Willard V. O. Quines

Vertretungskonzeption, nach der es gleichgültig sei, ob man die Variablen durch Symbole für Wahrheits*träger* oder Symbole für Wahrheits*werte* ersetze:

"Unter der *Interpretation* des Buchstabens >*p*< (oder >*q*< usw.) kann die Angabe eines wirklichen Satzes verstanden werden, der an Stelle des Buchstabens zu denken ist. Eine Interpretation von >*p*< kann aber auch einfach die Angabe eines Wahrheitswertes für >*p*< sein. Es macht praktisch keinen Unterschied, ob man >Interpretation< in dem einen oder in dem anderen Sinn benutzt; jeder wirkliche Satz *S* hat einen (bekannten oder unbekannten) Wahrheitswert, und der Wahrheitswert jeder Wahrheitsfunktion von *S* hängt nur von diesem Wahrheitswert ab." (Willard V. O. Quine 1978: 50)[26]

Interpretiert man allein mit Hilfe symbolisierter (möglicher) Wahrheitswerte, dann fehlt der Zusammenhang zu den Wahrheitsträgern. Ein Widerspruchsproblem kann nicht entstehen, weil der Zusammenhang zusätzlich erst hergestellt werden muß. Dann ist dieser Zusammenhang aber sowohl nach der Homogenitäts- als auch nach der Inhomogenitätsregel herstellbar. Da aber nach der Inhomogenitätsregel die klassische Ausssagenlogik widerspruchsfrei ist, besteht somit die Möglichkeit eines widerspruchsfreien Zusammenhangs. Andererseits ist auch nach der Homogenitätsregel vorzugehen, so dass, je nach Erfordernis, man *hin- und herpendeln* kann. Was eine (Selbst-)Aufklärung erschwert.

Wenn man bei Quine (1981: 16) als Bestandteil eines Ausdrucks lesen kann "Jones was here ∨ the glove is his", dann ist diese Aussage *homogen und inhomogen auffassbar*. Sie ist homogen, wenn man sie als Übersetzung einer Erwägungsdisjunktion versteht. Sie ist inhomogen, wenn die Teilsätze jeweils einen Wahrheitswert und keinen homogenen Spielraum haben. Hier ist daran zu erinnern, dass zwar nach Quine ein jeder Wahrheitsträger einen Wahrheitswert hat, aber man nicht darum zu wissen braucht: "jeder wirkliche Satz *S* hat einen (bekannten oder unbekannten) Wahrheitswert" (s. o.)[27]. Hierdurch ist auch eine Offenheit sowohl für die Homogenitäts- als auch für die Inhomogenitätsregel möglich. Denn, wenn man um die Wahrheit nicht weiß, dann ist "Jones was here ∨ the glove is his" mit homogenem Spielraum – wie eine Erwägungsdisjunktion – auffassbar. Wechselt man zu der Annahme über, die Wahrheitswerte lägen allemal vor, dann ist die Inhomogenitätsauffassung vorziehbar.

Gibt es bei solchen Fokussierungen auf eine der beiden Komponenten, auf Wahrheitsträger oder auf Wahrheitswerte, dennoch zuweilen *Indikatoren, ob der Homogenitäts- oder der Inhomogenitätsregel gefolgt wird?* An einem Beispiel, nämlich wie Quine das Gesetz (den Satz, das Prinzip) vom ausgeschlossenen Dritten verwendet hat, soll dieser Frage nachgegangen werden. Das Gesetz vom ausgeschlossenen Dritten bezog Quine in seinem Buch >Mathematical Logic< auf »statements«. Den Ausdruck "statement" gab er später zugunsten von "sentence" auf (s. Quine 1986: 2). Die aussagenlogische Form mittels der Variable "ϕ" illustriert nach Quine nur das Gesetz:

" 'ϕ v ~ ϕ' illustrates the *law of the excluded middle*, which is commonly phrased as saying that every statement is true or false, [...][and is] not to be identified with 'ϕ v ~ ϕ'". (Willard V. O. Quine 1981: 51)[28]

Zunächst ist hervorzuheben, dass *"true" und "false" in der Gesetzesangabe gemeinsam auf jeweilige »statements« disjunktiv bezogen* sind und nicht auf unterschiedliche »statements«. *Diese Meta-Disjunktion ist hier also homogen und insofern eine Erwägungsdisjunktion.* Der Formel "'ϕ v ~ ϕ'" ist nicht zu entnehmen, ob sie homogen oder inhomogen zu verwenden ist. Die Formel soll aber das Gesetz vom ausgeschlossenen Dritten illustrieren. Wenn das Gesetz auf jeweils ein »statement« bezogen ist, dann müsste die Illustration selbst auch homogen sein: denn das illustrierende Statement 'Jones is ill' müsste den Spielraum beider Wahrheitswerte haben, sowohl wahr als auch falsch sein können. Quine spezifizierte "'ϕ v ~ ϕ'" durch das Statement " 'Jones is ill v ~ Jones is ill' ". Nun ist umgangssprachlich "Jones ist krank oder Jones ist nicht krank" hinsichtlich einer bestimmten Zeit als Erwägungsdisjunktion aufzufassen. Das Gesetz vom ausgeschlossenen Dritten und die spezifizierende Illustration passen zusammen. Dies ist ein Indikator, dass Quine der Homogenitätsregel hier folgte.

Andererseits kann man die Formel "'ϕ v ~ ϕ'" sich auch inhomogen spezifiziert denken, indem man das Gesetz vom ausgeschlossenen Dritten nicht beachtet, von der umgangssprachlichen Homogenität absieht und konditional formuliert: "Wenn es wahr ist, dass Jones krank ist, dann ist auch 'Jones ist krank v ~ Jones ist krank' insgesamt wahr". Diese konditionale Formulierung gestattet es, den jeweiligen symbolisierten Wahrheitswert getrennt von dem anderen zu behandeln, nämlich dass es hätte auch falsch sein können, dass Jones krank sei. Diese Isolierung lässt somit auch zu, die andere Möglichkeit getrennt konditional auszudrücken: "Wenn es falsch ist, dass Jones krank ist, dann ist auch 'Jones ist krank v ~ Jones ist krank' insgesamt wahr". Die Formulierung: 'Jones ist krank v ~ Jones ist krank' ist selbst homogen oder inhomogen vestehbar, weil keine Wahrheitswerte angegeben sind. *Die konditionale Formulierung mit Hilfe von Wahrheitswerten isoliert die beiden Möglichkeiten voneinander, die in dem homogenen Ausdruck noch eine Einheit aus alternativen Möglichkeiten zu einem Wahrheitsträger sind.* Da aber Quine sowohl die umgangssprachliche

Formulierung als auch das Gesetz von ausgeschlossenen Dritten herangezogen hat, (ver)führt dieser Zusammenhang zur Anwendung der Homogenitätsregel.

Befolgt man also konsequent das Gesetz vom ausgeschlossenen Dritten – im Sinne Quines – in der klassischen Aussagenlogik und gestaltet sie auch danach, z. B. durch die Angabe von an Wahrheitsträgern gebundenen Spielräumen, dann ist sie widersprüchlich. Ist die klassische Aussagenlogik nicht widersprüchlich, dann besteht ein Widerspruch zu der Behauptung, die klassische Aussagenlogik befolge das Gesetz vom ausgeschlossenen Dritten.

6. Erwägungsforschungsstand

Die vorangegangenen Erörterungen haben eine *erste Entsprechungsthese* in verschiedene Richtungen verfolgt, nach der Erwägungsdisjunktionen in Formeln der klassischen Aussagenlogik sollen ausgedrückt werden können. Es gibt in diesem Zusammenhang aber noch eine weitere, eine *zweite Entsprechungsthese*, nach der in geeigneten Automaten logische Denkprozesse nachvollzogen würden:

"Zu den bedeutendsten Einsichten der modernen Automatentechnik gehört es, daß sich auch höhere geistige Leistungen durch Maschinen simulieren lassen. Seit es geglückt war, die logischen Denkprozesse zu formalisieren, bestand die prinzipielle Möglichkeit, sie durch geeignete Automaten nachzuvollziehen." (Wolfgang Stegmüller 1983: 728/729)

Folgende Tabelle benutzte Stegmüller, um seine Entsprechungsthese zu erläutern:

x	y	z
1	1	1
1	0	1
0	1	1
0	0	0

Die erste Interpretation der Tabelle lautet:

"Wir interpretieren zunächst x, y und z als Aussagen. 0 bedeute den Wahrheitswert F (falsch) und 1 den Wahrheitswert W (wahr). Dann stellt die Tabelle [...] die Wahrheitstafel für das nichtausschließende „oder" (die nicht-ausschließende *Adjunktion* oder *Disjunktion*) dar. z ist genau dann falsch, wenn sowohl x wie y falsch ist; in allen anderen Fällen ist z wahr. In symbolischer Abkürzung würde z also dasselbe besagen wie x ∨ y." (Wolfgang Stegmüller 1983: 729)

Die Zeichen "x", "y" und "z" sollen hier also Aussagen wiedergeben und nicht Aussagenvariablen. Die Tabelle ermöglicht ein homogenes Verständnis, schließt andererseits ein inhomogenes nicht aus.

Die zweite Interpretation der Tabelle betrifft eine ODER-Schaltung:

"In einer zweiten Interpretation geben wir dieser Tabelle eine technische Deutung mittels eines elektrischen Modells. Gegeben sei ein Stromkreis, der über eine Batterie eine Lampe versorgt. In dem Stromkreis sind zwei Schalter angebracht, die *parallel geschaltet* sind. Dies gewährleistet, daß die Lampe brennt, wenn auch nur einer der beiden Schalter geschlossen ist. Das Symbol x wird nun als sogenanntes „binäres Signal" gedeutet, welches dem ersten Schalter zugeordnet ist: x=0 besage, daß der Schalter 1 offen ist; x=1, daß er geschlossen ist. In genau derselben Weise wird y als ein dem Schalter 2 zugeordnetes binäres Signal interpretiert. z=1 besage, daß die Lampe brennt; z=0, daß die Lampe nicht brennt". (Wolfgang Stegmüller 1983: 729)

Die alternativen Zustände der Schalter – Geschlossensein oder Offensein – werden hier jeweils demselben Schalter zugeordnet. Erweitert man den Ausdruck "homogen" auch auf Schaltfunktionen technischer Zustände (Schalter: offen/geschlossen – Lampe: brennt/brennt nicht (bzw. Strom: fließt/fließt nicht)), indem die Werte solcher alternativen Schaltzustände "*homogen*" im Verhältnis zu ihren symbolisierten *Trägern* genannt werden, wenn sie demselben symbolisierten Träger zugeordnet sind, dann symbolisiert auch die Tabelle für die technische Schaltung homogene Verhältnisse.

Stegmüllers Entsprechungsthese lautet nun:

"Der metatheoretischen Aussage „eine Adjunktion ist genau dann wahr, wenn mindestens eines der beiden Adjunktionsglieder wahr ist" entspricht somit die Feststellung „die Lampe brennt [...] genau dann, wenn mindestens einer der beiden Schalter 1 oder 2 geschlossen ist"." (Wolfgang Stegmüller 1983: 729)

Aussagenlogisch würde eine homogene Auffassung der Tabelle zu Widersprüchen führen. Insofern liegt hier keine Entsprechung vor.[29] Warum aber ist eine Schaltfunktion bzw. ihre Tabelle nicht widersprüchlich? Und könnte es sein, dass zwar die Erwägungsdisjunktion, die homogen ist, nicht der aussagenlogischen Disjunktion entspricht, wohl aber der ODER-Schaltung mit ihrer Schaltfunktion?

Vergleicht man die oben dargelegte kombinatorisch aufgebaute Erwägungsdisjunktion mit der Schaltfunktion einer ODER-Schaltung, dann besteht zwar hinsichtlich der Homogenität eine Gemeinsamkeit, aber die Schaltfunktion wird nicht hinfällig, wenn ein Schaltzustand angegeben wird. Liegen z. B. die Schaltzustände, die in der dritten Zeile angegeben werden, vor, dann gelten weiterhin alle anderen Angaben der ersten, zweiten und vierten Zeile für die entsprechende Schaltung. Würden diese nicht gelten, wäre die Schaltung kaputt. Es liegt also kein Analogon zur negativen Bewertung (zum Verwerfen) der anderen Möglichkeiten bei einer Erwägungsdisjunktion vor. Die anderen Möglichkeitsangaben der Tabelle zur Schaltfunktion sind also keine zu erwägenden Alternativen, sondern geben Dispositionen an. Eine Schaltfunktion kann man als *Lösung* der Frage bedenken, welche Schaltung vorliege. (Für diese Frage lassen sich selbst Alternativen erwägen – und verwerfen, etwa, ob die vorliegende Schaltung eine UND-Schaltung sei usw. usf.)

Wenn ein Schaltzustand besteht, bestehen andere Schaltzustände nicht. Insofern gleichen sich Wahrheitswertangaben und Schaltzustandsangaben. Denn, wenn ein Wahrheitsträger einen Wahrheitswert hat, dann ist der andere ausgeschlossen. Jedoch, wenn ein Wahrheitsträger einen Wahrheitswert hat, dann kann er unter den Voraussetzungen der klassischen Aussagenlogik nicht der Disposition nach den anderen Wahrheitswert annehmen. Er liegt allemal definitiv fest:

"Jede in der klassischen Logik in Betracht gezogene Aussage ist definitiv wahr oder definitiv falsch, und das unabhängig von der Feststellbarkeit dieser Wahrheit bzw. Falschheit, unabhängig vom menschlichen Erkenntnisprozeß." (Werner Stelzner 1984: 15)

Es kommt hier nicht darauf an, ob man annehmen möchte, dass Wahrheit oder Falschheit unabhängig vom menschlichen Erkenntnisprozess bestehe. Vielmehr genügt schon die Bestimmung, dass ein Wahrheitsträger mit einem Wahrheitswert nicht mit der Disposition angelegt ist, den jeweils anderen Wahrheitswert ohne Korrekturprozeduren zu ermöglichen. Ein Schalter muss ohne Korrekturerwartung den anderen Zustand annehmen können, sonst wäre er kein Schalter. Beiden entsprechend symbolisierten Trägern ist gemeinsam, dass, wenn der eine Wert vorliegt, der andere nicht besteht (*Exklusivität der Werte*). Idealisierend ist konzipierbar, dass der Schalter den jeweils anderen Zustand soll einnehmen können (*relative Exklusivität*), während der Wahrheitsträger seinen Wahrheitswert unbeschränkt behalten können soll (*absolute Exklusivität*), ob nun aussagenlogisch oder entscheidungstheoretisch (s. Werner Loh 1992: ((11-12))).

Was ist von den bisherigen Überlegungen in einen reflexiven Erwägungsforschungsstand einzubringen, der Bewertungsmöglichkeiten für die zu erwägenden Entsprechungsthesen zur Verfügung stellt, wobei ein solcher korrigierbarer reflexiver Erwägungsforschungsstand *eine* Geltungsbedingung für die reflexive Lösung ist, die sich in der Bewertung der zu erwägenden Entsprechungsthesen realisiert?

Einerseits ist eine Erwägungsdisjunktion homogen und andererseits eine widerspruchsfreie aussagenlogische »Disjunktion« inhomogen. Beiden gemeinsam ist ihre absolute Exklusivität der Werte. Erwägungsdisjunktionen sind homogen und Schaltfunktionen können es auch sein, aber die Exklusivität der Werte ist unterschiedlich. Führt man diese Differenzen in einer Merkmalskombinatorik zusammen, dann erhält man einen Erwägungsforschungsstand, der insofern verallgemeinerbar ist, als er für Erwägungsdisjunktion, widerspruchsfreie aussagenlogische »Disjunktion« und ODER-Schaltfunktion verwendbar ist.

Träger-Werte-Verhältnis	*Werte-Werte-Verhältnis*	
homogen	absolut exklusiv	Erwägungsdisjunktion
homogen	relativ exklusiv	ODER-Schaltfunktion
inhomogen	absolut exklusiv	widerspruchsfr. aussagenl. »Disjunktion«
inhomogen	relativ exklusiv	

Wenn man nicht reflexiv erwägt, ob Homogenität oder Inhomogenität besteht, dann kann man nicht nur meinen, eine Erwägungsdisjunktion fände in einer aussagenlogischen »Disjunktion« eine Entsprechung, sondern man desensibilisiert sich auch geistig für das Widerspruchsproblem. Beachtet man (auch) nicht den Unterschied zwischen absoluter und relativer Exklusivität, dann sind Wahrheitsfunktionen und Schaltfunktionen als gleichartig zu behandeln. Auf diese Weise lassen sich dann erste und zweite Entsprechungsthese integrieren. Beide Thesen sind aber falsch, wenn man den angegebenen reflexiven Erwägungsforschungsstand berücksichtigt. Die Behauptung, dass dies falsch sei, ist abhängig von diesem Erwägungsforschungsstand. Er ist eine Geltungsbedingung für diese Behauptung und bietet überhaupt erst eine Begründungs- und Verantwortungsbasis, warum man eine Erwägungsdisjunktion, aussagenlogische »Disjunktion« und Schaltfunktion so und nicht anders einschätzt.

Nun gibt es in der Literatur der klassischen Aussagenlogik Tendenzen, von solchen spezifizierenden Angaben – wie zur Homogenität oder absoluten Exklusivität – abzusehen. Eine typische Äußerung in diesem Sinne ist etwa folgende:

"Eine Funktion, welcher *irgendein* zweiwertiger Bereich als Variabilitätsbereich der unabhängigen und der abhängigen Variablen zugrunde liegt, kann stets als Wahrheitsfunktion aufgefaßt werden. Die wertende Logik ist hinsichtlich ihrer Methode nichts als die Kombinatorik zweier Elemente.
Hiermit hängt es zusammen, daß manche Ergebnisse der alternären Aussagenlogik für die Theorie der Rechenmaschinen wichtig werden." (H. Arnold Schmidt 1960: 83)

Schmidt hat hier nicht die Meinung vertreten, dass die klassische Aussagenlogik als wertende Logik allein von der Kombinatorik zweier Elemente handele. Vielmehr ging es ihm nur um die Methode. Warum sollte man nicht unterschiedliche Gebiete, etwa Aussagen und Schaltungen, wenn sie Gemeinsamkeiten haben, methodisch in dieser Hinsicht zusammen erfassen? Grundlegende wissenschaftliche Innovationen leben davon, dass abstraktere Gemeinsamkeiten für sonst getrennt erfasste spezische Gegenstandsbereiche gefunden werden. Ist es sinnvoll, für die funktionale Behandlung der Kombinatorik zweier Elemente noch den Ausdruck "Wahrheitsfunktion" zu verwenden? Solange es sich hier allein um einen sprachlichen Wandel handelt, der nicht ungeklärte Verhältnisse überspielt, mag das ein Streit um Worte sein. Berücksichtigt man allerdings den oben entwickelten Erwägungsforschungsstand, dann ist zu fragen, unter welchen Bedingungen die zwei Elemente hinsichtlich klassischer Aussagenlogik und digitaler Schaltungen zusammen zu behandeln sind.

Ein nächster Schritt im Wandel des Sprachgebrauches ist die Auffassung, dass man die klassische Aussagenlogik nicht nur methodisch mit anderen Gebieten gemeinsam behandeln könne, sondern dass man von den Unterschieden absehen und auch noch den Sprachgebrauch umdeuten dürfe (ohne allerdings eine Überprüfung anzustreben):

"Man darf sich sogar auf den extrem formalen Standpunkt stellen, die *Symbole* **0** und **1** als diese Wahrheitswerte zu betrachten. Im Rahmen einer methodologischen Analyse der klassischen Logik ist eine absolute Definition von wahr und falsch nicht nur gar nicht erforderlich, sondern im Hinblick auf den Umfang der Anwendungen sogar hinderlich. Analog wie in der Geometrie bezüglich des Wortes *Punkt*, gibt es in der klassischen Logik bezüglich der Worte *wahr, falsch* eine Vielzahl von Interpretationsmöglichkeiten. Wir sprechen hier absichtlich von *Worten*, nicht von *Begriffen*, denn es gibt keinen wohldefinierten Wahrheitsbegriff a priori.
Die beiden Wahrheitswerte können z.B. im Sinne spezieller Vereinbarungen über Akzeptanz bzw. Refutanz (Widerlegung) von Aussagen verstanden werden. Sie können auch als mora-

lische Wertzuweisungen (gut und böse) interpretiert werden. Eine andere vom ursprünglichen Anliegen der Logik recht entfernte Interpretation besteht in der Zuordnung von 1 und 0 zu Schaltzuständen technischer Systeme; hierbei sind natürlich auch Begriffe wie Aussage und Aussagenverknüpfung entsprechend umzudeuten." (Wolfgang Rautenberg 1979: 78)

Von einer solchen Auffassung aus ist es nur noch ein kleiner Schritt zu der Meinung, eine "Anwendung der Aussagenlogik" liege "in der Theorie der elektrischen Schaltungen" (Reinhard Kleinknecht/Eckehard Wüst 1976: 80), denn es ist nach Kleinknecht und Wüst gleichgültig, "um welche Objekte" bei den zwei Werten "es sich hierbei handelt. Es ist bequem, die Klasse der beiden Zahlen 0 und 1 zu wählen" (S. 87). Hier liegt eine fachspezifisch orientierte Sprachregelung vor, denn man hätte genauso unter solchen Abstraktionsannahmen behaupten können, die klassische Aussagenlogik sei ein Anwendung der Schaltalgebra.[30]

7. "Logik der Wahrheitswerte" statt "Aussagenlogik"

Es gibt keine einheitliche Auffassung über die klassische Aussagenlogik. Darlegungen und Sprachen sind verschieden. Unterschiedliche Wahrheitsträger und Wahrheitswerte werden angenommen. Mal wird ohne Variablen und mal mit Variablen in die klassische Aussagenlogik eingeführt. Wahrheitswerte werden allein oder zusammen mit den Wahrheitsträgern behandelt. Hierbei kommt es zu homogenen und inhomogenen Verwendungen. Auch werden zuweilen gar nicht Wahrheitswerte berücksichtigt, sondern überhaupt bloß zwei Werte. Usw. usf. Was ist von den zu erwägenden unterschiedlichen Auffassungen als Lösung auszuzeichnen, wenn man den in dieser Arbeit entwickelten Erwägungsforschungsstand als eine Geltungsbedingung nutzt?

Ohne Bezug auf Wahrheitswerte kann man die klassische Aussagenlogik als Booleschen Verband mit einer Mengenalgebra parallelisieren.[31] Es ist also zu fragen, welche Komponenten explizit anzugeben sind, wenn man die klassische Aussagenlogik hinreichend charakterisieren möchte, so dass man sie nicht mit anderen Bereichen (»Modellen«) verwechselt oder man auch ihren Formeln falsche Deutungen gibt.

Zwar wird »die« klassische Aussagenlogik trotz unterschiedlicher Auffassungen und Sprachregelungen als ein Zusammenhang aus Wahrheitsträgern und Wahrheitswerten bestimmt, aber ihr Aufbau verlässt dann doch oft diesen Zusammenhang, indem etwa im »axiomatischen« Aufbau ohne Bezug auf Wahrheitswerte (und Wahrheitsfunktionen) oder im allein wahrheitsfunktionalen Aufbau ohne Bezug auf Wahrheitsträger vorgegangen wird. Kalkültechnisch mögen solche Fragmentierungen sinnvoll sein, um jedoch Fragen wie die der Widerspruchsfreiheit oder der angemessenen Deutungen zu klären, wären solche Fragmentierungen aufzuheben. Denn erst dann, wenn man die Verhältnisse zwischen Wahrheitswerten und Wahrheitsträgern beachtet, ist ein homogener von einem inhomogenen Gebrauch zu unterscheiden. Hiervon hängen sowohl widerspruchsfreier Gebrauch als auch Deutungsangemessenheit ab.

Eine widerspruchsfreie Verwendung des Zusammenhanges zwischen Wahrheitswerten und Wahrheitsträgern setzt in der klassischen Aussagenlogik Inhomogenität voraus, weil symbolisierte alternative Wahrheitswerte zu dem gleichen (bzw. demselben oder austauschbaren) symbolisierten Wahrheitsträger nicht definitiv zusammen widerspruchsfrei bestehen können. *Hierdurch entfallen aber für eine aussagenlogische Verknüpfung die Wahrheitsträger als Einheitsbezug.* Die Einheit stiftet allein der die Verknüpfung charakterisierende Zusammenhang unter den Wahrheitswerten, der als Wahrheitsfunktion bestimmbar ist. *Damit sind aber die Zusammenhänge unter den Wahrheitswerten das wesentliche Thema der klassischen Aussagenlogik und nicht die Wahrheitsträger.* Eine durch Wahrheitsträger konstituierte Einheit wird jedoch suggeriert, wenn man Wahrheitsträger mittels aussagenlogischer Funktoren verknüpft, etwa „A ∨ B' als Abkürzung für "Es schneit jetzt in Paris ∨ es regnet jetzt in Paris". Der Funktor '∨' ist bestimmbar durch eine Wahrheitsfunktion, die alternative Wahrheitswerte umfasst. Der Funktor symbolisiert einen Bestandteil einer *Gesamtheit als Ganzheit* aus Mengen funktional zugeordneter Wahrheitswerte, die sich in Wahrheitstafeln veranschaulichen lassen.

Eine solche Gesamtheit darf in einer Aussage wie "Es schneit jetzt in Paris ∨ es regnet jetzt in Paris" nicht vorkommen, weil die Aussage sonst widersprüchlich wäre. Lässt man in der Aussage wie "Es schneit jetzt in Paris ∨ es regnet jetzt in Paris" die Wahrheitswerte unbestimmt, dann mag die Auffassung entstehen, es handele sich hier um eine aussagenlogische Disjunktion, die einer homogenen Erwägungsdisjunktion entspräche. Denn man könnte meinen, die Angaben möglicher Wahrheitswerte als Gesamtheit gehörten zu den beiden Aussagen "Es schneit jetzt in Paris" und "Es regnet jetzt in Paris", so wie dies in der Spielraumkonzeption von Carnap explizit gemacht ist.

Eine widerspruchsfreie Aussagenlogik muß aus solcher Gesamtheit einen Teil herausheben, *fokussieren*, wenn sie ohne Variablen Wahrheitsträger mit Funktoren von Wahrheitsfunktionen symbolisiert verknüpft. Der Funktor verweist dann nur implizit über die fokussierten Wahrheitsträger hinaus auf die alternativen Wahrheitswerte. Die so fokussierten Wahrheitsträger selbst sind gleichsam zufälliges Beiwerk in einer Gesamtheit, deren Einheit nicht von den Wahrheitsträgern herrührt, sondern sich dem Zusammenhang unter den Wahrheitswerten als Wahrheitsfunktion verdankt.

Eine angemessenere Darlegung der klassischen Aussagenlogik hätte Variablen für beide, Wahrheitsträger und Wahrheitswerte, zu verwenden. Da die jeweils fokussierten Wahrheitsträger nicht zur Einheit der Wahrheitsfunktionen beitragen, wären deren Variablen etwa als Indizes zu setzen. Nimmt man z. B. als Variablen für Wahrheitswerte "x", "y" und "z" sowie als Variablen für Wahrheitsträger "p" und "q", dann wäre eine aussagenlogische Disjunktion mit folgendem Ausdruck wiederzugeben: "$x_p \vee y_q = z$". Eine Analogie[32] aus der Arithmetik mittels Konstanten mag hier zusätzlich verdeutlichen: Dass 2 Äpfel und 3 Birnen 5 Stück Obst sind, liegt bei diesem Beispiel nicht am Obst (es wird als stabil angenommen). Analogisiert man 'Äpfel' sowie 'Birnen' mit den Wahrheitsträgern und die Zahlen mit den Wahrheitswerten, dann ist es angemessener zu schreiben: $2_{\text{Äpfel}} + 3_{\text{Birnen}} = 5_{\text{Stück Obst}}$, als: $\text{Äpfel}_2 + \text{Birnen}_3 = \text{Obst}_5$. Für den arithmetischen Zusammenhang ist es zufälliges Beiwerk, dass es sich um Äpfel und Birnen handelt. Die Addition verknüpft Zahlen hier und nicht 'Äpfel' und 'Birnen'. Ähnlich unangemessen wie "$\text{Äpfel}_2 + \text{Birnen}_3 = \text{Obst}_5$" wäre es z. B. zu formulieren: (Es schneit jetzt in Paris)$_{\text{wahr}}$ $\vee$ (es regnet jetzt in Paris)$_{\text{falsch}}$. Angemessener wäre: $\text{wahr}_{\text{Es schneit jetzt in Paris}} \vee \text{falsch}_{\text{Es regnet jetzt in Paris}} = \text{wahr}$.

Wenn (symbolisierte) Wahrheitswerte der klassischen Aussagenlogik nicht ohne (symbolisierte) Wahrheitsträger sein können, die Wahrheitswerte definitiv feststehen und wegen der Inhomogenität der Umfang der zuordenbaren Wahrheitsträger unbegrenzt ist, dann ist die Angabe von Wahrheitsträgern eine Fokussierung, die etwas aus der unbegrenzten Menge von wahren und falschen Wahrheitsträgern hervorhebt. Wegen der Fokussierung sind mit "$\text{wahr}_{\text{Es schneit jetzt in Paris}} \vee \text{falsch}_{\text{Es regnet jetzt in Paris}} = \text{wahr}$" keineswegs allein bloß diese Wahrheitsträger ("Es schneit jetzt in Paris", "Es regnet jetzt in Paris") betroffen, wenn auch gemeint; das ist eine der Fokussierung zugrunde liegende pragmatische Komponente. Die Verwendung von Variablen und die dadurch bedingte jeweilige Auswahl durch substituierende Konstanten ermöglicht solchen pragmatischen Umgang. Wenn man also sowohl Wahrheitswerte als auch Wahrheitsträger angibt ("$\text{wahr}_{\text{Es schneit jetzt in Paris}} \vee \text{falsch}_{\text{Es regnet jetzt in Paris}} = \text{wahr}$"), dann wurde doppelt fokussiert; es wurde unter der Gesamtheit als Ganzheit eines Zusammenhanges unter Wahrheitswerten als

Wahrheitsfunktion eine Komponente hervorgehoben und es wurde unter der unbegrenzten Anzahl an Wahrheitsträgern eine begrenzte Anzahl zugeordnet.

Da der Zusammenhang unter Wahrheitswerten als Ganzheit am besten durch die Angabe aller jeweils dazugehörenden symbolisierten Wahrheitswerte dargestellt wird, sind Wahrheitstafeln insofern hierfür geeignete Mittel. Jedoch dürften die Kopfzeilen keine Symbole für Wahrheitsträger bzw. deren Variablen enthalten. Man könnte die Kopfzeile als Mittel der Fokussierung nutzen und Variablen für die Wahrheitswerte aufführen, was in einem Teil der Literatur schon verbreitet ist, und sei es nur als Vertretungskonzeption (s. o.).

Wenn es aber in der klassischen Aussagenlogik wesentlich um den Zusammenhang unter Wahrheitswerten geht und die Wahrheitsträger nur notwendiger Zusatz sind, dann sind Namensgebungen wie "Aussagenlogik", "Satzlogik" usw. irreführend, weil sie eine Einheit durch die Wahrheitsträger suggerieren. Man sollte besser von einer "Logik der Wahrheitswerte" oder "Wahrheitswertelogik" sprechen. Hierdurch würde auch deutlich, dass *diese Logik etwas radikal Neues konstruiert. Sie verlässt die Trägerdominanz bisheriger Logikauffassungen.* Ihre Terminologie sollte möglichst wenig zur Verwechselung mit trägerorientierter Logikterminologie Anlass bieten. Das, was in der klassischen Aussagenlogik oft "Disjunktion" genannt wird, sollte daher anders, nämlich z. B. "Adjunktion"[33], genannt werden. Die Adjunktion sollte dann aber allerdings auch nicht mit Beispielen gedeutet werden, die Erwägungsdisjunktionen zur Sprache bringen. Soweit Erkennen und Praxis Auswahl aus Erwogenem sind, haben sie eine methodische Basis nicht in Logiken der Deduktion oder auch der Wahrheitswerte, sondern in zu entwickelnden Erwägungslogiken.

Anmerkungen

1 In dieser Arbeit geht es nur um solche Disjunktionen, die Erwägungen ausdrücken. Oder-Sätze bringen auch den Objekten zugerechnete Möglichkeiten zur Sprache, z. B.: "Zucker ist fest oder gelöst", welche zu Dispositionsangaben verkürzt werden können: "Zucker ist löslich". – Eine umfangreiche Studie zur "Disjunktion" bietet Raymond E. Jennings 1994.

2 Eine besonders pointierte Äußerung ist die von Jan Łukasiewicz: "Die grundlegende logische Disziplin ist der Aussagenkalkül. Auf dem Aussagenkalkül sind die anderen logischen Disziplinen aufgebaut, insbesondere der Prädikatenkalkül, und auf der Logik wiederum ruht die gesamte Mathematik. Der Aussagenkalkül ist somit die tiefste Grundlage aller deduktiven Wissenschaften." (Jan Łukasiewicz 1988: 120) Die ursprüngliche Forschungsrelevanz der klassischen Aussagenlogik macht folgende Bemerkung deutlich: "Der Aussagenkalkül eignet sich als die einfachste deduktive Disziplin ganz besonders dazu, metamathematische Betrachtungen anzustellen. Dieser Kalkül

ist als ein Laboratorium zu betrachten, in dem metamathematische Methoden erfunden und metamathematische Begriffe gebildet werden können, die man nachher auf die komplizierteren mathematischen Systeme übertragen kann." (Jan Łukasiewicz und Alfred Tarski 1986: 343; Erstveröffentlichung 1930)

3 Eine einheitliche Sprache der klassischen Aussagenlogik gibt es nicht: "In der Tat gibt es nicht nur eine Sprache der klassischen Aussagenlogik, sondern deren mehrer." (Arnold Oberschelp 1992: 39) Auch wird ihr Themengebiet anders benannt, z. B. "Propositional Logic" oder "Satzlogik". Die Übersetzung von "Sentential Calculus" (Alfred Tarski 1965: 18) ins Deutsche lautet "Aussagenkalkül" (Alfred Tarski 1977: 31). Der jeweilige Sprachgebrauch hängt auch von der Position im logisch-mathematischen Grundlagenstreit ab, sofern man sich dessen (noch) bewusst ist und nicht gewissen Schulentraditionen oder aber bewusst Üblichkeiten folgt: "Zwar ist die eingebürgerte Bezeichnung „Aussage" für das, worauf sich die Variablen der Aussagenlogik beziehen, wohl im Grunde nicht die treffendste – eher noch würde vielleicht die Bezeichnung „Urteil" bzw. „Urteilsgehalt" dem Intendierten gerecht werden –, jedoch besteht kein zwingender Anlaß, dem einmal eingebürgerten Terminus „Aussage" hier einen konkurrierenden Terminus entgegenzustellen, denn es gehört zur mathematischen Artung des Gebietes, daß es in dem Bestand seiner Ergebnisse und Methoden von der oben angedeuteten vielschichtigen Problematik unberührt bleibt." (H. Arnold Schmidt 1960: 3; s. auch zu „wahr" 77/78) In dieser Arbeit werde ich den Terminus "Wahrheitsträger" verwenden, um hierdurch das aussagenlogisch Gemeinsame von »Aussage«, »Proposition«, »Satz«, »Statement« usw. auszudrücken. Angesichts der Differenzen ist allerdings zu fragen, was das Gemeinsame der klassischen Aussagenlogik ausmacht, sofern auf Wahrheitsträger Bezug genommen wird. Liegen die Differenzen nur in den »philosophischen Ansichten«, wie Wilhelm Ackermann meinte?: "Im großen und ganzen können wir auch feststellen, daß alle möglichen philosophischen Ansichten von mathematischen Logikern vertreten werden, mit Ausnahme natürlich solcher, die eindeutigen Ergebnissen der Grundlagenforschung widersprechen" (Wilhelm Ackermann 1957: 1). Die Ergebnisse dieser Arbeit lassen dies problematisch werden, weil die Differenzen schon im Gebrauch der »formalen« (kalkülisierenden) Mittel liegen – mit erheblichen Konsequenzen.

4 Das einschließende Oder gibt eine Gestalt der Erwägungsdisjunktion wieder. Es gibt auch andere Gestalten, etwa die ausschließende Erwägungsdisjunktion. Für die Argumentation der Arbeit ist dies unerheblich. Die einschließende Disjunktion wurde deshalb gewählt, weil zu ihr in der Literatur solche Darlegungen zu finden sind, welche als Untersuchungsmaterial für diese Arbeit geeignet sind. Auch sei darauf hingewiesen, dass die Äquivalenz der im ersten Glied negierten aussagenlogischen Disjunktion mit der Subjunktion (materiale Implikation) Clarence I. Lewis (1914) bewog, Kalkülisierungen für ein Verständnis von einer strikten Implikation vorzuschlagen, welche Ausgang für die Entwicklung der kalkülisierenden modalen Logik des 20. Jahrhunderts wurde.

5 "Die Übersetzung umgangssprachlicher Sätze, die mit Hilfe des Wortes 'oder' gebildet sind, ist im allgemeinen unproblematisch." (Ansgar Beckermann 1997: 71). Selbst ein so scharfer Kritiker der klassischen Aussagenlogik wie Lutz Geldsetzer (1987: 177) meinte, dass die Disjunktion der klassischen Aussagenlogik (nicht nur) das nicht-ausschließliche Oder "in recht plausibler Weise" abdecke. Auch für diese Problemlage gibt es Gegenstimmen. Georg Kreisel und Jean-Louis Krivine (1972: IX) hielten es für unbegründet, "die (gegenwärtige) mathematische Logik wäre für die Analyse des täglichen Denkens nützlich"; vgl. z. B. auch Jon Barwise und John Perry (1987: IX).

6 Ähnlich wie Tarski argumentierte auch Georg Klaus (1966: 63). Vgl. auch David Hilbert/Paul Bernays: "In beiden Fällen läßt sich der Inhalt der Aussage nicht einfach als eine Beziehung zwischen den Wahrheitswerten [...] ausdrücken.
Hieraus erklären sich die Diskrepanzen, welche sich ergeben, wenn man disjunktive und hypothetische Satzverbindungen einerseits als Wahrheitsfunktionen, andererseits gemäß dem Sprachgebrauch

interpretiert. Bilden wir z. B. aus dem falschen Satz „der Schnee ist schwarz" und dem wahren Satz „der Schnee ist weiß" die Satzverbindungen „der Schnee ist schwarz oder der Schnee ist weiß", „wenn der Schnee schwarz ist, so ist der Schnee weiß", so sind diese als Wahrheitsfunktionen beide wahr, nämlich die erste ist eine wahre Disjunktion, die zweite eine wahre Implikation; dagegen wird man sie gemäß dem Sprachgebrauch jedenfalls nur mit Widerstreben als wahre Urteile anerkennen." (David Hilbert/Paul Bernays 1968: 47 Anm. 1) Die Bemerkung "nur mit Widerstreben" lässt ungeklärt, was hier »Widerstreben« hervorruft.

7 Was schließlich sich sogar als Tabu ausprägen konnte: "Dieser Artikel behandelt die Beziehungen zwischen moderner Logik und Psychologie. Der Autor ist sich bewußt, daß er damit gegen ein Tabu verstößt, das, seitdem FREGE [...] den Psychologismus bekämpfte, zum eisernen Bestand der modernen Logik gehört. Von FREGE angeregt [...] setzt HUSSERL diesen Kampf in seinen „Logischen Untersuchungen" [...] fort. Daß die moderne Logik sich innerhalb des Formalismus selbst psychologiefrei zu machen suchte, und daß ihr dies auch gelang, trug wesentlich zu ihrer Abgrenzung gegenüber den anderen Wissenschaften, vor allem der Psychologie und Philosophie, sowie zu ihrer eigenen Fundierung bei. Über diese Grundforderung kann nicht diskutiert werden, will man Logik betreiben; sie ist die Grundbedingung auch dieser Untersuchung." (Werner Leinfellner 1966: 14)

8 Eine Dispositionsangabe, wie: "Metall kann fest oder flüssig (usw.) sein", ist keine Erwägungsdisjunktion, denn jedes Glied dieser ausschließenden Disjunktion muss zutreffen können und ist nicht zu verwerfen. Schaltfunktionen geben auch Dispositionen an. Aus Dispositionsdisjunktionen lassen sich allerdings Erwägungsdisjunktionen gewinnen; z. B. "Das, was dort liegt, ist entweder flüssig oder fest", oder: "Dieser Schalter dort ist jetzt entweder offen oder geschlossen"; trifft hier das eine zu, ist das andere verworfen. Eine Erwägungslogik hätte diesen Zusammenhang zwischen den zu unterscheidenden Disjunktionen herauszuarbeiten.

9 Vgl. meine andere Vorgehensweise in: Werner Loh 1993: §§ 1 u. 2. Damals kannte ich noch nicht die Logik-Konzepte für Erwägungsdisjunktionen von Külpe, Erdmann und Husserl. Um so überraschter war ich, als ich zufällig in dem Logik-Buch von Arthur Drews (1928: 317 f) die Auffassung von Külpe wiedergegeben fand. Daraufhin schaute ich mich in der älteren Logikliteratur um. Es ist hier nicht der Ort, davon zu berichten. Meine früheren Arbeiten zur klassischen Aussagenlogik sind durch die vorliegende Arbeit »aufgehoben«. – Ein besonderes Forschungsproblem resultiert aus der Feststellung, dass die Entscheidungskonzeption der Erwägungsdisjunktion zusammen mit der Disjunktion der klassischen Aussagenlogik thematisiert worden ist, aber beide nicht *vergleichend* aufeinander bezogen worden sind: Bertrand Russell (1980) meinte: "Disjunctions [...] arise in practice in the form of choice" (83): "A disjunction is the verbal expression of indecision, or, if a question, of the desire to reach a decision" (85). Aber Russell meinte auch, man müsse Psychologie von Logik für diese Problemlage trennen: "it is necessary to separate psychology and logic" (86). Russell kam ohne einen genauen Vergleich zu dem Ergebnis: "It might, however, be contended that, in describing what happens when a man believes "*p* or *q*", the "or" that we must use is not the same as the "or" of logic" (93). – Die Herausarbeitung der Unterschiede in den Auffassungen der klassischen Aussagenlogik wurde erst möglich, als ich zwischen homogener und inhomogener Verwendung von Wahrheitswerten unterschied. Zu dieser Einsicht verhalfen mir die intensiven mündlichen und brieflichen Diskussionen mit Peter Meyer nach meinem Vortrag (Werner Loh 1997) auf dem 20. Internationalen Wittgenstein Symposium 1997.

10 Im Text sind die entsprechenden Verbformen zu "Regnen" und "Schneien" in ihren Stellungen zu korrigieren. In der englischen Übersetzung der ersten Auflage von 1954 (Carnap 1958: 14) ist der Fehler korrigiert worden. Die hier benutzte deutsche Ausgabe ist der Nachdruck der 3. Auflage von 1968.

11 Vgl. auch Ernst Schröder 1966, Bd. 2: 7, Louis Couturat 1912: 140, Willard V. O. Quine 1973: 22, Albert Menne 1985: 25 – oder schon vor dieser Tradition: z. B. Bernhard Bolzano 1987: 135 f.

12 Johannes von Kries hat mit einer Kombinatorik der Geltungen die zu erwägenden Möglichkeiten zusammengestellt und sodann für die Disjunktion verschiedene Ausschlussmöglichkeiten angegeben: "Für zwei Sätze A und B z. B. haben wir die vier Fälle:
1. A gilt und B gilt.
2. A gilt und B gilt nicht.
3. A gilt nicht und B gilt.
4. A gilt nicht und B gilt nicht.

Das disjunktive Urteil „es gilt A oder B", würde je nach dem Sinne, in dem es genommen wird, den Fall 4 oder aber 1. und 4. ausscheiden und die Realisierung eines der übrig bleibenden behaupten [...]." (Johannes von Kries 1916: 308) Entscheidungstheoretisch könnte man, systematisch bedacht, alle mehrgliedrigen kombinatorischen Ganzheiten "(Erwägungs-)Disjunktionen" nennen, die mehrere Zeilen unbewertet lassen, und alle positiv bewertbaren (etwa als Fragen) oder bewerteten einzeiligen Fälle "Konjunktionen".

13 Je nach Position im logisch-mathematischen Grundlagenstreit sind verschiedene, aber gleiche bzw. einander ersetzbare sprachliche Ausdrücke als gedanklich identisch (»Platonismus«), gleich oder hinsichtlich des Gemeinten als identisch aufzufassen. Für das Widerspruchsproblem spielt das hier keine Rolle. Für die Argumentation kommt es nur darauf an, dass die einander widersprechenden Wahrheitsträger auf dasselbe bezogen sind, etwa das Wetter zu einer gewissen Zeit und an einem bestimmten Ort.

14 Der »disjunktive Schluss« ist für Erwägungsdisjunktionen ein Entscheidungsprozess. Tritt zu der Erwägung und unabgeschlossenen Bewertung ein Bewertungskriterium hinzu, dann kann das Entscheidungsverfahren fortgesetzt werden. Z. B.: Angenommen, der Entscheidungsprozess sei bis zu dem Stadium der Erwägungsdisjunktion "es schneit ... oder es regnet ..." gelangt. Nun erfährt man, dass es nicht schneit. Da hiermit eine Komponente aus den drei noch unbewertet gebliebenen Möglichkeiten bewertbar ist und diese Komponente nur einer der drei Möglichkeiten angehört, ist die gesamte Möglichkeit zu dieser Komponente als Lösung setzbar: "es schneit nicht ... und es regnet ..." bzw. "es regnet ..." – da die andere Komponente schon angegeben ist – (modus tollendo ponens). Es sind bloße, allein Lösungsverhältnisse angebende (analytische) Schlüsse von Schlüssen, die Entscheidungsverhältnisse betreffen, zu unterscheiden und nicht mit diesen zu verwechseln.

15 Die Begründung aus reflexiver Erwägung und Bewertung, für welche Probleme welche Art von Disjunktion geeignet sei, ist zu unterscheiden von der Begründung der Lösungsadäquatheit. Eine unzureichende Disjunktion, etwa weil zu wenige Alternativen erwogen worden sind, kann dennoch lösungsadäquat sein. Lösungsadäquatheit begründet also nicht eine Erwägungsdisjunktion; hierfür ist reflexiv zu entscheiden, was zu einer Erwägung und Bewertung gehören soll. Eine Erwägungslogik hätte diesen Fragenkomplex auszuarbeiten.

16 Z. B. David Hilbert/Wilhelm Ackermann 1972: 30, Georg Klaus 1966: 357, Willard V. O. Quine 1973: 97.

17 Mir ist nur ein Beispiel bekannt, wo ein Widerspruchsproblem für die klassische Aussagenlogik thematisiert worden ist: "Funktionen, deren Argumente im Widerspruch zueinander stehen, kommen in der Mathematik nicht vor, und auch nicht Variable, deren Werte die Funktion aufheben, der die Variable angehört. Die Disjunktion aber wird durch die Entscheidung der Alternative nicht mit bestimmten Werten versehen, sondern selbst aufgehoben." (J. Babtist Rieffert 1925: 139) Ich habe bisher keinen Text gefunden, der die Kritik von Rieffert explizit berücksichtigt hätte. Riefferts Arbeit erschien in einem prominenten Lehrbuch. Auf sie hat Heinrich Scholz (1959: 70) hingewiesen, ohne allerdings auf die Kritik eingegangen zu sein.

18 Es ist hier nicht der Ort zu untersuchen, welche alternative Verwirklichungen in der Literatur zu

finden sind. Ein Hinweis mag genügen: Wenn bei Wolfgang Stegmüller und Matthias Varga von Kibéd (1984: 53) die Boolesche Bewertung "jedem Satz aus *M* genau einen Wahrheitswert zuordnet", dann wird hier der Inhomogenitätsregel auf andere Weise gefolgt.

19 Homogenität lässt sich in einer Tafel am eindeutigsten dadurch darlegen, indem die kombinatorisch entwickelten Alternativen direkt neben die sich durchhaltenden Komponenten gesetzt werden. Gottlob Frege ging 1879 in seiner frühen Arbeit >Begriffsschrift< von beurteilbaren Inhalten *A* und *B* aus, die bejaht und verneint werden können:
"1) *A* wird bejaht und *B* wird bejaht;
2) *A* wird bejaht und *B* wird verneint;
3) *A* wird verneint und *B* wird bejaht;
4) *A* wird verneint und *B* wird verneint." (Gottlob Frege 1964: 5)

20 »Theologisch« extremalisierend wurde die Deutung der aussagenlogischen Disjunktion von Wilhelm Burkamp (homogenisierend) mit Unwissen in Verbindung gebracht: "Man kann sogar mit guten Gründen die Behauptung vertreten, daß der denkpraktische Sinn einer Disjunktion erst darauf beruht, daß es wenigstens während des Denkens nicht auszumachen ist, welches der Disjunktionsglieder wahr ist, der Liebe Gott, der alles weiß, kann selbstverständlich Logik verstehen, aber keinen denkpraktischen Gebrauch von ihr machen." (Wilhelm Burkamp 1927: 68/69)

21 Vgl. z. B. auch Arthur Pap 1955: 85.

22 Wie problembeladen die Verbreitung des Ausdrucks "Tautologie" in der an Kalkülisierung orientierten Logik des 20. Jahrhunderts war, kann man der Darstellung von Burton Dreben/Juliet Floyd (1991) entnehmen. Es wäre zu untersuchen, warum z. B. Alfred Tarski (1983: 411) sich von der »Tautologie« distanzierte.

23 Carnap (1973) schwankte bei seinen Angaben zwischen "mögliche[n] Wahrheitswerten" (19), "verschiedenen Möglichkeiten der Wahrheitswerte" (11) und "möglichen Bewertungen" (15). Eigentlich dürfte es bei definitiven Wahrheitswerten keine möglichen Wahrheitswerte geben.

24 Insofern verführen Einführungen in die klassische Aussagenlogik zu einer Homogenitätsauffassung, wenn mit Wahrheitsträgern ohne Variablen begonnen wird; s. außer bei Carnap z. B.: David Hilbert/ Wilhelm Ackermann 1972: § 2, Willard V. O. Quine 1981: §§ 1 ff, Paul Hoyningen-Huene 1998: 41 ff.

25 S. Anm. 18

26 Man kann auch gar nicht vertreten wollen und die Variablen für Wahrheitsträger zu Variablen für Wahrheitswerte umfunktionieren, wodurch das Verhältnis der (möglichen) Wahrheitswerte zu ihren Wahrheitsträgern nicht mehr kontrollierbar ist (*Reduktionskonzeption*). Zwei Beispiele hierfür seien zitiert: "Die Aussagenvariablen sollen also nur als Variablen von Wahrheitswerten aufgefaßt werden" (Kurt Schütte 1960: 10). "Eigentlich wären die *Aussagenvariablen*, worauf ja ihre Bezeichnung hinweist, durch Aussagen zu interpretieren, um aus einer Formel eine bestimmte Aussage zu machen. Da es aber in dem uns interessierenden Fragenkreis nur auf die Wahrheitswerte der Aussagen in Abhängigkeit von den Wahrheitswerten ihrer Bestandteile ankommt, pflegt man von vornherein die Aussagenvariablen als Variable für Wahrheitswerte zu betrachten" (Wolfgang Rautenberg 1979: 21/ 22).

27 "Der in den bisherigen Paragraphen entwickelte Aussagenkalkül beruht auf der Voraussetzung, daß man unter Aussagen solche Sätze versteht, denen einer der Werte „richtig" oder „falsch" zukommt. Wir sprechen demnach von einem *zweiwertigen* Aussagenkalkül. Wir beschränken uns aber bei den diesbezüglichen Überlegungen nicht auf solche Sätze, deren Richtigkeit oder Falschheit sich

eindeutig feststellen läßt, sondern schreiben auch solchen einen dieser Werte zu, bei denen wir wenigstens für den Augenblick nicht entscheiden können, welcher Wert in Frage kommt." (David Hilbert/Wilhelm Ackermann 1972: 30)

28 So wie (fast) alle logisch-mathematischen Grundlagenpositionen umstritten sind, ist auch das Gesetz (?) vom ausgeschlossenen Dritten wenig geklärt, geschweige, dass man sich um einen tradierbaren Erwägungsforschungsstand bisher bemüht hätte, der überprüfbare Verbesserungen ermöglichen würde. Schon die Formulierungen und Bezüge sind unterschiedlich. Man bedenke etwa den engen Zusammenhang, den Günter Asser zwischen dem Prinzip (?) und dem Satz (?) der Zweiwertigkeit herstellte: "S a t z d e r Z w e i w e r t i g k e i t [...]: *Jede Aussage ist entweder wahr oder falsch*, d. h., *jede Aussage ist wahr oder falsch* (P r i n z i p v o m a u s g e s c h l o s s e n e n D r i t t e n)" (Günter Asser 1983: 7). Damit kontrastiere man folgende Angabe: "Die beiden Elemente 0 und 1 von Σ_2 [Binäralphabet, W.L.] spiegeln einerseits das in der Natur häufig anzutreffende "Prinzip der Zweiwertigkeit" wieder, welches sich in Gegensätzen wie "ja – nein", "wahr – falsch" oder "hoch – tief" findet. Dieses Prinzip liegt auch der auf Aristoteles zurückgehenden (klassischen) Aussagenlogik zugrunde ("tertium non datur"). Andererseits sind 0 und 1 leicht technisch realisierbar, wenn man sie als zwei wohlunterschiedene Zustände versteht wie z.B. "es fließt Strom – es fließt kein Strom", "es liegt eine Spannung an – es liegt keine Spannung an" usw." (Walter Oberschelp/Gottfried Vossen 1994: 7). Heinrich Scholz und Gisbert Hasenjaeger (1961: 19) wollten den Satz/das Prinzip der Zweiwertigkeit ("Eine Aussage ist entweder wahr oder falsch") einer Metasprache zur Logik angehören lassen und den Satz vom ausgeschlossenen Dritten der Logik selbst (!). Luitzen E. J. Brouwer (1975: 109, 230, 410) meinte, den Satz vom ausgeschlossenen Dritten mit der Behauptung äquivalent setzen zu dürfen, jedes (mathematische) Problem sei lösbar. Diese Äquivalentsetzung ist problematisch, wenn man sich auf den Weg der Entwicklung eines Erwägungsforschungsstandes macht. Man könnte z. B. zunächst davon ausgehen, (1.) es gebe zwei (Wahrheits-)Werte (Zweiwertigkeit?). Es wäre u. a. zu erwägen, ob diese (2.) einem Träger zugleich, nacheinander oder absolut exklusiv zukommen (Satz vom ausgeschlossenen Dritten?) können (s. Wolfgang Stegmüller/Matthias Varga von Kibéd 1984: 51). Weiterhin wäre zu erwägen, inwiefern (3.) jeweilige Möglichkeiten entscheidbar sind oder nicht. Es wäre also zu erwägen, ob der Satz vom ausgeschlossenen Dritten mit Unentscheidbarkeit zusammenpasst. Die hier angedeutete Problemlage ohne Erwägungsforschungsstand hat auch zur mehrwertigen Logik angeregt. Was in der Zukunft läge, so Jan Łukasiewicz (1983: 143 f), sei weder wahr noch falsch, also müsse ein dritter Wert angenommen werden. Doch es ist zu erwägen, ob Unentscheidbarkeit eine sinnvolle Alternative zum Wahren und Falschen sei. Wäre es angemessener, Wahrheit und Falschheit als entscheidbar *und* unentscheidbar zu konzipieren (s. Günther Jacoby 1962: 58)? Nimmt man die Erwägungen hinzu, dass (4.) der Satz auf Konstruierbares und Vorfindbares zu beziehen ist, und dass (5.) auch noch das Korrigierbarkeitsproblem zu berücksichtigen ist, dann erhielte man schon 31 Fälle, die zu diskutieren wären, wenn jedes der zugeordneten Merkmale vorliegen kann oder nicht. Ohne solche synoptische Erwägungsdiskussion, die einen verbesserbaren Erwägungsforschungsstand hervorbringen könnte, kann man beliebig lange diskutieren, wenn man einen Teil der jeweils zu erwägenden Möglichkeiten nicht berücksichtigt bzw. vergisst, um sich »korrekturbereit« auf die nächste »Lösung« einzulassen.

29 Hubert Schleichert (1970: 8) meinte: "Ein Schalter hat genau 2 Stellungen: EIN oder AUS, genau wie eine Aussage die zwei Werte WAHR oder FALSCH hat". Hier liegt eine starke Parallelisierung vor ("genau wie"), die auf ein homogenes Verständnis der klassischen Aussagenlogik hindeutet. Entweder stimmt die Parallelisierung von Schleichert, dann ist die entsprechende Aussagenlogik widersprüchlich, oder aber die Parallelisierung ist falsch.

30 Historisch ist zu problematisieren, inwiefern die klassische Aussagenlogik Bedingung für die Entwicklung der digitalen Schaltfunktionen war; s. Alice R. Burks/Arthur W. Burks 1988.

31 Ausfürlich hierzu H. Arnold Schmidt 1960: Kapitel I.

32 Die klassische Aussagenlogik ist aus der Analogisierung zur Arithmetik entstanden. Noch in gewissen Beweisverfahren wird diese Herkunft deutlich, s. z. B. David Hilbert/Wilhelm Ackermann 1928: § 12. Doch die Differenzen sind zu beachten: Die Funktoren der Arithmetik sind ohne die Gesamtheit der Zahlen, was für Finitisten sowieso unmöglich wäre, zu bestimmen, während die Funktoren von Wahrheitsfunktionen den Bezug auf die jeweilige Gesamtheit der Wahrheitswerte erfordern. Außerdem geben die Funktoren der Arithmetik ein Verhältnis der Zahlen wieder. Die Funktoren der Wahrheitsfunktionen legen ein Verhältnis unter den Wahrheitswerten erst fest; die Kombinatorik aller denkbaren Fälle unter den gegebenen Elementen gestattet kein besonderes Verhältnis, das spezifischen Bedingungen der Wahrheitswerte zueinander entspringen würde.

33 Der Ausdruck "Adjunktion" fand durch Paul Lorenzen Verbreitung. Lorenzen gab als Quelle Heinrich Behmann (Lorenzen 1967: 39) an, die das allerdings nicht hergibt.

Literatur

Ackermann, Wilhelm: Philosophische Bemerkungen zur mathematischen Logik und zur mathematischen Grundlagenforschung. Ratio 1(1957)1-20

Asser, Günter: Einführung in die mathematische Logik. Teil I: Aussagenkalkül. Frankfurt am Main 1983

Barwise, Jon/Perry, John: Situation und Einstellungen. Berlin, New York 1987

Beckermann, Ansgar: Einführung in die Logik. Berlin, New York 1997

Berka, Karel/Kreiser, Lothar (Hg.): Logik-Texte. Kommentierte Auswahl zur Geschichte der modernen Logik. Darmstadt 1983

Bolzano, Bernhard: Wissenschaftslehre, §§ 121-163. Stuttgart-Bad Cannstatt 1987

Brouwer, Luitzen E. J.: Collected Works I: Philosophy and Foundations of Mathematics. Amsterdam, Oxford, New York 1975

Burkamp, Wilhelm: Die Krisis des Satzes vom ausgeschlossenen Dritten. Beiträge zur Philosophie des deutschen Idealismus 4(1927)59-81

Burks, Alice R./Burks, Arthur W.: The History Early Computer Switching. Grazer Philosophische Studien 32(1988)3-35

Carnap, Rudolf: Introduction to Symbolic Logic and its Applications. New York 1958

Carnap, Rudolf: Einführung in die symbolische Logik. Wien 1973

Couturat, Louis: Die Prinzipien der Logik. In: Encyclopädie der Philosophischen Wissenschaften, Bd. 1: Logik. Hg. von Arnold Ruge. Tübingen 1912

Dreben, Burton/Floyd, Juliet: Tautology: How not to Use a Word. Synthese 87(1991)23-49

Drews, Arthur: Lehrbuch der Logik. Berlin 1928

Erdmann, Benno: Logische Elementarlehre. Halle 1907

Frege, Gottlob: Begriffsschrift und andere Aufsätze. Darmstadt 1964

Geldsetzer, Lutz: Logik. Aalen 1987

Hilbert, David/Ackermann, Wilhelm: Grundzüge der theoretischen Logik. Berlin, Heidelberg, New York 1928

Hilbert, David/Ackermann, Wilhelm: Grundzüge der theoretischen Logik. Berlin, Heidelberg, New York ^{6}1972

Hilbert, David/Paul Bernays: Grundlagen der Mathematik I. Berlin, Göttingen, Heidelberg 1968

Hoyningen-Huene, Paul: Formale Logik. Stuttgart 1998

Husserl, Edmund: Analysen zur passiven Synthesis. Husserliana Bd. XI. Den Haag 1966

Jacoby, Günther: Die Ansprüche der Logistiker auf die Logik und ihre Geschichtsschreibung. Stuttgart 1962

Jennings, Raymond E.: The Genealogy of Disjunction. Oxford, New York usw. 1994

Klaus, Georg: Moderne Logik. Berlin 1966

Kleinknecht, Reinhard/Wüst, Eckehard: Lehrbuch der elementaren Logik. Bd. 1: Aussagenlogik. München 1976

Kreisel, Georg/Krivine, Jean-Louis: Modelltheorie. Berlin, Heidelberg, New York 1972

Kries, Johannes von: Logik. Tübingen 1916

Külpe, Oswald: Vorlesungen über Logik. Leipzig 1923

Lewis, Clarence I.: The Calculus of Strict Implication. Mind 23(1914)240-247

Leinfellner, Werner: Logik und Psychologie. Studium Generale 19(1966)201-218

Loh, Werner: Transpersonaler Idealismus: Menschen ohne Wahrheitsbasis? Ethik und Sozialwissenschaften 3(1992)152-155

Loh, Werner: Logische Konstanten als Repräsentanten von Entscheidungsverhältnissen und Ontologie. Zeitschrift für philosophische Forschung 47(1993)588-605

Loh, Werner: Entscheidungstheoretische Urteilslogik versus widerlegbarer klassischer Aussagenlogik? Ein Klärungsversuch. In: Paul Weingartner/Gerhard Schurz/Georg Dorn (Hg.): Die Rolle der Pragmatik in der Gegenwartsphilosophie, Bd. 2. Kirchberg im Wechsel 1997. Wiederabgedruckt und mit einem Nachtrag versehen in: prima philosophia 11(1998)149-156

Lorenzen, Paul: Formale Logik. Berlin 1967

Łukasiewicz, Jan: Philosophische Bemerkungen zu mehrwertigen Systemen des Aussagenkalküls. In: Karel Berka/Lothar Kreiser (Hg.): Logik-Texte. Kommentierte Auswahl zur Geschichte der modernen Logik. Darmstadt 1983 (auch in: David Pearce/Jan Wolenski (Hg.): Logischer Rationalismus. Frankfurt am Main 1988)

Łukasiewicz, Jan: Die Logik und das Grundlagenproblem. In: David Pearce/Jan Wolenski (Hg.): Logischer Rationalismus. Frankfurt am Main 1988

Łukasiewicz, Jan/Tarski, Alfred: Untersuchungen über den Aussagenkalkül. In: Alfred Tarski, Collected Papers, Vol. 1: 1921-1934. Editors: Steven R. Givant/Ralph N. McKenzie. Basel, Boston, Stuttgart 1986

Menne, Albert: Einführung in die formale Logik. Darmstadt 1985

Oberschelp, Arnold: Logik für Philosophen. Mannheim, Leipzig, Wien, Zürich 1992

Oberschelp, Walter/Vossen, Gottfried: Rechneraufbau und Rechnerstrukturen. München, Wien 1994

Pap, Arthur: Analytische Erkenntnistheorie. Wien 1955

Post, Emile L.: Introduction to a general theory of elementary propositions. In: Jean van Heijenoort (ed.): From Frege to Gödel. Cambridge (Mass.) 1971

Quine, Willard V. O.: Philosophische Logik. Stuttgart, Berlin, Köln, Mainz 1973

Quine, Willard V. O.: Grundzüge der Logik. Frankfurt am Main 1978

Quine, Willard V. O.: Mathematical Logic. Cambridge (Mass.), London 1981

Quine, Willard V. O.: Philosophy of Logic. Cambridge (Mass.), London 1986

Rautenberg, Wolfgang: Klassische und nichtklassische Aussagenlogik. Braunschweig, Wiesbaden 1979

Reichenbach, Hans: Elements of Symbolic Logic. New York, London 1966

Rieffert, J. Babtist: Logik. Eine Kritik an der Geschichte ihrer Idee. In: Max Dessoir (Hg.): Lehrbuch der Philosophie: Die Philosophie in ihren Einzelgebieten. Berlin 1925

Russell, Bertrand: An Inquiry into Meaning and Truth. London, Boston, Sydney 1980

Schleichert, Hubert: Logik und Denken. Konstanz 1970

Schmidt, H. Arnold: Mathematische Gesetze der Logik I: Vorlesungen über Aussagenlogik. Berlin, Göttingen, Heidelberg 1960

Scholz, Heinrich: Abriß der Geschichte der Logik. Freiburg, München 1959

Scholz, Heinrich/Hasenjaeger, Gisbert: Grundzüge der mathematischen Logik. Berlin, Göttingen, Heidelberg 1961

Schröder, Ernst: Vorlesungen über die Algebra der Logik, 2. Band. New York 1966

Schütte, Kurt: Beweistheorie. Berlin, Göttingen, Heidelberg 1960

Stegmüller, Wolfgang: Erklärung Begründung Kausalität. Berlin, Heidelberg, New York 1983

Stegmüller, Wolfgang/Varga von Kibéd, Matthias: Strukturtypen der Logik. Berlin, Heidelberg, New York, Tokyo 1984

Stelzner, Werner: Epistemische Logik. Berlin 1984

Tarski, Alfred: Introduction to Logic. New York 1965

Tarski, Alfred: Einführung in die mathematische Logik. Göttingen 1977

Tarski, Alfred: Über den Begriff der logischen Folgerung. In: Karel Berka/Lothar Kreiser (Hg.): Logik-Texte. Kommentierte Auswahl zur Geschichte der modernen Logik. Darmstadt 1983

Wittgenstein, Ludwig: Tractatus logico-philosophicus. Frankfurt am Main 1964

Wright, Georg Henrik von: Norm und Handlung. Königstein 1979

Ethik und Sozialwissenschaften

Streitforum für Erwägungskultur

Herausgegeben von
Frank Benseler, Bettina Blanck, Reinhard Keil-Slawik und Werner Loh

Ethik und Sozialwissenschaften erscheint jährlich in 4 Heften mit insgesamt 600 Seiten (zweispaltig).

Der Jahresabonnementspreis für 2001 (Bd. 12) beträgt DM 138,-/öS 1007,-/sfr 122,-. Studentenpreis DM 98,- (jeweils zzgl. Versandkosten).

Einzelheft DM 40,-/öS 292,-/sFr 37,-

Jg. 11/2000 Heft 1

HAUPTARTIKEL
Günter Dux: Historisch-genetische Theorie der Moral. Die Moral im Schisma der Logiken

KRITIK Peter Antes, Klaus Atzwanger, Gerhard Droesser, Urich Druwe, Helmut Fleischer, Christofer Frey, Gerd Haeffner, Bernhard Irrgang, Heidi Keller, Matthias Kettner, Martin Laube, Rolf Löther, Werner Loh, Günther Lüschen, Hans Mohr, Michael Murrmann-Kahl, Fritz Oser, Andreas Paul, Friedo Ricken, Ludwig Roithinger, Peter Schaber, Gerold Scholz, Tilmann Sutter, Ernst Topitsch, Eckart Voland, Franz Josef Wetz, Jean-Pierre Wils, Reiner Wimmer

REPLIK Günter Dux: Natur und Geist im Bildungsprozeß der Moral - Eine Erwiderung

HAUPTARTIKEL
Wolfgang Welsch: Vernunft und Übergang - Zum Konzept der transversalen Vernunft

KRITIK Axel Bühler, Peter Fischer, Winfried Franzen, Hassan Givsan, Ernst von Glasersfeld, Evelyn Gröbl-Steinbach, Armin Günther, Peter Heintel, Detlef Horster, Pierre Keller, Matthias Kettner, Bernd Kleimann, Reinhard Kleinknecht, Bernhard Kraak, Hartmut Kreß, Gunter von Leoprechting, Winfried Löffler, Andreas Luckner, Jitendra N. Mohanty, Hubertus Mynarek, Hans-Joachim Niemann, Josef Perger und Theo Hug, Ulrich Pothast, Christoph Rehmann-Sutter, Kersten Reich, Martin Reuter, Martin Ross, Carsten Schlüter-Knauer, Emil Schmalohr, Hans-Martin Schönherr-Mann, Annette M. Stroß, Ernst Topitsch, Heinz-Günter Vester, Gerhard Wagner, Hector Wittwer, Kurt Wuchterl, Axel Wüstehube, Eduard Zwierlein

REPLIK Wolfgang Welsch

Lucius & Lucius

Ethik und Sozialwissenschaften

Streitforum für Erwägungskultur

Herausgegeben von
Frank Benseler, Bettina Blanck, Reinhard Keil-Slawik und Werner Loh

Ethik und Sozialwissenschaften erscheint jährlich in 4 Heften mit insgesamt 600 Seiten (zweispaltig).

Der Jahresabonnementspreis für 2001 (Bd. 12) beträgt DM 138,-/öS 1007,-/sfr 122,-. Studentenpreis DM 98,- (jeweils zzgl. Versandkosten).

Einzelheft DM 40,-/öS 292,-/sFr 37,-

Jg. 11/2000 Heft 2

HAUPTARTIKEL

    Helmut Willke: Die Gesellschaft der Systemtheorie

KRITIK Dirk Baecker, Andreas Balog, Walter L. Bühl, Heinrich Bußhoff, Petra Deger, Günter Endruweit, Horst Firsching, Roland Fischer, Helmut Fleischer, Richard Fortmüller, Dieter Gernert, Hassan Givsan, Frank Hillebrandt, Detlef Horster, Paul Kellermann, Georg Kneer, Reinhart Kößler, Melitta Konopka, Detlef Krause, Henrik Kreutz, Bernd P. Löwe, Will Martens, Armin Nassehi, Birger P. Priddat, Günter Ropohl, Matthias von Saldern, Uwe Schimank, Thomas Schwinn, Tilmann Sutter, Rudolf A. Treumann, Frank Welz, Ansgar Weymann

REPLIK Helmut Willke

HAUPTARTIKEL

    Wolfgang Wippermann: Hat es Faschismus überhaupt gegeben?
    Der generische Faschismusbegriff zwischen Kritik und Antikritik

KRITIK Lothar Fritze, Peter Fritzsche, Roger Griffin, Eike Hennig, Klaus Holz, Wolfgang Kraushaar, Volker Kronenberg, Reinhard Kühnl, Stanley G. Payne, Friedrich Pohlmann, Karin Priester, Werner Röhr, Achim Siegel, Lothar Steinbach, Ernst Topitsch, Friedrich Zunkel

REPLIK Wolfgang Wippermann

Lucius & Lucius

ANALYSE & KRITIK

Zeitschrift für Sozialtheorie

Herausgegeben von Michael Baurmann und Anton Leist

22. Jahrgang 2000. 2 Hefte DM 96,-. (ISSN 0171-5860)

Heft 1

Symposium on R. Axelrod's The Evolution of Cooperation

Inhalt: Editorial • Peter Abell / Diane Reyniers: Generalised Reciprocity and Reputation in the Theory of Cooperation • Werner Raub / Jeroen Weesie: Cooperation via Hostages • Vincent Buskens / Jeroen Weesie: Cooperation via Social Networks • Rainer Hegselmann / Andreas Flache: Rational and Adaptive Playing • Bernd Lahno: In Defense of Moderate Envy • The EdK-Group: Exit, Anonymity and the Chances of Egoistical Cooperation • Robert Axelrod: On Six Advances in Coperation Theory • Andreas Flache: Rational and Adaptive Playing • Bernd Lahno: In Defense of Moderate Envy • The Edk-Group: Exit, Anonymity and the Chances of Egoistical Cooperation • Robert Axelrod: On Six Advances in Cooperation Theory

---

Heft 2

Gastherausgeberin: Angelika Krebs

Basic Income? Sympsion on P. Van Parijs's Real Freedom for All

Inhalt: Editorial • Angelika Krebs • Why Mothers Should be Fed. Eige Kritik an Van Parijs • Heiner Michel: Sinde Marktpreise gerecht? • Eine Kritik am Van Parijsschen Ökonomismus • Richard Sturn/Rudi Dujmovits: Basic Income in Complex Worlds. Individual Freedom and Social Interdependencies • Søren Flinch Midtgaard: Ambition-Sensitivity and an Unconditional Basic Income • Jurgen De Wispelaere: Sharing Job Resources. Ethical Reflections on the Justification of Basic Income • Ulrich Steinvorth: Kann das Grundeinkommen die Arbeitslosigkeit abbauen?

Lucius & Lucius
Stuttgart · Fax 0711/24 20 88

Soeben erschienen:

Biographische Sozialisation

Herausgegeben von Erika M. Hoerning

Mit Beiträgen von Peter Alheit, Molly Andrews, Johann Behrens, Bennett M. Berger, Pierre Bourdieu, Bettina Dausien, Wolfram Fischer-Rosenthal, Helena Flam, Dieter Geulen, Matthis Grundmann, Walter R. Heinz, Erika M. Hoerning, Feiwel Kupferberg, Hartman Leitner, Ursula Rabe-Kleberg, Uwe Schimank, Jürgen Straub, George E. Vaillant

2000. X/346 S. kt. DM 59,–/öS 431,–/sFr 53,50
(Der Mensch als soziales und personales Wesen, Bd. 17)
ISBN 3-8282-0134-2

Biographie entsteht aus der subjektiven Verarbeitung von gesellschaftlichen Gelegenheiten und Anforderungen in verschiedenen (altersstrukturierten) Lebensphasen, ein Prozess, bei dem einerseits auf Lebenserfahrungen zurückgegriffen werden kann und in dem andererseits fortwährend Lebenserfahrungen gemacht, modifiziert und generiert werden. In diesem Prozess wird die Biographie zur Sozialisationsinstanz. Die subjektive Ausformung der Biographie oder auch der Lebensgeschichte und die soziale Struktur des Lebensverlaufs sind in der Realität ein nicht zu trennender Verlauf, konzeptionell jedoch sind es unterschiedliche Gegenstandsbereiche mit sehr unterschiedlichen Sozialisationsverläufen. Aus soziologischer, psychologischer und psychoanalytischer Sicht wird die Frage der biographischen Sozialisation in diesem Buch diskutiert.

Moderne amerikanische Soziologie

Von Dieter Bögenhold (Hrsg.)

Mit Beiträgen von Neil J. Smelser, Immanuel Wallerstein, Randall Collins, Jeffrey C. Alexander, Maureen T. Hallinan, Mark Granovetter, George Ritzer, Howard E. Aldrich, Roger Waldinger und Rogers Hollingsworth

2000. X/312 S. kt. DM 39,80/öS 291,–/sFr 37,–
UTB 2116 · ISBN 3-8252-2116-1

Wie steht es am Beginn des 21. Jahrhunderts um die amerikanische Soziologie, was können deutsche Leser von ihr lernen, worin liegt ihr Anderssein, worin bestehen ihre Vorteile? Dieses Lesebuch stellt Texte führender nordamerikanischer Soziologen vor, die anhand verschiedener Themenstellungen die gegenwärtige Stärke der amerikanischen Soziologie exemplarisch darstellen. Eine ausführliche Einleitung stellt die Beiträge in den Kontext der Soziologie in der europäischen Tradition. Das Buch richtet sich an Studenten und Lehrende im Fach Soziologie.

Lucius & Lucius
Stuttgart · Fax 0711/24 20 88

Bei Fragen zur Produktsicherheit wenden Sie sich bitte an:
If you have any questions regarding product safety,
please contact:

Walter de Gruyter GmbH
Genthiner Straße 13
10785 Berlin
productsafety@degruyterbrill.com